Mitología gra

Editorial Gustavo Gili, SL
Rosselló 87-89, 08029 Barcelona, España. Tel. (+34) 93 322 81 61
Valle de Bravo 21, 53050 Naucalpan, México. Tel. (+52) 55 55 60 60 11

Mitología griega y romana

Jean Humbert

Prefacio del Abate
Enrique Thédenat
Miembro del Instituto de Francia

Versión de la 24.ª Edición
Francesa por B. O. O.

GG®

29ª tirada, 2014

Printed in Spain
ISBN: 978-84-252-0218-6
Depósito legal: B. 26.878-2010
Impresión: Gráficas 92, sa, Rubí (Barcelona)

PREFACIO

No pretende este tratado elemental, destinado a la juventud, abordar el estudio de las cuestiones propias de la Mitología comparada, ciencia nueva y complicada que se halla aún en sus comienzos y que mal podría reclamar un lugar en los programas de segunda enseñanza. Es, por otra parte, inverosímil y extraño que los estudios de Mitología sean sistemáticamente excluídos de tales programas. ¿Es lógico, además, que nuestros escolares sigan desconociéndolos? Si deben comprender, estudiar y aleccionarse en las obras maestras de las literaturas antiguas, en las cuales muy frecuentemente se ponen de manifiesto las creencias y sentimientos religiosos; si en la lectura de los autores antiguos han de aparecer sin cesar ante sus ojos y como principales actores los dioses, los semidioses y los héroes, no ya sólo en las obras de los poetas y narradores sino también en las históricas, sin descontar a los oradores que con tanta vehemencia invocan a sus divinidades, ¿cómo sería posible que pudiesen tener cabal concepto de ello, aquellos que desconocen los personajes mitológicos? ¿Y es posible traducir a Ovidio o a Estacio y estudiar en Tito Livio el origen de Roma sin conocer las fábulas y leyendas a las que estos autores aluden continuamente?

La Mitología es, pues, uno de los conocimientos más esenciales para el estudio de los clásicos. Repetimos una vez más que no se trata aquí de remontarse al común origen de las diversas mitologías ni de inquirir lo que unas han tomado de las otras, sino de ponerse solamente en condiciones de leer los autores

clásicos y particularmente los poetas, como los leían sus contemporáneos.

La utilidad de esta concisa Mitología, simple narración de
las fábulas que obsesionaban la imaginación de los antiguos, no
mira solamente a los estudios de segunda enseñanza. Los estudios modernos, más que sus antecesores, necesitan de ella. En
efecto, aun cuando se trate de iniciarse en la literatura patria
o se pretenda seguir el desarrollo del espíritu nacional, es indispensable el conocimiento de la antigüedad clásica compren-
diendo también la Mitología. Y me atrevo aún a añadir que tal
estudio es más necesario a los alumnos que cursan las disciplinas
modernas que a los que se dedican al estudio de los clásicos.
Estos últimos, gracias a las explicaciones de los autores, a las
versiones griegas y latinas, a los comentarios del profesor y
a las notas diseminadas al pie de las páginas, aprovechando
nociones diversas y sin poder despreciar por inútil un tratado especial ni justificar su abandono, pueden algunas veces
bien que mal suplirlo. Pero aquellos que en los colegios o pensionados realizan solamente estudios modernos, necesitan especialmente de este elemento, pues los autores de los siglos xv,
xvi y xvii, que tan tenazmente han formado las lenguas euro-
peas hasta llevarlas a su perfección, son también, por decirlo
así, griegos y latinos, y exigen el conocimiento de la antigüedad para ser debidamente comprendidos.

Si de la literatura pasamos al arte, la demostración resulta
aún más evidente. En cada Renacimiento, al lado del arte religioso, se ha desarrollado un arte profano todo él inspirado en el
arte antiguo. Cuadros, estatuas, bajorrelieves, todos ellos, no
solamente imitan las formas elegantes de las obras maestras antiguas, sino que sacan de la Historia y la Mitología clásicas los asuntos que representan. ¡Cuántas personas
instruidas recorren nuestros museos, sensibles, ciertamente,
a la gracia y armonía de la línea, del dibujo y del color,
pero faltas de aquellas elementales nociones de Mitología

que les permitirían penetrar el pensamiento del pintor o del escultor!

Preciso sería, pues, reclamar para la Mitología, en la instrucción de nuestra juventud, los derechos que con tanta frecuencia le han sido denegados, convencernos de su necesidad en las enseñanzas modernas más aun que en otras cualesquiera, para conocer nuestra lengua y las manifestaciones de nuestro genio y para lograr que, transcurridos algunos años, una considerable mayoría de personas cultas no permanezca ajena al conocimiento del pasado y al de los más esplendorosos siglos del arte y de la literatura.

A buen seguro que el estudio de la Mitología no será suficiente para salvar todas las dificultades que se ofrecen al que quiere tener un conocimiento general de la antigüedad, pero no nos cansaremos de insistir sobre la importante misión que viene a desempeñar el libro que presentamos al público.

Este manual, notablemente mejorado en cada una de las sucesivas y numerosas ediciones que de él se han hecho, responde plenamente a los motivos que determinaron a J. Humbert a escribirlo. Un fin único lo guía: ayudar a entender los escritores de la antigüedad. Sin engolfarse en discusiones científicas que resultarían aquí extemporáneas, J. Humbert ha sacado de los autores antiguos, y especialmente de los poetas, todas las fábulas que figuran diseminadas en sus escritos, y las ha clasificado guardando un orden metódico a fin de formar un tratado completo y bien ordenado de Mitología. El estilo es claro y de fácil lectura; los relatos son interesantes. Y puesto que el libro, como todo manual, debe ser leído con atención ininterrumpida, lleva una tabla alfabética muy completa y bien dispuesta que permite al escolar, en el curso de una traducción, y al hombre culto, en el transcurso de una lectura, poder hallar en ella, como en un diccionario, el dato que deseen.

El autor se ha esmerado, además, en depurar su redacción para que este manual pueda ser puesto en manos de todos. El éxito, por otra parte, ha coronado sus esfuerzos, pues más elocuentemente que cualquier autor de prefacio pudiera hacerlo, queda proclamado el mérito del libro por la cifra de sus veinte ediciones, y por haber sido adoptado tanto en la enseñanza libre como en las universidades de Francia y del extranjero, pensionados de señoritas, conventos y colegios.

ENRIQUE THÉDENAT, Pbro.
Miembro del Instituto de Francia

PRÓLOGO DEL AUTOR

Este librito, querido lector, ha obtenido en Francia, Bélgica y Suiza, éxitos halagadores. La primera edición, publicada en forma de diccionario, quedó muy pronto agotada; la segunda, dispuesta por orden de materias, mereció la aprobación del Consejo Universitario que lo estimó como libro muy indicado para premio escolar; al mismo tiempo la «Société des Méthodes» hízolo examinar por una comisión, nombrada al efecto, que le otorgó honrosa distinción; y hace sólo unos años la Academia de Ginebra y la de Lausana, sin que por mi parte hubiese mediado acerca de sus presidentes gestión alguna, lo declararon obligatorio en sus respectivos colegios, donde hasta el presente se mantiene vigente su enseñanza. Finalmente, muchas profesoras de pensionado que se habían opuesto a introducir en los centros docentes por ellas dirigidos el estudio de la Mitología, no hicieron contra mi libro objeción alguna y lo adoptaron inmediatamente, dándome, por medio de expresivas cartas, las gracias por haberles proporcionado, con mi obrita, el medio más apropiado para llenar una laguna difícil en los estudios literarios de sus discípulas.

Tan honrosas distinciones otorgadas a mi manual no me han cegado para que dejara de ver sus defectos, que reconozco y confieso, pero que en esta edición, paciente y consciente-mente preparada, quedan en su mayoría atenuados. El estilo cuidado y claro, la depuración de muchas expresiones que hubieran podido parecer inconvenientes, y una más racional divi-

sión de los capítulos hacen de esta edición un libro casi nuevo.
Animábame a proseguir mi tarea el vivísimo deseo de ser útil a
esa juventud a cuyas manos van a parar con frecuencia Mitologías inconvenientes o insípidas, atestadas de nombres apenas
conocidos y de hechos presentados sin orden ni selección.
Quería yo seguir nuevos rumbos, escribir un libro que pudiese
instruir sin cansar, que expusiese con claridad los conceptos sin
faltar a la decencia, y que mantuviese la narración vívida y
colorida, sin que jamás la unidad del relato, punto central
y principal, sufriese menoscabo.

La erudición propiamente dicha quedaba excluída de este
plan y para nada tuve que recurrir ni a Grimm ni a Creuzer.
Acudí a otras fuentes, y especialmente en los poetas griegos y
latinos, Ovidio, Virgilio, Horacio y Homero, hallé abundante ma-
terial para mi cometido, aunque sin despreciar las obras de
Mitología que podían facilitar o avalorar mi trabajo.

J. HUMBERT

La Mitología

Su origen y utilidad

Llámase *Mitología* o *Fábula* la historia que trata de la vida y hazañas de los semidioses y héroes de la antigüedad pagana. No todo lo que en estas fábulas se refiere es pura mentira o ficción; algunas de ellas descansan sobre fundamentos históricos y aun las hay que están sacadas del Antiguo Testamento. El diluvio de *Deucalión* recuerda el diluvio de Noé: en los *Gigantes* que escalan el cielo, fácil es reconocer a los hijos de los hombres levantando, con loca audacia, la torre de Babel; la formación del hombre por *Prometeo* es un remedo del Génesis; el sacrificio de *Ifigenia* parece reproducir la historia de Jefté.

La Mitología tuvo su cuna en Egipto, Fenicia y Caldea. Hacia el año 2000 antes de Jesucristo, Nino, rey de Babilonia, hizo erigir en medio de la plaza pública la estatua de su padre Belo y mandó a sus súbditos que ante el vano simulacro ofreciesen incienso y elevasen sus plegarias. Influídos por este ejemplo, los pueblos vecinos deificaron a sus príncipes, a sus legisladores, a sus guerreros, a sus grandes hombres y aun a aquellos que habían conquistado una vergonzosa celebridad. Las pasiones y los vicios fueron también divinizados. Pero los pueblos de Grecia fueron los que elevaron la Mitología a su mayor esplendor, la embellecieron con ingeniosas concepciones, la enriquecieron con gayas ficciones y en ella derramaron a manos llenas las creaciones de su imaginación. A sus ojos pareció demasiado sencillo lo que era tan sólo natural; los relatos de acciones verdaderas se animaron atribuyéndoles circunstancias extraordinarias. A sus ojos los pastores se tornaron sátiros y faunos; las pastoras, ninfas; los jinetes, centauros; los héroes, semidioses; las naranjas, manzanas de oro; en un bajel que navegaba a velas desplegadas vieron un dragón alado. Si un orador conseguía cautivar a su auditorio con los encantos de su elocuencia, atribuíanle el poder de haber amansado los leones y de haber tornado sensibles a los duros peñascos. Una mujer que había perdido su esposo y pasaba los días sumida en llanto inconsolable, aparecía a sus ojos convertida en fuente inagotable. De esta manera la poesía animó la naturaleza toda y pobló el mundo de seres fantásticos.

Por más que la Mitología sea, casi en su totalidad, tejido continuo de fábulas, no por eso deja de tener una utilidad incontestable. Por ella nos ponemos en condiciones de poder explicar las obras maestras de los pintores y escultores que admiramos y nos facilita la lectura de los poetas y la hace interesante. La Mitología aclara la historia de las naciones paganas, nos hace conocer hasta qué punto los egipcios, griegos y romanos vivían sumidos en profundas tinieblas y a qué grado de desorientación puede llegar el hombre abandonado a las solas y pobres luces de su inteligencia. Sin duda que la mayor parte de las fábulas que la integran son falsas y absurdas: unos dioses cojos, ciegos, vulgares, luchan entre sí o contra los hombres; unos dioses pobres, desterrados del cielo, se ven obligados, mientras sobre la tierra permanecen, a ejercer el oficio de albañil o de pastor, quedando, de este modo, ridiculizados en extremo. Pero la Mitología ofrece frecuentemente fábulas morales en las que bajo el velo de la alegoría se ocultan preceptos excelentes y reglas de conducta.

Las Furias que se ceban encarnizadamente en Orestes, el buitre que roe las entrañas de Prometeo, trazan la maravillosa imagen del remordimiento. La historia de Narciso ridiculiza la vanidad estúpida y el exagerado amor a sí mismo. La trágica muerte de Icaro es una lección admirable para los hijos desobedientes Faetón es el tipo de los orgullosos castigados. Los compañeros de Ulises convertidos en viles puercos por los brebajes de Circe, son una imagen fidelísima del embrutecimiento a que conducen la intemperancia y el libertinaje.

¿Creían todos los sabios de la antigüedad en la verdad de las fábulas mitológicas? Seguramente que no, pero no se atrevían a combatirlas abiertamente y contentábanse con burlarse de ellas en el seno de sus familias o en la intimidad de sus amistades. Quiso Sócrates demostrar a los atenienses la existencia de un solo y verdadero Dios y atacar, por ende, el politeísmo, y pagó con la vida sus nobles propósitos. En Roma, Ciceron se atrevió en una de sus obras a chancearse al tratar de los dioses y mereció por ello la censura de sus contemporáneos.

Al cristianismo estaba reservada la gloria de reducir a escombros este vetusto edificio y hacer que ante la antorcha de la revelación divina desaparecieran las tinieblas y la ignorancia que tales supersticiones fomentaban.

PRELIMINAR

El Caos

En el principio del mundo, según antiguos autores refieren, toda la naturaleza no era sino una masa informe llamada Caos. Los elementos yacían en confusión: el Sol no esparcía su luz, la tierra no estaba suspendida en el espacio, el mar carecía de riberas. El frío y el calor, la sequía y la humedad, los cuerpos pesados y los cuerpos ligeros se confundían y chocaban continuamente, hasta que un dios, para poner fin a tan prolongada lucha, separó el cielo de la tierra, la tierra de las aguas y el aire más puro del aire más denso. Una voluntad omnipotente plasmó el globo, formó las fuentes, los estanques, los lagos y los ríos; ordenó a los campos que se dilataran, a los árboles que se cubrieran de hojas, a las montañas que levantaran sus cimas y que entre unas y otras se abrieran los valles. Los astros brillaron en el firmamento, los peces surcaron las aguas, los cuadrúpedos habitaron la tierra, y los pájaros, volando por los aires, iniciaron sus armoniosos trinos. Así fué creado el universo y los dioses velaron por su conservación.

Diversas clases de dioses

Los paganos dividían sus DIOSES en tres clases: los grandes dioses, los dioses inferiores y los semidioses.

I. Los GRANDES DIOSES O DIOSES SUPERIORES eran veintidós, de los cuales solamente *doce* formaban la corte celestial

y podían deliberar en ella: entre las diosas se contaban Cibeles
o Vesta, Juno, Ceres, Minerva, Venus y Diana; entre los
dioses, Júpiter, Neptuno, Vulcano, Marte, Apolo y Mercurio.
Los otros diez, llamados *selectos* o dioses escogidos, com-
partían con las doce divinidades mayores el privilegio de ser
esculpidos en oro, plata y marfil y eran: el Cielo o Urano,
Saturno, Plutón, Baco, Jano, las Musas, el Destino y Temis (1).

II.　Los DIOSES INFERIORES O DIOSES DE SEGUNDO ORDEN
se dividían en dioses campestres, dioses del mar, dioses domésticos y dioses alegóricos.

III.　Se designaba con el nombre de HÉROES O SEMIDIOSES a
los hombres nacidos de un dios y una mujer mortal o de un mortal y una diosa (como Hércules, Pólux, Eneas), denominación que
se extendió más tarde a los hombres que por acciones relevan-
tes merecieron ser admitidos en el cielo, después de su muerte.

---

(1)　Los autores de Mitología discrepan sobre algunos extremos de esta
clasificación; algunos sustituyen Temis y las Musas por *Genio* y *Proserpina*.

SECCIÓN PRIMERA

Dioses superiores

§ 1. El Cielo y la Tierra

El más antiguo de los dioses era el CIELO o CŒLUS, que se desposó con la TIERRA o TITEA. De este matrimonio nacieron dos hijas llamadas Cibeles y Temis, y numerosos hijos, siendo entre ellos los más célebres, Titán, el primogénito, Saturno, el Océano y Japeto.

El Cielo, que recelaba del poder, genio y audacia de sus hijos, los trató con dureza, los persiguió sin tregua y los encerró, finalmente, en calabozos subterráneos. *Titea* no se atrevía a ponerse de su parte; conmovida al fin por su suerte, enardecióse, rompió sus cadenas y les proporcionó armas para luchar contra el Cielo. Saturno atacó al padre cruel, le redujo a la condición de siervo y ocupó el trono del mundo.

§ 2. Saturno

TITÁN y SATURNO eran hermanos, y Titán, como primogénito de la familia, pretendía reinar. Pero su madre, que sentía predilección por Saturno, puso en juego tantas súplicas y caricias, que Titán accedió a renunciar a la corona con tal que su hermano, a su vez, se obligase a exterminar todo hijo varón, y de esta manera la realeza volvería con el tiempo a recaer en manos de los Titanes. Saturno aceptó este pacto y se afanó por devorar a sus hijos varones tan pronto como venían al mundo.

Cibeles, esposa de Saturno, no pudo sufrir pasivamente tal atrocidad y frustró la vigilancia de su esposo sustituyendo a Júpiter, que acababa de venir al mundo, por una piedra envuelta en pañales, que Saturno engulló sin sospechar el engaño. Júpiter, llevado clandestinamente a Creta, fué allí amamantado por una cabra llamada Amaltea, y para que los vagidos del niño

Fig. 1.—Saturno devorando a sus hijos, por *Flaxman*

no llegasen a oídos de Saturno, los *coribantes*, sacerdotes de Cibeles, atronaban el aire con el estrépito de los címbalos. cascabeles y tambores o danzaban junto a la cuna golpeando los escudos con sus lanzas. El engaño, empero, fué descubierto, y Titán, irritado contra un hermano que juzgaba perjuro, le declaró la guerra, le venció y le hizo prisionero.

Júpiter, llegado a plena adolescencia, veía con dolor la esclavitud en que gemía Saturno y se aprestó a libertarle. Reúne un ejército, ataca a los Titanes, los arroja de las alturas del Olimpo y consigue que su padre se siente nuevamente en el trono. Poco gozó Saturno de esta gloria, pues el destino le había predicho que uno de sus hijos le destronaría, y este

pensamiento amargaba su existencia y le hacía ver con mar-
cado recelo el valor que desplegaba Júpiter en edad tan
tierna. El temor cerró su corazón a los sentimientos de la naturaleza y armó emboscadas al hijo que era tan digno de su amor.
Júpiter, activo y valeroso, esquivó las celadas y, después de
intentar en vano todos los medios de conciliación, cerró sus
oídos a toda consideración, entabló batalla contra Saturno, le
expulsó del cielo y se constituyó para siempre en monarca del
Empíreo.

El dios destronado corrió a ocultar su derrota en Italia junto
al rey *Jano,* que le acogió amigablemente y aun se dignó com-
partir con él la soberanía de su reino. Saturno, por su parte,
conmovido ante tan generosa acogida, se dedicó con ahinco a
civilizar el Lacio, que era la región en que reinaba Jano, y enseñó
a sus rudos habitantes diversas artes útiles.

Esta época feliz recibió el nombre de *edad de oro.* No
regían leyes escritas, ni tribunales ni jueces: la justicia y las
costumbres eran respetadas; la abundancia, la paz y la igualdad, mantenidas. La tierra producía toda clase de frutos sin
necesidad de ser rasgada por el arado; la naturaleza sonreía en
perpetua primavera.

Esta edad de oro duró poco tiempo y fué reemplazada por
la de *plata.* El año fué dividido en estaciones; los vientos
glaciales y los calores tórridos se hicieron sentir de tiempo en
tiempo, y fué preciso cultivar la tierra y regarla con el sudor
del trabajo.

A estas dos edades sucedió la de *bronce.* Los hombres se tornaron feroces, anhelaron las guerras y codiciaron el lucro, aunque sin abandonarse a los extremos que caracterizaron después
la *edad de hierro.* En esta última edad, fué desterrada de la
tierra la buena fe, dejando libre entrada a la traición y a la violencia, y la vida fué sólo una serie de latrocinios. La discordia
se introdujo entre los parientes más cercanos, el hijo atentó con
osadía contra la vida de su padre, la madrastra contra la de su

hijastro. La piedad se trocó en escarnio y Ástrea abandonó, suspirando, una morada manchada por los crímenes.

Saturno es imagen o símbolo del tiempo; por eso se le representa como un anciano seco y descarnado, con la faz triste y la cabeza encorvada, llevando en la mano una hoz como símbolo de que el tiempo lo destruye todo; va provisto de alas y sostiene un reloj de arena para indicar la fugacidad de los años. También se le representa devorando a sus hijos, para significar que el tiempo engulle los días, los meses y los siglos a medida que los produce.

Las fiestas de Saturno, llamadas saturnales por los romanos, empezaban el 16 de diciembre y se celebraban por espacio de tres días, durante los cuales permanecían cerrados los tribunales y las escuelas públicas, se suspendía la ejecución de los criminales y no se practicaba arte alguno como no fuera el culinario. Los festines, los juegos y el placer reinaban por doquier. Durante estas fiestas, que evocaban la igualdad y libertad de la edad de oro, los esclavos eran servidos a la mesa por sus señores a quienes podían echar en cara impunemente las más duras verdades o espetar maliciosos decires y cáusticos epigramas.

§ 3. Cibeles

CIBELES o REA, hermana y esposa de Saturno, figura entre los poetas con nombres diversos, y es llamada *Dindima, Berecinta* e *Idea,* en recuerdo de tres montañas de la Frigia (Dindima, Berecinta e Idea) donde era principalmente adorada. También fué designada con el título de *Gran-Madre* porque la mayoría de los dioses de primer orden le debían el ser, entre otros Júpiter, Neptuno, Plutón, Juno, Ceres y Vesta (1). Finalmente, también es conocida con los nombres de

---

(1) Algunas veces se confunde a Vesta con *Cibeles* como constituyendo una misma y única divinidad.

Tellus y *Ops* porque ella regía la tierra y procuraba a los hombres protección, ayuda y riquezas (1).

Esta diosa suele representarse bajo el aspecto de una mujer robusta, rebosando lozanía. A veces, su corona de encina recuerda que los hombres en tiempos primitivos se alimentaron del fruto de este árbol; las torres que en ocasiones coronan su cabeza indican las ciudades que están bajo su protección; la llave que ostenta en su mano designa los tesoros que el seno de la tierra oculta durante el invierno para manifestarse en el verano. Aparece sentada sobre un carro tirado por leones, o bien rodeada de bestias salvajes. Algunos artistas la han representado con los vestidos sembrados de flores.

Cuando Saturno fué arrojado del cielo, Rea le siguió en su huída a Italia; allí secundó sus propósitos de practicar el bien y, como él, se atrajo el cariño de los

Fig. 2.—Cibeles

pueblos del Lacio. También los poetas designan a menudo con el nombre de siglo de Rea, los tiempos felices de la edad de oro.

Sus sacerdotes, llamados *curetas, coribantes, dactilos* y *galos,* celebraban sus fiestas con danzas que ejecutaban a los sones del tambor y los címbalos, dando a sus cuerpos movimientos convulsivos, golpeando sus escudos con las espadas,

---

(1) En latín *tellus* quiere decir tierra, y *ops* socorro.

y aumentando este ruido con gritos y lamentos, en memoria
de la desventura de Atis, su patrón. Atis era un pastor frigio
al que Cibeles dispensaba especial benevolencia, confián-
dole la custodia de su culto con la condición de que jamás se
casaría. Atis olvidó su juramento y tomó por esposa a Sanga-
ride. Cibeles le castigó por perjuro haciendo perecer esta ninfa,
y, poco satisfecha aún con esta primera venganza, infundió al
culpable un frenesí que le revolvía contra sí mismo, se destro-
zaba el cuerpo y en un acceso de furor iba a poner fin a sus
días cuando la diosa, conmovida ante el espectáculo de sus dolores, le metamorfoseó en pino, árbol a que, desde entonces, se
mostró muy aficionada y que a ella fué consagrado.

Los frigios habían instituído en honor de Cibeles los juegos públicos llamados megalesios, que fueron introducidos en
Roma durante la segunda guerra púnica. Los magistrados asis-
tían a ellos vestidos de púrpura, las damas danzaban ante el
altar de la diosa, y los esclavos se veían privados de presentarse
allí bajo pena de muerte.

§ 4. Júpiter

Elevado a la soberanía del mundo por la derrota de Saturno,
JÚPITER compartió el imperio con sus dos hermanos; asignó a
Neptuno las aguas y a Plutón los infiernos, reservándose como
dominios suyos la vasta extensión de los cielos.

Los comienzos de su reinado fueron turbados por la rebelión
de los *Gigantes,* hombres de colosal estatura, algunos de los
cuales tenían cincuenta cabezas y cien brazos, otros tenían en
vez de piernas enormes serpientes.

Júpiter regía pacíficamente el mundo cuando sus monstruosos enemigos resolvieron destronarle. Acumularon montañas
sobre montañas, la Osa sobre el Pelión y el Olimpo sobre la
Osa, queriendo así formarse un estribo, una especie de escalera
para subir a los cielos. En el primer combate que se libró, le

superaron ventajosamente; Júpiter fué vencido y en su espanto
supremo llamó en su defensa a los dioses, pero éstos tem-
blaron también en presencia de los Gigantes, y todos, excepto
Baco. se refugiaron en las más apartadas regiones del Egipto,
donde, para ocultarse mejor, tomaron diferentes formas de
animales, árboles y plantas. Un antiguo oráculo había predicho que los habitantes del cielo sufrirían postergaciones

hasta que un mortal
viniera a socorrerles.
Júpiter, apurado, im-
ploró el socorro de
Hércules, uno de los
dactilos de Idea (1),
y en un supremo es-
fuerzo los dioses reac-
cionaron, abandonaron
Egipto, esgrimieron to-
das sus armas y exter-
minaron a los Gigan-
tes. Hércules mató a
Alcione y Eurito, Júpi-
ter derribó a Porfirio,
Neptuno venció a Poli-
botes, Vulcano derribó

Fig. 3.—Júpiter

a Clitio de un mazazo; Encélado y Tifeo fueron sepultados
bajo el monte Etna, y los restantes, heridos por el rayo. se
hundieron en los profundos abismos del Tártaro.

Sobre la tierra imperaba entonces el crimen.

Prometeo, hijo de Japeto, había modelado una estatua de
hombre y le había comunicado la vida y el movimiento, arreba-
tando una partícula de fuego al carro del Sol. Júpiter, indignado por este latrocinio, ordenó a Mercurio que atara al audaz

_____

(1) Este Hércules ideense no es el hijo de Alcmena.

culpable sobre el monte Cáucaso y que allí fuese devorado por un buitre.

Licaón, tirano de Arcadia, se complacía en inmolar a los dioses víctimas humanas y hacía perecer, gozándose ferozmente, a todos los extranjeros que ponían la planta en su reino. Júpiter abandonó el Olimpo y bajó a la tierra para ser testigo de sus maldades; llegó a Arcadia, entró en el palacio de Licaón y pidió hospitalidad. Los arcadios, que le habían reconocido por su porte noble y majestuoso, se aprestaban a ofrecerle sacrificios: Licaón se burló de su credulidad pueril y para cerciorarse de si su huésped era dios, degolló un niño, le cortó en pedazos y mandó que la carne fuera cocida y servida entre los platos que se sacaban a la mesa. Este abominable festín causó horror a Júpiter, el cual echando mano del rayo prendió fuego al palacio. Licaón consiguió escaparse; pero apenas había salido de la ciudad quedó transformado en *lobo.*

Esta fechoría y otras semejantes indujeron a Júpiter a enviar el *diluvio,* que convirtió la tierra en un mar inmenso. Las montañas más altas habían desaparecido. Solamente una sobresalía por encima de las olas; el monte Parnaso, en Beocia. Sobre este océano sin riberas y entre los restos de la humanidad, flotaba una frágil barquilla juguete de los vientos en la cual iban Deucalión y Pirra, esposos fieles y virtuosos. Guiados por una mano protectora tomaron tierra sobre la cima del Parnaso, quedando a salvo, pero sus ojos sólo divisaban por doquier horrores de destrucción y muerte. Las aguas menguaron poco a poco, y fueron apareciendo las colinas y algunas llanuras; la piadosa pareja bajó y se dirigió a Delfos para consultar el oráculo de *Temis* y conocer el medio de poblar la tierra: «Salid del templo—exclamó Temis,—cubrid con un velo vuestro rostro y por encima de vuestras cabezas arrojad, tras de vosotros, los huesos de vuestra abuela».

El piadoso Deucalión se llenó de temor ante el mandato que consideraba cruel; pero reflexionando al momento que la Tierra

es nuestra madre común y que las piedras que ella contiene
pueden ser consideradas sus huesos, recogió algunas y las arrojó
religiosamente tras sí cerrando los ojos. Estas piedras se animaron, tomaron figura humana y se tornaron hombres; las
piedras lanzadas por la mano de Pirra se trocaron en mujeres
y de esta manera fué repoblado el mundo.

Ordinariamente se representa a Júpiter sentado en un trono
de oro, esgrimiendo el rayo en una mano y empuñando un cetro
con la otra, apareciendo a sus pies un águila con las alas desplegadas. Su aire respira majestad, su larga barba cae con descuido sobre su pecho.

La encina era el árbol que le estaba consagrado, porque, al
igual que Saturno, había enseñado a los hombres a alimentarse
con bellotas. Sus oráculos más célebres eran los de Dodona en
Grecia y Ammón en Libia.

Entre las divinidades del cielo se contaban como hijos suyos,
Minerva, Apolo, Diana, Marte, Mercurio, Vulcano y Baco;
y entre los héroes o semidioses, Pólux, Hércules, Perseo,
Minos, Radamanto, Anfión y Zeto.

Quien sepa que han existido ocho personajes que llevaban
el nombre de Júpiter, no extrañará tan numerosa progenie. El
más célebre de todos ellos era originario de Creta, los otros
habían nacido en Arcadia, Egipto, Asiria, etc.

§ 5. Juno

JUNO, hermana y esposa de Júpiter, era la reina de los dioses,
la señora del cielo y la tierra y la protectora de los reinos y los
imperios. Su presencia no faltaba jamás en los nacimientos y
los desposorios, otorgando especial protección a las esposas
virtuosas (1). Su carácter, empero, era imperativo, malhu-
morado y vengativo y terca en su querer. Espiaba siempre a

(1) Cuando presidía el nacimiento de los niños tomaba el nombre de
Lucina, Juno-Lucina o *Ilicia.*

Júpiter, hasta en sus actos más insignificantes, y los gritos que los celos le hacían proferir estremecían el Empíreo. Júpiter, por otra parte, era un esposo rudo y voluble y muy frecuentemente empleaba medios violentos para acallar los gemidos de su esposa, llegando, en su bárbaro proceder, a atarle a cada pie un pesado yunque, maniatarla con una cadena de oro y colgarla de esta manera de la bóveda celeste. Los dioses no pudieron librarla de sus ataduras y fué preciso recurrir a Vulcano que las había forjado. Tales tratos no hicieron sino aumentar los resentimientos de Juno, que no cesó un momento de perseguir a las favoritas y amantes de Júpiter. En la infortunada *Io* fué en quien principalmente se cebaron sus enojos.

Fig. 4.—Juno

Esta ninfa, hija de Inaco, que era un río de la Argólida, se veía un día perseguida por Júpiter, el cual para impedir que se le escapara hizo bajar sobre los campos una espesa neblina en la que Io quedó envuelta por completo. Extrañada Juno ante este fenómeno, descendió a la tierra, disipó la nube y descubrió a la ninfa que acababa de ser transformada en *vaca*. Pero como conservase aún bajo la nueva forma sus gracias y encantos, Juno, fingiendo que le placía en extremo, pidió a Júpiter con tan vivas instancias que le fuera concedida, que el dios no se atrevió a negarse a tal petición.

Dueña ya Juno de su rival, confió su custodia a un guardián que tenía cien ojos, de los cuales cincuenta estaban en vela mientras los otros se entregaban al sueño. *Argos,* pues tal era su nombre, no la perdía un instante de vista durante el día, y por la noche la tenía fuertemente atada a una columna. Júpiter disponía solamente de un medio para librar a Io de aquel incómodo satélite, y a este efecto llamó a Mercurio y le ordenó que le diera muerte.

Mercurio se presenta a Argos cuando la noche descendía sobre la tierra, refiérele interesantísimas historias, enlaza una narración con otra y logra, por fin, sumirlo en profundo sueño, pudiendo entonces cortarle la cabeza.

Cuando Juno se vió privada de Argos, descargó su cólera sobre la hermosa vaca que era del todo ajena al crimen: la diosa suscitó contra el animal un *tábano* que la picaba continuamente y le producía transportes convulsivos. Hostigada y ensangrentada, la desgraciada recorrió, en su desesperada fuga, Grecia, el Asia Menor y atravesó a nado el mar Mediterráneo llegando hasta Egipto y las márgenes del Nilo. Agotada por el cansancio y el sufrimiento, se dirigió a Júpiter suplicándole con vivas ansias que la restituyera a su forma primitiva, dando entonces a luz a un hijo llamado Epafo. Juno, que siempre echaba de menos a su fiel espía al que Mercurio diera muerte, tomó sus cien ojos y los diseminó sobre la cola del pavo, perpetuando, de esta manera, su recuerdo.

Llena de orgullo, al par que celosa, no pudo Juno perdonar jamás al joven troyano Paris, hijo de Príamo, que no le hubiese adjudicado la manzana de oro, y se hizo, por ende, irreconciliable enemiga de la nación troyana. Los griegos, al contrario, vinieron a ser objeto constante de sus favores y de su protección.

Las *Prétides,* hijas de Preto, sintiéronse orgullosas de su belleza sin par, atreviéndose a compararse a Juno, que castigó su orgullo tornándolas insensatas y maniáticas. Su locura consistía en creerse convertidas en vacas, lanzar en todo momento los mugidos propios de estos animales y esconderse en lo más intrincado de las selvas para evitar ser uncidas al arado.

Melampo, adivino y experto médico, prestóse a curarlas si su padre se avenía a aceptarle por yerno y asignarle el tercio de su reino. Preto accedió fácilmente a tales condiciones y Melampo, después de realizar con éxito su cometido, desposóse con la más hermosa de las tres hermanas.

El culto de Juno era universal y sus fiestas se desple-

Fig. 5.—Iris, mensajera de Júpiter

gaban en medio de la mayor solemnidad. En Argos, Samos y Cartago era donde la diosa recibía especial culto y veneración.

Algunos escultores la han representado sentada en un trono, ostentando sobre su frente una diadema y en su mano un cetro de oro. A sus pies aparecen uno o varios pavos. Algunas veces se ven también dos pavos arrastrando su carro y tras ella, Iris despliega los variados colores del arco iris.

Iris, hija de Juno y mensajera de los dioses, transmitía sus mandatos a los diversos lugares de la tierra, a los mares y hasta a los infiernos, ejerciendo, entre tanto, los oficios más penosos: asistía a las mujeres agonizantes y cortaba el hilo que mantenía unidas sus almas al cuerpo, cumpliendo de esta manera y en nombre de Juno tan piadosa misión.

§ 6. Vesta

VESTA, diosa del fuego, era hija de Saturno y de Cibeles. Su culto fué introducido en Italia por el príncipe troyano Eneas; cinco siglos después Numa le erigía un templo en Roma, en el que se guardaba el paladión y se mantenía continuamente vivo el fuego sagrado.

Suelen representarla vestida con larga túnica y la cabeza cubierta por un velo. Con una mano sostiene una lámpara o bien una antorcha; otras veces empuña un dardo o el cuerno de la abundancia.

Fig. 6.—Vesta

Sus sacerdotisas, llamadas vestales, fueron elegidas primeramente por los reyes, y después por los pontífices. Debían ser éstas de condición libre y sin defecto físico alguno. Era su misión principal custodiar el templo de Vesta y mantener siempre encendido el *fuego sagrado,* símbolo de la perennidad del imperio. Si el fuego se apagaba, producíase en la ciudad una aflicción general, interrumpíanse los negocios públicos, creíanse amenazados por las mayores desgracias y no renacía la tranquilidad hasta que de nuevo se hubiese obtenido el fuego sagrado que los sacerdotes se procuraban directamente de los rayos del sol, bien del fuego producido por el rayo, o ya por medio de un taladro que se hacía girar con gran velocidad en el orificio practicado en un trozo de madera.

Las vestales debían observar riguroso celibato; su castidad e inocencia habían de ser ejemplares. El castigo que a las culpables se imponía era la muerte ¡y qué clase de muerte! La vestal era enterrada viva. La infortunada bajaba al sepulcro en medio de las ceremonias más espantosas: el verdugo colocaba a su lado una lamparita, un poco de aceite, un pan, agua y leche; después cerraba el sepulcro sobre su misma cabeza.

Las vestales, empero, hallaban en la consideración de sus conciudadanos y en la distinción de que eran objeto, digna compensación de las privaciones a que vivían sometidas. Todos los magistrados les cedían el paso. En asuntos de justicia, su palabra era por sí sola digna de todo crédito. Cuando salían de su morada iban precedidas por un lictor provisto de las fasces rituales y si al pasar una vestal por la calle encontrábase con un criminal que llevaban al suplicio, salvábale la vida sólo con afirmar que el encuentro era fortuito.

Fig. 7.—Vestal

Los testamentos, los actos más secretos, las cosas más santas eran a ellas confiados. En el circo tenían asignado un sitio de honor; la manutención y demás gastos que su vida exigía corrían a cargo del tesoro del estado.

Cuando habían cumplido treinta años de servicio sacerdotal les era permitido volver al mundo y sustituir el fuego de Vesta por la antorcha del himeneo. Pero raras veces usaban de un privilegio que les era concedido en época ya tardía; la mayor parte de ellas preferían pasar el resto de sus días allí donde había transcurrido su juventud: entonces servían de guía y ejemplo a las novicias que ellas iniciaban.

§ 7. Neptuno

NEPTUNO, dios del mar, era hijo de Saturno y de Cibeles. En su juventud había tramado una conspiración contra Júpiter, el cual le arrojó del Olimpo y le relegó a la condición de simple mortal. Por aquel entonces Laomedón levantaba los muros de Troya y rogó a Neptuno que le ayudara en el duro trabajo de levantar fuertes diques que pudieran contener la furia de las olas. El dios se hizo albañil, trabajó a las órdenes del exigente monarca y aguantó durante muchos meses toda clase de fatigas y sinsabores.

Congraciado y reconciliado con su hermano, Neptuno se entregó con incansable celo al gobierno del imperio que le había sido confiado: rodeóse de hábiles ministros, les asignó diversos cometidos, promulgó sabias leyes

Fig. 8.—Neptuno

y prometió a sus súbditos que administraría con equidad la debida justicia en beneficio de todos.

Quiso después buscar esposa y sus ojos se fijaron en *Anfítrite*, hija del Océano, que era una ninfa de admirable belleza. Pidióla en matrimonio a su padre, el cual acogió gozoso una

proposición que le halagaba sobremanera; pero la ninfa quiso,
antes de tomar decisión alguna, conocer al esposo que se le
destinaba. Al verlo retrocedió: el tinte de su piel curtida, su
tupida y desòrdenada melena y su viscosa barba le inspiraron
profunda repugnancia. En vano se mostró Neptuno sumiso y
respetuoso con ella; en vano se esforzó para arrancar a su

Fig. 9.—Neptuno en su trono, Teseo y Anfítrite

lengua las más delicadas protestas; todo fué inútil: nada pudo
decidir a Anfítrite a aceptarlo por esposo.

Triste, solitario y desanimado quedó Neptuno lamentándose
amargamente de la crueldad de su suerte cuando un *delfín* que
había sido testigo de su pena acudió a ofrecerle su intervención
y sus servicios, y al efecto se presentó a la ninfa rebelde, le
ponderó las riquezas del monarca como también lo dilatado de
su imperio, los homenajes de que sería objeto y los palacios que
le servirían de morada; la elocuencia del delfín triunfó por completo y cúpole la gloria de poder llevar a la ninfa Anfítrite
ante su esposo.

Fig. 10. – Anfitrite llevada por los delfines ante Neptuno

Pero el poder de Neptuno no se limitaba solamente a los mares, lagos, ríos y fuentes, extendíase también a las islas, penínsulas, montañas y aun a los continentes, a los que ponía en conmoción según le placía. Las sacudidas violentas y los temblores de tierra eran obra suya. Se atribuye a Neptuno la creación del caballo, que es uno de los más bellos presentes que los dioses hayan podido hacer a los mortales; al crearlo enseñó

Fig. 11.–Neptuno en un carro con caballos alados

también el arte de domarlo. Amansó el fogoso cuadrúpedo y lo hizo sumiso a la mano y a la voz del hombre.

Todos los pueblos rindieron culto a Neptuno, sintieron por él temor profundo y levantáronle a porfía estatuas y altares. Los habitantes de Libia le consideraron como su divinidad principal. En Asia Menor, en Grecia, en Italia y principalmente en las regiones marítimas, se le habían levantado innumerables templos. Era invocado por los navegantes, y los atletas, tanto de las carreras de carros como de las de caballos, le tenían por patrón especial. Los juegos ístmicos en Corinto y los consuales en Roma fueron instituídos en su honor. En los sacrificios que a él se le ofrecían eran inmolados un toro

y un caballo. Los arúspices le ofrecían la hiel de las víctimas
por guardar analogía con el sabor amargo de las aguas del mar.

Neptuno suele ser representado en la persona de un anciano
cuyo ancho pecho y car-
nosas espaldas están cu-
biertos con ropajes de
color azulado. Lleva por
cetro un tridente y le
sirve de carro una vasta
concha arrastrada por
dos hipocampos o caba-
llos marinos con dos
patas. Los *tritones* que

Fig. 12.—Tritones

forman su cortejo anuncian su presencia haciendo sonar una
concha que es una especie de trompeta que se plega en varias
curvas, cada vez más anchas, y cuyos sonidos se propagan hasta
los confines del mundo.

No deben confundirse los tritones con *Tritón;* éste manda,
los otros obedecen. Tritón, hijo de Neptuno, tiene poder para

Fig. 13.— Tritón

encrespar las olas del mar o calmarlas; los tritones son sus
subalternos sin autoridad ni importancia alguna, pero todos,
tanto el señor como sus súbditos, son mitad hombre y mitad
pescado y todos preceden al carro majestuoso del dios de las
aguas arrancando a la concha extraños sones.

§ 8. **Plutón**

Cuando los tres reyes hijos de Saturno, a saber, Júpiter, Neptuno y Plutón, se repartieron el mundo, a Plutón, como más joven que era, le asignaron la peor parte: el reino triste de los infiernos.

Llámanse *infiernos* las moradas subterráneas adonde van las almas de los muertos para ser juzgadas y recibir la pena que por sus crímenes merezcan o la recompensa a que por sus actos virtuosos sean acreedoras. A la puerta se halla continuamente en vela un perro con tres cabezas llamado Cancerbero, el cual con sus triples aullidos y sus mordeduras impide a los vivientes que entren allí y a las sombras que puedan salir (1).

Fig. 14.—Plutón

Si hemos de dar crédito a los poetas, el vasto espacio que ocupaban los infiernos estaba rodeado por dos ríos, el Aqueronte y el Estigio, que era necesario atravesar para poder llegar a la morada de Plutón. Pero el barquero Carón, viejo feroz, rechazaba duramente y golpeándoles con el remo, a los desgraciados que habían muerto y todavía permanecían insepultos, y a cuantos no podían pagarle un óbolo, que era el precio del pasaje; a los demás hacíales sentar en su barca, los transportaba a la ribera opuesta y los entregaba a

(1) La *sombra* era un término medio entre el alma y el cuerpo; era, como el alma, inmaterial y conservaba la figura del cuerpo.

Fig. 15. — Plutón entrando en los infiernos: pintura por *Julio Romano*

Mercurio, que les conducía ante el terrible tribunal. Tres jueces
estaban sentados en él y administraban justicia en nombre de
Plutón y a su presencia; estos eran: Minos (antiguo rey de la
isla de Creta), Eaco (rey de la isla de Egina) y Radamanto
(hermano de Minos), los tres de una integridad a toda prueba;
pero Minos, más sabio que sus colegas, gozaba de la pre-
eminencia y empuñaba en su mano un cetro de oro. Cuando
la sentencia se había hecho pública, los buenos eran introducidos en los Campos Elíseos y los malos eran precipitados en
el Tártaro.

Llámase *Elíseo* o *Campos Elíseos* a la morada que se destinaba a los buenos para después de su muerte. Unas frondas
en perenne verdor, la brisa embalsamada del Céfiro, praderas
esmaltadas de flores embellecían esta afortunada región. Un
jubiloso enjambre de pájaros cantaban melodiosamente en la espesura, y el sol no era jamás empañado por la más leve niebla.
El Leteo serpenteaba con suave murmullo; una tierra fecunda
rendía al año doble o triple cosecha y ofrecía, a su debido
tiempo, flores y frutos. Allí no tenían entrada el dolor, la
enfermedad ni la vejez, y a la bienandanza de que gozaba el
cuerpo iba unida la ausencia de los males que pueden afligir
al alma. La ambición, el odio, la envidia y las bajas pasiones que agitan a los mortales eran allí completamente desconocidos.

El *Tártaro,* lugar destinado a los malvados, era una vasta
prisión fortificada, guardada por un triple muro y circundada
por un río de fuego llamado Flegetón. Tres furias, Alecto,
Meguera y Tisífone, eran las gondoleras de esta ígnea corriente; con una mano empuñaban una antorcha flamígera y con
la otra un látigo sangriento, con el cual flagelaban sin tregua ni
piedad a los malhechores cuyos crímenes exigían severos castigos. El Tártaro era el lugar donde se hallaban Titio, cuyo
seno era roído por un buitre; Tántalo, corriendo sin cesar tras
la onda fugitiva, y las Danaides, esforzándose por llenar un

tonel sin fondo (1). Aquí moraban también aquellos que habían odiado a sus hermanos, maltratado a sus padres, engañado a sus pupilos; aquí gemían los servidores infieles, los ciudadanos traidores a su patria, los avaros, los príncipes que habían suscitado guerras injustas. Todos expiaban sus faltas, todos quisieran volver a gozar de la luz del día para comenzar de nuevo una existencia apacible y llena de merecimientos. No lejos del Tártaro moraban los Remordimientos, las Enfermedades, la Miseria vestida de andrajos, la Guerra chorreando sangre, la Muerte, las Gorgonas, que tenían serpientes en vez de cabellos, la Quimera, las Arpías y otros monstruos a cual más horribles.

Fig. 16. — Danaide

Aquí, desde hacía muchos años, reinaba Plutón cansado ya de su celibato. El horror que inspiraba su mansión, la repugnante fealdad de su aspecto y la dureza de su carácter, hacían que huyeran de él todas las diosas, ninguna de las cuales se avenía a ser su esposa, por lo que tuvo que recurrir a la violencia.

PROSERPINA, hija de Ceres, vivía retirada en Sicilia, junto a las campiñas del Etna, y allí gustaba de pasar su juventud en paz e inocencia. Un día que se entretenía con sus compañeras cogiendo flores recién abiertas, Plutón la divisó y la raptó a pesar de sus protestas y de las amonestaciones de Minerva. Orgulloso

---

(1) *Titio*, uno de los gigantes, habiendo ofendido a Latona, madre de Apolo, fué muerto por este dios de un flechazo. *Tántalo*, que había asesinado a su propio hijo, estaba condenado a ser devorado por la sed a pesar de hallarse rodeado de agua y a tener siempre hambre aunque tuviese a su alcance un árbol cargado de fruta. Véase la sección III, § 17. — El crimen de las *Danaides* se halla narrado en la sección VI, § 3.

el dios con su presa, lanzó a todo correr sus caballos negros, abrió la tierra con un golpe de su cetro y se hundió en el reino de las tinieblas.

Al tener Ceres noticia de esta desventura, partió precipitadamente en busca de su hija, recorrió las montañas, exploró las cavernas y los bosques, atravesó los ríos, encendiendo al llegar la noche dos antorchas para poder continuar su camino al través de la oscuridad. Llegada que fué al lago de Siracusa encontró allí el velo de Proserpina y comprendió que el raptor de su hija había pasado por aquel lugar; después supo por boca de la ninfa Aretusa que el audaz amante se llamaba Plutón, el mismo rey de los infiernos.

Fig. 17. — Rapto de Proserpina

A tal noticia, Ceres sube a un carro tirado por dos dragones (1), atraviesa la inmensidad del espacio, se presenta a Júpiter con los ojos arrasados en lágrimas, el pelo en desorden y la voz alterada, y le pide justicia. El padre de los dioses intenta calmarla, haciéndole ver que debe sentirse orgullosa de tener por yerno a un poderoso monarca, y al fin le dice: «Si, no obstante, vuestro deseo es que Proserpina os sea devuelta, no me opongo a ello, con tal que no haya comido nada desde que

---

(1) El *dragón*, animal fabuloso, es una enorme serpiente alada, terrible como el león, rápida como el águila y que no duerme jamás.

entró en los infiernos: tal es el fallo del Destino». Ceres, más veloz que el rayo llega hasta las márgenes del Aqueronte, pregunta ansiosa a todos los que encuentra a su paso. Pero Proserpina acababa de echar mano de una granada y había comido ya algunos granos. Su retorno a la tierra era, por tanto, imposible. No obstante, y a fuerza de ruegos, Ceres pudo obtener que su hija morase en los infiernos sólo durante seis meses del año y que pudiese pasar los otros seis sobre la tierra.

Generalmente se representa a Plutón con semblante lívido, las cejas espesas, los ojos rojizos y la mirada amenazadora. Lleva en su mano derecha un cetro o una horquilla con dos puntas y en la izquierda ostenta una llave para indicar que es imposible salir de los infiernos. Su corona es de ébano, delatando por su color oscuro al dios de las tinieblas: algunas veces su cabeza va cubierta con un casco que le hace invisible. En algunas esculturas, aparecen sentadas a su lado las tres Parcas y a sus pies descansa el Cancerbero.

Plutón era la única de las divinidades superiores que no tuvo jamás templos ni altares. Se le sacrificaban víctimas negras cuya sangre corría hasta depositarse en una hoya. El ciprés y el narciso eran las plantas que le estaban especialmente consagradas.

Proserpina se representa al lado de Plutón, sentada en un trono de ébano o sobre un carro arrastrado por caballos negros. En su mano ostenta flores de narciso. Bajo el nombre de Hécate, presidía los actos de magia y los encantamientos; ejercía su poder sobre el mar y la tierra, en el Tártaro y en los cielos. Pueblos, reyes, magistrados y guerreros invocaban su nombre, solicitaban su protección, y para tenerla propicia le ofrecían corderos, perros y miel. En honor de Hécate se celebraban todos los meses en Atenas unas fiestas llamadas hecatesias, durante las cuales los ricos de la ciudad ofrecían en las encrucijadas una comida pública, llamada comida de Hécate, destinada principalmente a los pobres de la localidad y a los viajeros indigentes.

Los poetas dan algunas veces a las regiones infernales los nombres de Ténaro, Erebo y Orco. El *Ténaro* era un promontorio de Laconia que tenía en uno de sus extremos una profunda caverna de la que salían tantos vapores negros e infectos, que la crédula imaginación del vulgo llegó a creer que allí se abría el vestíbulo del infierno. Se da el nombre de *Erebo* a la región más tenebrosa del imperio de las sombras; en lenguaje poético «la noche del Erebo» quiere indicar el sepulcro, la muerte, el infierno. *Orco,* uno de los sobrenombres que se dan a Plutón, ha sido también aplicado al mismo reino en que este dios ejerce su poderío: «bajar al Orco» vale tanto como decir que se desciende a la mansión de los muertos.

§ 9. Ceres

CERES, diosa de los cereales y las cosechas, recorrió muchos países buscando a su hija Proserpina, que Plutón le había arrebatado.

Un día que esta madre infortunada atravesaba el Atica bajo la apariencia de una mujer vulgar, se detuvo cerca de Eleusis y sentóse sobre una piedra para descansar. Al verla la hija de Celeo, rey de Eleusis, y suponiendo por su decaído aspecto que alguna pena la mortificaba, acercóse a ella y le rogó que fuese a casa de su padre para reposar. Ceres aceptó y se dirigió a la mansión real; Celeo le dispensó tan buena acogida, que la diosa, altamente reconocida a la sincera hospitalidad, devolvió la salud a su hijo Triptolemo que estaba aún en la cuna.

No se contentó con esto la diosa, su gratitud le exigía hacer algo más: tomó a su cargo la educación de Triptolemo y quiso hacerle inmortal. A este efecto, durante el día le alimentaba con su leche y por la noche le tendía sobre carbones encendidos para despojarle de su condición mortal. El niño crecía visiblemente y de modo tan prodigioso que se apoderó de su madre la más viva curiosidad; quiso ésta saber lo que pasaba durante la noche y qué mágicos procedimientos empleaba Ceres. A este fin se ocultó en un rincón de la estancia y, al ver que la diosa se disponía a someter a su hijo al fuego depurador, lanzó un grito de espanto y quedó destruído el encantamiento.

No pudiendo ya Ceres dar al joven Triptolemo la inmortalidad, quiso, por lo menos, que fuera amado por todos los hombres: enseñóle el arte de sembrar el trigo y de hacer el pan, y dióle, después, un carro tirado por dos dragones para que recorriera los diversos lugares de la tierra enseñando el arte de la agricultura.

Fig. 18. – Ceres

Al retornar Triptolemo de sus viajes estableció en Eleusis, ciudad del Atica, el culto de Ceres, y al mismo tiempo instituyó fiestas en honor de esta divinidad bienhechora.

Para ser iniciado en los misterios de Eleusis era preciso haber pasado por un noviciado que duraba por lo menos un año y de ordinario cinco, al cabo de los cuales quedaban admitidos a la *autopsia,* o sea, a la contemplación de la verdad. Aspirar a este último estado significaba aspirar a la perfección. La ceremonia de la admisión se realizaba por la noche. Los iniciados se reunían junto al templo, en un cercado suficientemente espacioso para que en él cupiera una gran muchedumbre. Coronábanse de mirto, se lavaban las manos, escuchaban la lectura de las leyes de Ceres, tomaban un refrigerio y entraban en el santuario donde reinaba la más profunda oscuridad. De repente

la densa tiniebla era rasgada por una luz vivísima, apareciendo
en medio de resplandores la estatua de Ceres magníficamente
ataviada. Mientras la multitud llena de asombro se entregaba
a transportes de admiración, la luz se extinguía, y las bóvedas del templo se poblaban de rayos deslumbradores que dejaban
ver acá y allá espantosos espectros y monstruosas figuras. El
estruendo de los truenos acababa por sembrar el espanto en el

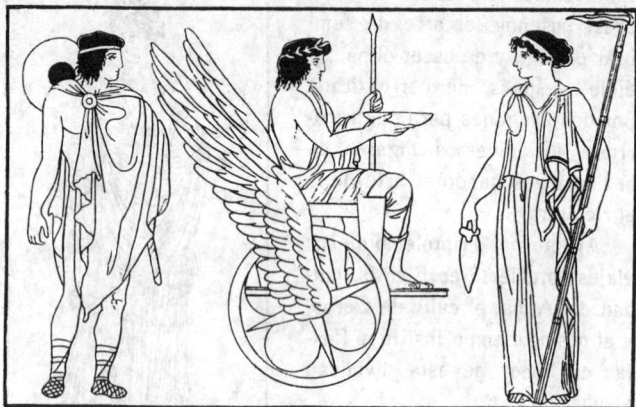

Fig. 19. — Triptolemo en un carro alado

alma del iniciado. Finalmente se restablecía la calma y se abrían
dos grandes puertas que dejaban ver a la luz de las antorchas
un delicioso jardín dispuesto para la danza, las fiestas y el placer. En este Campo Elíseo, era donde el hierofante o gran
pontífice revelaba a los iniciados las cosas santas y el secreto de
los misterios (1). El que divulgase lo que había visto y oído come-
tía un horrendo crimen, y era castigado con la pena de muerte.

En el Atica fué también instituída, con el nombre de *tesmoforias,* otra festividad cuyo objeto era conmemorar las sabias

___

(1) El *hierofante* tenía que ser ateniense y pertenecer a la familia de los
Eumólpidas.

leyes que Ceres había dado a los mortales. Las tesmoforias sólo podían ser celebradas por mujeres de reconocida distinción que anticipadamente habían de purificarse, abstenerse de toda diversión y vivir en la sobriedad más ejemplar. No era permitido a los hombres asistir a dichas fiestas. Celebrábanse éstas por espacio de cinco días, durante los cuales algunas doncellas vírgenes, vestidas con blancas túnicas, transportaban sobre sus cabezas, de Atenas a Eleusis, las sagradas canastillas que contenían un niño, una serpiente de oro, un harnero, algunos pasteles y otros símbolos.

Se representa ordinariamente a Ceres coronada de espigas; también se la ha figurado empuñando con una de sus manos una antorcha encendida, o bien ostentando una amapola. Inmolábanle el cerdo, animal que gusta de hozar en los sembrados.

§ 10. Minerva

MINERVA, diosa de la sabiduría, vino al mundo de un modo muy singular. Júpiter, que sufría acerbos dolores de cabeza, ordenó a Vulcano que le abriese el cráneo de un hachazo, y de él salió Minerva armada de pies a cabeza, doncella ya de veinte años. Admitida que fué al consejo de los dioses, gozó en él de grandes prerrogativas. Tenía, como Júpiter, el privilegio de disponer del rayo

Fig. 20. — Minerva

según le pluguiese; concedía el espíritu profético, prolongaba la vida de los mortales y les deparaba, después de su muerte, venturosas bienandanzas. Todas sus promesas eran puntualmente realizadas, todo lo que ella autorizaba con una señal de cabeza había de tener riguroso cumplimiento.

Constituída en protectora de sabios y artistas, había inventado la escritura, la pintura y el bordado; conocía también la música, pues sabía tocar la flauta con maestría; pero como le dañaba la boca y le producía fatiga, la arrojó con enfado en las aguas de una fuente.

Orgullosa de su excelso talento y de su belleza majestuosa, miraba con ojos encelados a todas aquellas mujeres que se jactaban de igualarla. Medusa fué castigada por haber osado comparar sus atractivos con los de la hija de Júpiter.

Fig. 21. — Minerva tocando la lira delante de Baco

Medusa, una de las tres Gorgonas, había venido al mundo adornada con todos los atractivos personales; sus cabellos causaban la admiración de cuantos la contemplaban; innumerables amantes la pretendían por esposa. Engreída por tantos homenajes atrevióse a desafiar con su belleza a Minerva y hasta se creyó superior a la diosa. Minerva, llena de indignación, transformó en serpientes los cabellos de la Gorgona, cubrió su cuerpo de escamas, puso dos alas a sus espaldas, desfiguró sus facciones y le dió un aspecto tan espantoso, que bastaba su presencia para causar la muerte o cambiar en piedras viles a los que tenían la desgracia de cruzarse con ella en su camino. Por eso

cuando se advertía su proximidad trataban todos de esconderse
o se daban a la fuga.

Aracne fué también víctima de los airados celos de Minerva.
Aracne, famosa obrera de la ciudad de Colofón, trabajaba con
tanta pericia en las labores de bordado
que de todas partes afluían curiosos
para extasiarse ante sus primores. Este
coro unánime de alabanzas le inspiró tal
vanidad que llegó a desafiar a la misma
diosa, invitándola a que demostrase, si
podía, mayor suma de méritos. El desafío fué aceptado: pusiéronse una y otra
a la obra. El trabajo de Minerva resultó

Fig. 22
Cabeza de Medusa

sin duda muy perfecto, pero el de Aracne no le quedaba en
zaga. Sobre la tela había ésta representado a Europa arrebatada por Júpiter transformado en toro; Asteria forcejando contra el mismo dios metamorfoseado en águila; Leda, de la que
aquél se hacía amar tomando la forma de cisne; Alcmene, a la
que engañaba usurpando los rasgos de la fisonomía de Anfitrión.
También se podía ver al rey de los dioses cómo se introducía
en la Torre de Dánae en forma de lluvia de oro, tornarse
llama viva junto a Egina, y rendir el corazón indiferente de
Mnemósine, vistiéndose de pastor.

El dibujo era tan perfecto y las figuras quedaban tan vivamente ejecutadas, que Minerva, no pudiendo descubrir en él
defecto alguno, hizo pedazos el hermoso trabajo en que quedaban tan magistralmente representadas las locas aventuras de
su padre, llevando su resentimiento hasta el punto de golpear a
Aracne, que llena de desesperación se ahorcó. Movida la diosa
a compasión, sostúvola en los aires para que no acabara de
estrangularse y la transformó en *araña*. Bajo esta nueva forma,
Aracne conserva aún su pasión por hilar y tejer la tela.

El acontecimiento más importante de la vida de Minerva es
la desavenencia que tuvo con Neptuno. Quería la diosa que la

ciudad que Cecrops acababa de construir en Africa, llevara
su nombre; Neptuno tenía idénticas aspiraciones. Los dioses
determinaron conceder este honor a aquel de los dos pretendientes que creara la cosa que pudiese resultar más útil para la
ciudad. Neptuno golpeó la tierra con su tridente e hizo nacer
el caballo, emblema de la guerra; Minerva con un golpe de
su lanza hizo brotar el olivo, símbolo de la paz. Los dioses se

Fig. 23. — Las panateneas: fiestas en honor de Minerva o Palas

declararon a favor de la diosa y la ciudad se llamó *Atena* o
Atenas, que tal es en lengua griega el nombre de Minerva.

Esta diosa suele representarse en la figura de una mujer de
continente grave y severo, empuñando con su mano derecha
una pica y con su izquierda un escudo. Ostenta sobre el pecho
la verdadera égida, especie de coraza en la que se halla
esculpida en relieve la cabeza de Medusa. Su divina frente está
protegida por un casco coronado por un penacho o un gallo.
A sus pies aparece una lechuza o un buho, aves vigilantes,
tranquilas y reflexivas.

Preside con el nombre de *Palas* la guerra y los combates.
Este nombre le fué dado cuando venció al gigante Palas, cuya
piel arrancó, llevándola consigo en señal de triunfo.

§ 11. **Venus**

VENUS, diosa de la belleza y del amor, nació de la espuma del mar, provista de todos los encantos, y abordó a la isla de Citerea, donde fué acogida por las Horas, que la hicieron sentar en un carro de excepcional diafa-nidad y la transportaron al Olimpo; allí las Risas, las Gracias y los Juegos constituían su cortejo (1). Un maravilloso ceñidor añadía aún nuevos encantos a su poder y a sus atractivos. Cuando se presentó ante los dioses quedaron éstos maravillados, y cada uno de ellos la pretendía por esposa. Júpiter concedió su mano a Vulcano, que acababa de inventar el rayo me-diante el cual había sido posible exterminar a los Gigantes.

Pero Venus, diosa inconside-rada y frívola, enojada en extremo de tener por marido un herrero cojo, sucio y rudo, se mostraba complacida ante los halagos de que

Fig. 24. – Venus

era objeto por parte de los cortesanos. El dios de los borra-chos, el dios de los guerreros, Adonis, hijo de Myrrha, y muchos otros, consiguieron, sin gran esfuerzo, alegrarla en sus con-trariedades.

Adonis, apuesto doncel, nacido en Arabia, amaba apasiona-damente la caza y se entregaba a este ejercicio sin descanso a

(1) Homero cree que *Venus* es hija de Júpiter y Dione. Virgilio da a Julio César el sobrenombre de *Dionæus,* por descender de Venus por parte de Eneas, hijo de Anquises.

pesar de los ruegos de Venus que temía que fuese cruelmente devorado por las bestias feroces. Un día que se hallaba cazando en el monte Líbano, enardecido por su misma valentía, olvidóse de los consejos de la diosa y después de herir un jabalí fué perseguido por el furioso animal, que al alcanzarle le derribó y le hizo pedazos. Venus acudió en socorro de su amante cuando era ya demasiado tarde: Adonis había expirado. La diosa regó su sangre con néctar y la convirtió en una flor llamada *anémona;* pero incapaz de soportar el dolor que esta pérdida le producía,

Fig. 25. — Mujeres preparándose para la fiesta de Adonis

suplicó al rey de los dioses que su querido Adonis recobrase la vida y le fuese devuelto. La ley del destino se opuso a ello y fuéle solamente concedido que pudiese pasar cada año seis meses en la tierra y seis meses en los infiernos. Levantáronle templos, eleváronle a la categoría de los dioses y en su honor fueron instituídas las fiestas llamadas *adonias.* Celebrábanse éstas durante ocho días: los cuatro primeros se pasaban en fúnebres ceremonias y los otros en desbordantes regocijos, para conmemorar a la vez la muerte y la apoteosis del favorito de Venus.

El culto de esta divinidad era universal, pero no le sacrificaban víctimas, y sus altares no eran jamás manchados con sangre; contentábanse con quemar incienso y perfumes. Sus templos principales eran los de Pafos, Amatonte e Idalia en la isla de Chipre; los de Gnido en la Caria; el de Citerea en el Peloponeso y el del monte Erix en Sicilia (1). El escultor Praxíteles hizo para los habitantes de Gnido una estatua de Venus, considerada como una obra maestra.

Algunos artistas representan a Venus sentada en un carro arrastrado por palomos, cisnes o pájaros; una corona de rosas y mirto circunda sus blondos cabellos. El mirto era el arbusto de su predilección.

Cupido o el *Amor*, hijo de Venus, dios maligno, seductor y engañoso, apenas vino al mundo cuando Júpiter, previendo los daños que este niño podía causar, mandó a Venus que le hiciese desaparecer. Esta, para sustraerlo a las miradas del señor de los dioses, le ocultó en lo más denso de los bosques, y allí Cupido fué amamantado por los leones y los tigres. Cuando se sintió robusto, construyó un arco de fresno y con madera de ciprés hizo sus flechas. Ejercitándose en el tiro contra los animales que le habían amamantado, se adiestró en el arte de hacer víctimas de sus dardos a los hombres.

Los monumentos de la antigüedad representan ordinariamente a Cupido bajo la figura de un niño que se divierte en los juegos propios de su edad, ya haciendo rodar un aro, bromeando con las ninfas, persiguiendo una mariposa o agitando su antorcha; ya se entretiene a los pies de su madre tocando el laúd o aparece abrazando fuertemente a un cisne. Algunas veces se le representa con un pie en el aire como si pensara alguna travesura, o bien anda con aires de conquistador, con el casco en la cabeza, la pica al hombro y el brazo armado con el escudo; muchas veces lo contemplamos importunando a un centauro, domando un león o destrozando los rayos a Júpiter. Se le representa siempre provisto de alas, porque la pasión que inspira no es duradera, y lleva los ojos vendados para denotar con ello

---

(1) De aquí vienen los nombres de Cipris, Citerea y Ericina dados a Venus.

que el amante no ve en el objeto de sus ternuras las faltas y
defectos (1).

Las habituales compañeras de Venus y Cupido son las tres
Gracias: Aglae, Talía y Eufrosina. Jóvenes, hermosas y modestas, con los cabellos prendidos con negligencia; se dan las manos
como si se prepararan para la danza, o levantan un brazo por
encima del hombro y la cabeza mientras que el otro igualmente
colocado va a unirse con la mano de la Gracia próxima. Las
Gracias presiden las acciones buenas, el reconocimiento y todo
lo que el mundo puede ofrecer de agradable, dulce y atractivo.
No solamente dispensan a los hombres la amabilidad, la joviali-
dad, un humor benigno y otras cualidades que constituyen el
encanto de la vida, sino también la liberalidad, la elocuencia y
la sabiduría. Algunas veces aparecen representadas en medio
de los sátiros más feos, para indicar que no se puede juzgar a una persona sólo por las apariencias, y que los defectos del rostro se modifican por las cualidades del espíritu y del
corazón.

§ 12. Vulcano

VULCANO, hijo de Júpiter y de Juno, era, al venir al mundo,
tan deforme, que horrorizado su padre ante tamaña fealdad lo
precipitó desde lo alto de los cielos. El celeste aborto fué
rodando durante un día en el espacio y de torbellino en torbellino fué a parar, al caer la tarde, a la isla de Lemnos, cuyos
habitantes le recibieron de tal forma que sólo se rompió una
pierna. Privado Vulcano de los dones exteriores, estaba abundantemente compensado en los del genio: era el más industrioso
de los inmortales. Con un poco de arcilla amasada con agua
formó la primera mujer y supo embellecerla con tales atrac-

---

(1) El Amor no siempre es un niño que juega en brazos de su madre;
algunas veces aparece con toda la lozanía de la juventud; de esta manera suelen representar al amante de *Psiquis.* Véase sección VI, § 1.

tivos, que los dioses invitaron a esta admirable criatura a que formara parte de su asamblea, la colmaron de dones y le dieron el nombre de Pandora. Después de este primer éxito Vulcano estableció en Lemnos dos fraguas considerables y en sus montañas fueron por primera vez pulimentados el oro, el hierro, el cobre y el acero. Bajo su dirección se construyeron nuevos talleres en los antros de Lípari y en las cavernas del monte Etna: allí trabajaba Vulcano con sus cíclopes, cuyos nervudos brazos levantaban sin cesar los martillos detonantes. Estos cíclopes o herreros de Vulcano eran una raza de gigantes antropófagos que tenían solamente un ojo en medio de la frente.

Fig. 26. — Vulcano

Después de haberse casado con Venus, diosa de la belleza, no encontró Vulcano en esta unión la felicidad que esperaba, pero Júpiter le indemnizó de los sinsabores que el amor le ocasionaba constituyéndole dios del fuego, honor al que tenía tanto más derecho cuanto que cada día veía salir de sus talleres alguna obra maestra. A ruego de Tetis fabricó para uso de Aquiles un casco, una coraza y un escudo que fueron el asombro y el espanto de los soldados troyanos. Solicitado por Venus forjó las armas de Eneas; por orden de Júpiter modeló aquel maravilloso escudo de Hércules que ninguna fuerza humana podía mellar ni romper. Entre sus obras más notables merecen mencionarse el mágico collar que regaló a Hermione, esposa de Cadmio, el cetro de Agamenón y los veinte trípodes provistos de ruedas, que, por sí mismos y sin recibir impulso alguno, se trasladaban al anfiteatro donde se reunían los dioses.

Ordinariamente se representa a Vulcano en su fragua

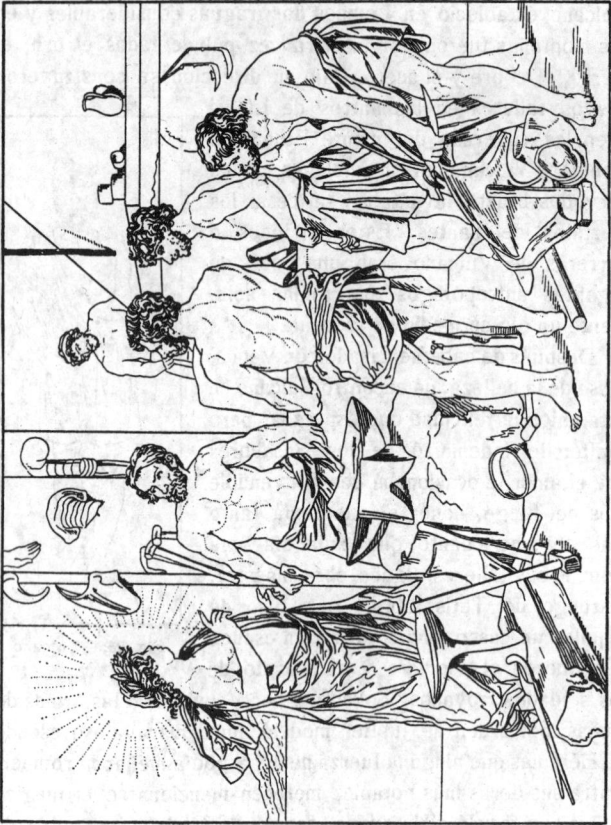

Fig. 27. — Apolo en las fraguas de Vulcano, cuadro de *Velázquez*

bañado por abundante sudor, ennegrecida la frente por el humo, empuñando con una mano un martillo y con la otra

Fig. 28. — Regreso de Vulcano al Olimpo

el rayo, con el pecho siempre descubierto y llevando un **extraño** birrete. Su pelo y su barba aparecen en desorden.

Sus hijos principales son: Cecrops, fundador y rey de Atenas; Erictonio, que vino al mundo con las piernas torcidas

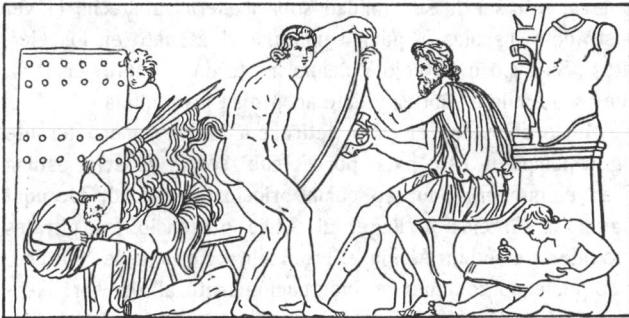

Fig. 29. — Vulcano en su taller

y que inventó los carros para ocultar su deformidad; y el bandido Caco, a quien mató Hércules en Italia.

§ 13. **Marte**

MARTE, dios de la guerra, hijo de Júpiter y de Juno (1), fué
educado por uno de los Titanes, que le enseñó la danza y los
ejercicios corporales. Antes que viniera al mundo, los hombres luchaban a la ventura, armados solamente con garrotes y
piedras, sin táctica y sin orden, Marte fijó reglas precisas
para el ataque y la defensa, simplificó, en principio, el arte
de matarse unos a otros, y el hierro que hasta entonces se
destinaba a usos ordinarios fué transformado en espadas y
puñales.

Marte desplegó un valor inaudito luchando contra los Gigantes, pero cayó en una emboscada y fué hecho prisionero por los
hijos de Aloos, que le abandonaron en el fondo de un cala-
bozo, donde gimió prisionero por espacio de quince meses.
Libertado por Mercurio, volvió al Olimpo y allí se esforzó por
agradar a Venus. Su traje guerrero, el brillo de sus armas, su
valor heroico daban a Marte, a los ojos de la diosa, singular
belleza; ésta sentía su vanidad sobremanera satisfecha al ver
postrado a sus pies a quien sembraba el espanto en los ejércitos. Su esposo, el cojo Vulcano, no tardó en sentirse celoso,
quejóse de ello a Júpiter y éste acogió su justa queja.

Marte abandonó el cielo, retiróse a Tracia y moró durante
algún tiempo en este país, por el cual sentía especial estima
y en el que era adorado como principal divinidad. De aquí
marchó a Grecia; al llegar al Ática presenció los ultrajes
que infería a su hija Alcipa el cruel Alirrocio, hijo de Neptuno,
y no pudiendo contener su indignación mató al agresor. Neptuno citó a Marte para que compareciera ante un tribunal
augusto que los atenienses acababan de instituir, para que

---

(1) .Así lo afirman Homero y Hesíodo, pero los poetas latinos cuentan que
después que Júpiter hizo salir a Minerva de su cerebro, Juno hizo que Marte
naciera del contacto de una flor en los campos de Olene, ciudad de Acaya.

fuese allí juzgado. El acusado expuso a los jueces el asunto con toda la simplicidad y franqueza de un soldado y se defendió con tal elocuencia, que fué absuelto. Entonces este tribunal tomó el nombre de Areópago (1).

Sobrevino después la guerra de Troya dando con ello ocasión a que la bravura de Marte pudiera realizar nuevas proezas.

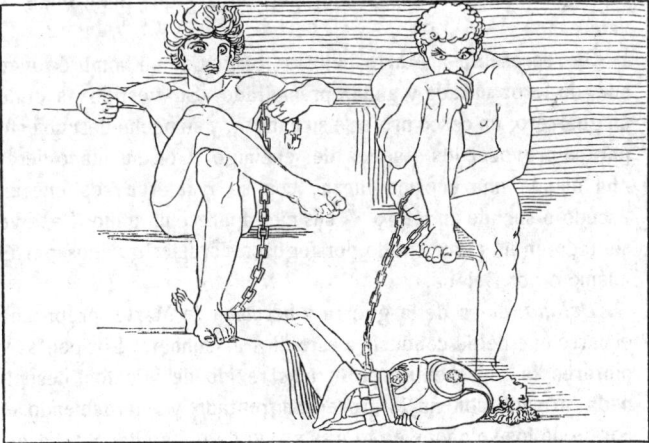

Fig. 30. — Marte encadenado por los hijos de Aloos

Alistóse en las filas troyanas y allí combatió bajo las banderas de Acamas, rey de Tracia.

El culto de Marte se hallaba muy difundido, sobre todo entre los romanos, pueblo belicoso que consideraba a este dios como el padre de Rómulo y el protector del imperio. Numa Pompilio instituyó en honor de Marte un colegio de doce sacerdotes llamados salios, cuya principal misión consistía en velar por la conservación de los escudos sagrados. Cuando los cónsules

(1) *Areópago* quiere decir colina de Marte: *Ares* significa en griego Marte y *pagos* colina. En efecto, el Areópago se asentaba sobre la colina donde Marte pleiteara.

partían para la guerra, iban al templo de Marte para orar y ofrecer sus votos, acercábanse solemnemente a la imagen del dios y tocando su lanza exclamaban: «¡Dios de la guerra, protege esta república!» En las fiestas que en su honor se celebraban, sacrificábanle un caballo, como símbolo del ardor militar, y a veces un lobo como emblema del furor. Le estaba especialmente consagrado el martín pescador por ser ave que tiene fama de valerosa.

Se representa a Marte bajo los rasgos de un hombre joven aun, de feroz mirada y andar precipitado. Su vestido es el de un guerrero; un casco protege su cabeza, y su pecho descubierto parece provocar los ataques del enemigo. Con su mano derecha blande una enorme lanza; con su izquierda sostiene un escudo o sacude un látigo. A sus pies aparece un gallo. Se le ve sentado en un carro tirado por fogosos corceles guiados por él mismo o por Belona.

Belona, diosa de la guerra y hermana de Marte, preparaba el carro que debía conducir a este dios al combate. Los poetas y pintores la representan en lo más reñido de la pelea, despeinada, armada con un látigo ensangrentado y enardeciendo el coraje de los soldados en lo más arduo de la batalla. Sus sacerdotes se llamaban belonarios. En las fiestas que dedicaban a su diosa, recorrían las calles como si fuesen hombres furiosos esgrimiendo en sus manos una espada o un cuchillo, con el cual se destrozaban el cuerpo. Cuando habían terminado sus carreras y sacrificios, el pueblo se apretujaba a su alrededor para consultarles; y sus respuestas eran consideradas como oráculos.

La compañera inseparable de Belona era la *Discordia,* desterrada del cielo a causa de las continuas disputas y trastornos que entre los dioses promovía. Se representa a la Discordia con la cabeza cubierta de serpientes en lugar de cabellos, ostentando en una mano una antorcha y en la otra una culebra o un puñal.

§ 14. Apolo

Apolo o Febo, que conduce el carro del Sol, se toma muchas veces por el Sol mismo. Nació en la isla de Delos, que es una de las Cíclades; fué su madre Latona y su hermana Diana.

El primer combate que dió ocasión a que Apolo hiciera uso de sus flechas, fué cuando exterminó la serpiente Pitón, que

Fig. 31. — Apolo

Fig. 32. — Febo

devastaba la campiña de Tesalia. La piel de este animal servía para cubrir el trípode en que se sentaba la sacerdotisa de Delfos. Orgulloso Apolo con esta victoria, atrevióse a desafiar al Amor y sus dardos. El hijo de Venus sacó de su carcaj dos flechas, una de las cuales terminaba en una punta de oro e infundía el amor, y la otra tenía la punta de plomo e inspiraba el odio o el desdén. Cupido dirigió la primera contra Apolo y disparó la segunda a Dafne, hija del río Peneo. Inmediatamente el dios sintió una violenta pasión por la hermosa ninfa, y ella, lejos de corresponder a sus ternuras, huyó rápidamente y se ocultó a sus miradas. Apolo corre tras ella, al través de la pradera por donde serpentea el río, y está ya a punto de alcanzar a Dafne cuando ésta, rendida por la fatiga, implora la ayuda de Peneo, que la transforma en *laurel*. Apolo sólo pudo estrechar entre sus brazos un tronco inanimado. Este árbol hizo desde entonces sus delicias; lo adoptó como símbolo, arrancó del tronco algunas ramas y con ellas tejióse una corona, queriendo así que en los siglos venideros el laurel fuese la halagadora recompensa por la que suspirasen los poetas, los artistas y los guerreros.

Fig. 33. — Dafne

Otras desgracias le esperaban aún: presenció la muerte de su hijo Esculapio, famoso médico a quien Júpiter aniquiló con sus rayos, castigándole así por haber resucitado a Hipólito, hijo de Teseo. Apolo, que no se atrevía a tomar venganza en la propia persona de Júpiter, dió muerte a los Cíclopes que forjaban el rayo, pero esta atrocidad recibió el merecido castigo, pues el dios fué arrojado del cielo y condenado a vagar errante sobre la tierra, sujeto a los mismos infortunios y desgracias que los simples mortales. Entonces fué cuando Apolo se puso a sueldo del troyano Laomedón, y cuando buscó asilo junto a Admeto, rey de Tesalia, donde, convertido en simple pastor, guardó durante muchos años los rebaños de este príncipe leal y hospitalario.

Jacinto, hijo de Amiclas, era el amigo íntimo de Apolo. Este dios, para gozar de su presencia más a menudo, se había prestado a enseñarle a manejar el arco y a tocar el laúd. Céfiro sentía por el joven Jacinto especial estima, sin conseguir ser de él correspondido; solamente para Apolo tenía éste pruebas continuas de confianza y afecto. Céfiro, a quien los celos atormentaban cruelmente hasta cegarle, no retrocedió ante el crimen.

Fig. 34. — Apolo en su cuadriga

Un día que el feliz rival jugaba con Jacinto, Céfiro desvió el disco y lo dirigió contra la sien del joven con tal violencia que le causó la muerte. En vano aplicó Apolo sobre la herida las plantas de más reconocida virtud curativa; su amigo expiró a los pocos momentos y fué transformado en una flor que lleva el nombre de *jacinto.*

Apolo reunía cuanto se necesita para agradar: a las cualidades del espíritu se unían la belleza del cuerpo, la lozanía de la juventud, una voz encantadora y un porte majestuoso; pero a pesar de tantas perfecciones no conseguía lograr el amor de mujer alguna. Coronis, Deífobo, Casandra y otras mujeres le despreciaron y aun su talento fué tenido en poco por un sátiro llamado Marsias.

Marsias, natural de Frigia, era un músico notable que habiendo hallado junto a una fuente la flauta que Minerva arrojara, supo modular con ella dulcísimos sonidos. Orgulloso de los elogios de que era objeto, se atrevió a lanzar a Apolo un insultante desafío, que le fué aceptado, pero bajo la condición de que «el vencido se pondría a disposición del vencedor». Los habitantes de Nisa fueron designados jueces del pleito. Marsias fué el primero que, colocándose en medio de la multitud, arrancó a su flauta sones maravillosos, con los que imitaba a la vez el gorjeo de los pájaros, el murmullo de las fuentes, la voz imperceptible de los ecos, los silbidos del huracán, el alegre vocerío de los borrachos. La asamblea maravillada aplaudió estusiastamente, y Apolo, sin dejarse deslumbrar por estas clamorosas demostraciones de aprobación, acompañándose con su lira impuso silencio entonando un preludio melancólico. Después se entregó al arrobamiento que su arte le producía, e infundió en todos los corazones el delirio de la más delicada sensación estética. Apolo tejió su canto con estas palabras: «Ariadna abandonada en una isla desierta, Ariadna plañidera y gemebunda, Ariadna que se reprochaba haber abandonado a su padre, su hermana y su patria por un amante voluble, Ariadna que tenía por únicos testimonios de su pena los peñascos insensibles y las olas en perpetuo mugido, Ariadna, en fin, cuya llama sobrevivía aún a la traición del pérfido ateniense» (1). Las lágrimas brotaron de los ojos de todos los presentes y le adjudicaron el triunfo. Pero su crueldad empañó la gloria a que se había hecho acreedor; cogió a Marsias, atóle al tronco de un abeto con las manos ligadas a la espalda, y lo desolló vivo. Su muerte causó duelo universal. Los Faunos, los Sátiros y las Dríades, le lloraron amargamente, y sus abundantes lágrimas

---

(1) Véase *Tesco*, sección III, § 12.

engendraron un río de Frigia que por esto recibió el nombre de Marsias.

Después de un largo destierro, Apolo fué llamado de nuevo al Olimpo y Júpiter le repuso en su primer cargo.

Apolo es, entre todos los dioses, al que los poetas han atribuído mayores maravillas. Era el dios de la Medicina, el creador de la Poesía y de la Música, el protector de los campos y de los pastores y el que en más alto grado poseyó el conocimiento del porvenir. Grecia e Italia sentían respeto por sus oráculos, siendo los más célebres los de Delos, Ténedos, Claros, Patara y sobre todo el de Delfos. Los habitantes de la isla de Rodas levantaron en su honor una colosal estatua de bronce que era considerada como una maravilla.

Apolo, en su cualidad de dios de la poesía, instruía a las Musas y con ellas convivía, ya en las cimas del Parnaso, del Helicón y del Pindo, ya en las orillas floridas del Permeso y de la fontana Hipocrene.

Como dios de las artes, le representan bajo la figura de un joven imberbe, flotantes los cabellos, con una lira en la mano y ceñida la frente por una corona de laurel. Como dios de la luz le representan coronado de rayos, recorriendo los cielos montado en un carro tirado por cuatro caballos blancos.

Sus hijos más renombrados fueron: Aurora, Esculapio, la famosa maga Circe, Lino, que fué maestro de Orfeo, y Faetón, cuya trágica muerte merece ser referida aparte.

Faetón, hijo de Apolo y Clímene, tuvo cierto día un vivo altercado con Epafo. En el calor de la disputa llegaron a injuriarse con palabras duras y Epafo se atrevió a reprochar a Faetón que no era hijo del Sol. «Tu origen no nos es desconocido — le dijo, — tu frágil madre ha fingido unos amores divinos para legitimar mejor su desarreglada conducta.» Ultrajado Faetón por este reproche, corre a casa de Clímene y muy emocionado exclama: «Alguien ha puesto en duda lo celestial de mi nacimiento y aun ¡oh madre! se ha atrevido a atacar vuestro honor.

Vengaos y vengadme, o si no decidme lo que procede hacer en
tal caso». Al momento fué concebido el plan conveniente. La
madre aconseja a Faetón que pida al Sol que le permita guiar su
carro aunque sea por un solo día a fin de poder así probar a sus
calumniadores su celestial alcurnia. Faetón acude a la morada
del Sol, le refiere la afrenta que le ha sido inferida y le suplica

Fig. 35. – Las horas

que le conceda un favor que pueda demostrar al mundo entero que
es realmente su hijo.

El Sol, que sentía por Faetón tierno afecto, juróle por la
laguna Estigia que ninguna de sus peticiones sería desatendida.
«Pues bien, padre mío — le dijo, — dejad que por un solo día
conduzca yo el carro de la luz: por esta prueba de vuestra
ternura conocerán mis enemigos que sois el autor de mi ser.»
Febo había jurado por las aguas estigias y su juramento debía
ser irrevocable.

Intentó, pues, disuadir a su hijo de una empresa tan peli·
grosa, pero viendo que todas sus objeciones resultaban inútiles y
que el joven se obstinaba más y más, llama a su presencia a las
Horas matinales y éstas acuden precedidas de la Aurora; engan-

chan los corceles al carro del Sol, Faetón sube a él lleno de orgullo, empuña las riendas centelleantes y apenas se digna escuchar a su padre que le advierte: «En tu vuelo, no seas excesivamente tímido o demasiado audaz; evita llegar al Cielo o descender hasta la Tierra; sigue un camino equidistante, único que te conviene».

Apolo hablaba aún y el presuntuoso Faetón se cernía ya veloz al través de la bóveda azulada. Los impetuosos corceles, que no sentían la mano de su amo, se desviaron del camino acostumbrado y tan pronto se elevaban demasiado, amenazando abrasar el cielo con su fuego, como descendían excesivamente secando el agua de los ríos. Entonces fué cuando los etíopes tomaron el tinte negro que aun hoy conservan y desde aquel momento los desiertos de Africa perdieron para siempre su vegetación.

La Tierra, calcinada hasta lo más profundo, gime, se agita, levanta hasta el cielo su cabeza ardiente y cónjura al rey de los dioses a que ponga fin a tales tormentos... Alarmado Júpiter, echa mano del rayo y mata al hijo de Clímene. Y mientras los corceles acaban al azar la carrera del día, Faetón, juguete de los vientos y los rayos, cae hecho un torbellino en el Erídano. Sus hermanas no pueden sobreponerse a su desesperación y quedan convertidas en *álamos*. Cicno, amigo de Faetón, sucumbe al peso de su dolor y es transformado en *cisne*.

Dos moralejas se deducen de esta fábula: Faetón representa un ambicioso que acomete empresas superiores a sus fuerzas; el Sol es la imagen de los padres excesivamente débiles que no se atreven a negar nada a sus hijos y les ocasionan la muerte por una tonta condescendencia.

§ 15. **Diana**

DIANA, hija de Latona y hermana de Apolo, era la reina de la caza. Entregada a este ejercicio varonil, acabó por volverse insensible a las delicadas inclinaciones propias de su sexo. Nin-

guno de los pretendientes que intentaron conseguir su amor
pudieron lograrlo, y por eso ha sido otorgado a Diana el sobrenombre de casta. La historia de Endimión no contradice en
un punto lo que acabamos de exponer. *Endimión,* pastor de
Caria, había obtenido de Júpiter el privilegio de no envejecer jamás y conservar hasta el fin de sus días la lozanía y

Fig. 36. — Diana

frescura juveniles. Una noche
que Diana a la claridad de
la luna vió al pastor dormido
sobre el monte Latmos, quedó
tan prendada de su belleza,
que durante largo rato, llena
de admiración recreó en él
su mirada. Esto es lo que la
fábula refiere; la verdad es
que Endimión, que era un
sabio astrónomo de la Caria,
muy a menudo pasaba la noche en la cima de las montañas entregado a la obser-
vación y al cálculo de la
marcha de los astros. La
Luna, o sea Diana, iluminaba
sus prolongadas vigilias, durante las cuales, agotado ya
por el trabajo, se rendía algunas veces en brazos del sueño. Por
lo que dice la fábula de que Endimión no envejecía jamás.
resulta ser verdad, porque el genio y la ciencia pueden hacer
al hombre inmortal.

Pero esta misma diosa, acostumbrada como estaba a dar
caza a los más feroces animales empapando muchas veces la
tierra con su sangre, tenía, por esta misma razón, un carácter
salvaje y se entregaba sin escrúpulo a cualquier acto inhumano,
de lo cual es ejemplo palpable la muerte de Acteón.

Acteón, hijo de Aristeo y Autonoe, no tenía otra afición que la caza. Un día, después de haber matado innumerables animales salvajes sobre el monte Citerón y cuando el Sol era más ardiente, llama junto a sí a sus compañeros, que corriendo al través de los bosques se entregaban aún con ardor a su diversión favorita: «Alegraos de vuestra jornada — les dijo; — recoged vuestras tiendas y no os fatiguéis ya más». Obedecieron todos y se entregaron al descanso. Allí cerca se extendía el valle de Gargafia, consagrado a Diana. Era un paraje lleno de encantos, sombreado de pinos y cipreses bajo cuyas ramas corría el agua fresca y límpida entre dos riberas esmaltadas de flores. Allí Diana, cansada de sus largas correrías, acababa de llegar con las ninfas que formaban su séquito, con el propósito de bañarse. Acteón, que vagaba por el bosque sin rumbo fijo, tuvo la desgracia de penetrar en este

Fig. 37. — Diana triforme

vallecito y acercarse al mismo riachuelo. Las ninfas al advertir el ruido y viendo que el ramaje se estremecía, lanzan un grito de espanto. Diana se indigna contra el cazador temerario y recogiendo en el hueco de su mano el agua de la corriente, se la echa a la cara; en aquel mismo momento su cabeza aparece coronada por cuernos arborescentes, su cuello se prolonga, sus brazos se convierten en piernas largas y delgadas y todo su cuerpo queda cubierto de un pelo jaspeado; en definitiva, queda convertido en ciervo. Sus perros al descubrirle, le acometen.

El quiere gritarles: «¡Yo soy Acteón, reconoced a vuestro amo Acteón!», pero su garganta no puede proferir palabra ni articular sonido alguno, muriendo destrozado por los mismos perros que había amaestrado y alimentado y que poco antes saltaban de alegría a su alrededor prodigándole las más tiernas pruebas de cariño.

Los habitantes de la Taurida (llamada hoy Crimea), que veneraban a Diana como divinidad predilecta, cuidaban de complacerla degollando sobre sus altares a todos los extranjeros que alguna tempestad arrojaba a sus costas.

Esta diosa tenía en Aricia un templo servido por un sacerdote que podía solamente obtener este cargo dando muerte a su predecesor (1). Los lacedemonios le ofrecían todos los años víctimas humanas hasta que vino el sabio Licurgo, quien sustituyó esta horrible costumbre por la flagelación.

En la tierra recibía esta diosa los nombres de Diana o Delia (2), en el cielo se le daba el nombre de Luna o Febe, y el de Hécate o Proserpina en los infiernos. De aquí que Diana fuese también denominada diosa triple, triple Hécate, diosa de tres formas (triforme), nombres que algunas veces hallamos en los poetas, y que se le ofrecieran los sacrificios en las plazas o lugares en que convergían tres caminos.

Diana es representada armada de un carcaj y un arco acompañada de una jauría; sus piernas y sus pies aparecen desnudos o calzados con sandalias. Es fácil reconocerla por la media luna que ostenta en la frente o por el traje de cazadora. Aventajaba en estatura a todas las ninfas de su corte. En algunas obras de arte ha sido representada en compañía de una cierva, animal que le estaba especialmente consagrado.

---

(1) Este templo de Aricia fué levantado y consagrado a Diana por *Hipólito*, hijo de Teseo, después que Esculapio le hizo resucitar y Diana le transportó a Italia.

(2) Delia quiere decir nacida en la isla de Delos.

§ 16. **Mercurio**

Mercurio, nacido en Arcadia, sobre el monte Cilene, era hijo de Júpiter y de Maya. El mismo día de su nacimiento se sintió ya tan apuesto y robusto que luchó con Cupido, derribóle con una zancadilla y le robó su carcaj.

Mientras los dioses le felicitaban por su victoria, hurtó la espada de Marte, el tridente de Neptuno, el ceñidor de Venus y el cetro de Júpiter, y estaba a punto de escamotear el rayo si el temor de quemarse los dedos no se lo hubiera impedido.

Tanta bribonada y audacia hicieron que fuese arrojado del cielo y entonces vino a la tierra y fijó su residencia en Tesalia, donde pasó su adolescencia y su juventud. El desterrado Apolo se dedicaba entonces a guardar los bueyes del rey Admeto, cuando a Mercurio, que también era como él pastor, parecióle cómodo procurarse un rebaño sin gasto alguno. Aprovechóse para ello de un momento en que Apolo

Fig. 38. — Mercurio

sumido en tierno delirio remembraba sus amores pastoriles tocando la flauta, y entonces Mercurio desvió adrede sus bueyes del lugar en que pacían y se los llevó escondiéndolos en lo más espeso de un bosque. Estos múltiples latrocinios hicieron que fuese considerado como el dios de los ladrones y de los tramposos.

Entre tanto, Apolo, que había descubierto ya el autor del robo, enfadóse sobremanera. Hechas las paces, Apolo recibió de Mercurio una lira de tres cuerdas y a cambio de ella dióle

Apolo una varilla de avellano que tenía la propiedad de apaciguar las querellas y reconciliar a los enemigos. Para cerciorarse Mercurio del poder de este talismán, lo interpuso entre dos serpientes que luchaban encarnizadamente y al momento las dos se enroscaron alrededor de la varilla y allí quedaron entrelazadas formando el *caduceo,* que es el principal atributo de Mercurio.

El haber llevado Mercurio vida pastoril largo tiempo en Tesalia hizo que fuese adorado allí como dios de los pastores, y la circunstancia de haber inventado la lucha y los ejercicios corporales, en los que sobresalía siempre, le hicieron pasar por el dios de los atletas.

Poco satisfecho Mercurio con tan vulgares honores, aspiró a más brillantes triunfos: recorrió las grandes ciudades, salió a la plaza pública y allí mostróse hábil en el arte de la elocuencia. Los oradores y los retóricos se pusieron bajo su protección y fué considerado como el dios de las artes liberales y de las bellas letras. Queriendo juntar lo útil a lo agradable, dedicóse a los negocios, perfeccionó el comercio y el cambio, inventó los pesos y medidas y al poco tiempo su nombre fué honrado por los mercaderes y negociantes que le llamaron el dios del comercio.

El destierro de Mercurio producía en la corte celestial un sensible vacío; por eso fué nuevamente llamado a ella, y puesto que mientras vivió sobre la tierra había demostrado superior destreza e inteligencia, Júpiter le constituyó su ministro, su intérprete y el mensajero del Olimpo. Cumpliendo los deberes de su cargo, Mercurio ejecutaba los encargos de los dioses, sus negociaciones públicas o secretas, importantes o frívolas, y asumía a la vez el oficio de criado, escanciador, espía, embajador, satélite y verdugo. Cumpliendo órdenes de los dioses dió muerte al inoportuno Argos, encadenó a Prometeo sobre el monte Cáucaso, libertó a Marte de la prisión en que le habían encerrado los Gigantes, condujo a Baco hasta donde se hallaban las ninfas de Nisa, acompañó a Plutón cuando este dios llevó a cabo el

rapto de Proserpina y... largo sería enumerar todos los pormenores de su actuación.

Aun cuando parece que tan numerosas ocupaciones habían
de absorberle por entero tiempo y fuerzas, sin embargo, era aún
Mercurio el encargado de conducir hasta los infiernos las almas
de los muertos y asistir al juicio supremo a que, ante el tribunal de Minos, eran sometidas; era él también quien conducía de
nuevo estas almas a la tierra cuando habían transcurrido mil
años desde que de ella les arrancara la muerte, y las introducía
en cuerpos nuevos.

Se representa a Mercurio en la figura de un hombre mozo,
listo, sonriente y cubierto con un pequeño manto. Tanto su
bonete como su caduceo están provistos de alas, como también
sus tacones, para indicar que es el mensajero de los dioses. De
su boca sale en algunas imágenes una cadena de oro para significar con qué poder un orador experto encadena las voluntades de
sus oyentes; su mano derecha empuña el caduceo, como emblema
de un ministro plenipotenciario y conciliador, y en su izquierda

lleva una bolsa como símbolo
del dios protector de los co-
merciantes. Son atributos suyos el gallo y la tortuga,
significando el gallo la vigilancia, tan necesaria en el
cumplimiento de diversas e
importantes funciones; la tortuga recuerda que Mercurio
fué quien inventó la lira, que
en un principio fué hecha con
placas de este reptil.

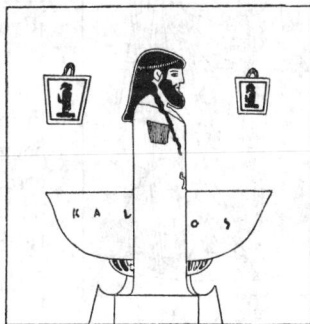

Fig. 39. — Hermes

En los caminos de gran
tránsito figuraban de trecho en trecho estatuas de forma cuadrada que representaban a Mercurio y servían para la delimita-
ción de los campos o para señalar el camino a los viajeros extra-

viados. Estas estatuas, llamadas en griego *Hermes,* se coloca-
ban también en el centro de las encrucijadas y tenían tantas
caras como caminos a tal sitio convergían. En los sacrificios
que a Mercurio se dedicaban ofrecíanle miel, leche y sobre todo
la lengua de las víctimas, ya que era considerado como el dios
de la elocuencia.

§ 17. Baco

BACO, dios del vino, era hijo de Júpiter y Semelé; nació en
la isla de Naxos y Mercurio le llevó a Arabia a la mansión de
las ninfas de Nisa, que cuidaron de alimentarle en aquellas montañas. Sileno le enseñó a plantar la
viña y las Musas le instruyeron en
el canto y la danza.

Cuando los Gigantes escalaron el
cielo, Baco, tomando la forma de
un león, luchó contra ellos con tanto
éxito como bravura. Júpiter le excitaba a la lucha gritándole: ¡Evohé!
¡Evohé! ¡Valor, hijo mío, valor!

Llegado Baco a su mayor edad,
emprendió la conquista de la India.
Formaba la expedición un grupo de
hombres y mujeres que no tenían
otras armas sino tirsos, címbalos y
tambores; a su cabeza iba el mismo
Baco. Pan, Sileno, los Sátiros, los
coribantes y Aristeo, que inventó
la miel, formaban su séquito. Esta
conquista no costó una gota de san-
gre: los pueblos se sometían gozosos a un conquistador tan
humano que les daba leyes sabias, les enseñaba el arte de
cultivar el campo y les iniciaba en la elaboración del vino. Un
día que atravesaba los arenosos desiertos de Libia, sintiéndose

Fig. 40. – Baco

acosado por una sed ardiente, imploró la ayuda de Júpiter y
al momento el príncipe de los dioses hizo surgir un carnero que
condujo a Baco y sus huestes a una fuente de límpidas aguas
donde pudieron apagar la sed. Lleno de gratitud mandó levantar en aquel lugar un templo en honor de Júpiter-Ammón, que
pronto se hizo célebre, y a él acudían de todas las partes del
mundo infinidad de adoradores, por más que, para llegar hasta
allí, fuese preciso atravesar un desierto inmenso y abrasador.

Fig. 41. — Nacimiento de Baco

Cuando Baco volvió a Grecia desposóse con una de las hijas
del sabio Minos, rey de Creta, llamada Ariadna, que había sido
abandonada por Teseo en la isla de Naxos (1).

A pesar de su natural benevolencia, Baco castigó sin reparos
a todos aquellos que se negaron a reconocerle por dios o que
se mostraron ingratos a sus beneficios.

Las Mineidas y Licurgo experimentaron los fatales efectos
de su ira.

_____

(1) Según se desprende de otra versión totalmente diferente, *Ariadna*, traicionada por Teseo, se dió la muerte. Racine hace alusión a este suceso en sus
versos de la tragedia *Fedra* (acto I, escena III), cuando este personaje dice:
«Ariadna, hermana mía, ¡por qué amor herida moriste en la orilla donde fuiste
abandonada!»

Las Mineidas eran tres: Iris, Climena y Alcitoé. Diestras en las labores del bordado y la tapicería buscaban en el trabajo su más placentero entretenimiento. Por aquel entonces debía tener lugar la solemne festividad de Baco, en la cual todos los habitantes de Orcomenes tomaban parte. Solamente las Mineidas, despreciando el extraño culto, no quieren abandonar sus lanzaderas ni sus husos, mostrándose más exigentes que de costumbre con sus esclavas, y queriendo mofarse del traje exótico de las bacantes, ridiculizan las pieles con que se disfrazan, el tirso que agitan en el aire y las coronas con que ciñen su frente. Ni los consejos de sus padres ni las amonestaciones de los sacerdotes ni las amenazas con que les conminan en hombre de Baco pueden apartarlas de su resolución; muéstranse más y más obstinadas en no interrumpir su trabajo y, valiéndose del pretexto de complacer a Minerva, diosa de las artes, roban a Baco las horas que le están especialmente dedicadas.

Fig. 42.— Baco en su infancia

De repente y sin que vean a nadie, perciben las Mineidas un confuso estrépito de tambores, flautas y trompetas; invade su estancia un fuerte olor de mirra y azafrán, cúbrese de verdor la tela que ellas tejen y brota entre sus telares un tronco de vid; el palacio se estremece y tiembla; paréceles como si en sus habitaciones brillaran antorchas encendidas y escuchar el aullido de bestias feroces. Asustadas ante este prodigio y envueltas por una nube de humo, las Mineidas intentan huir, y mientras se afanan por buscar el rincón más escondido de su palacio para ocultarse, advierten que una piel finísima cubre sus miembros y junto a cada uno de sus brazos nacen unas alas pequeñas y transparentes. Entonces pueden ya sostenerse en el aire aunque carezcan de plumas, y cuando pretenden hablar sólo pueden arrancar de su garganta un grito horrísoho que es ya la única voz que les queda. Convertidas en murciélagos rondan alrededor de las casas, pero no habitan nunca en los bosques; huyen de la luz y aprovechan la oscuridad de la noche para salir de sus guaridas y tender el vuelo.

Licurgo, rey de los edones de Tracia y amigo de Baco, había ayudado a este dios a plantar la viña en las riberas del río Estrimón; pero un día que había bebido excesivamente, ignorando los efectos del nuevo licor, emborrachóse profiriendo entonces insultos contra su madre y apaleando a su hijo. Desde este momento declaróse enemigo irreconciliable del vino, opúsose con todas sus fuerzas a la propagación de la vid, cortó las cepas que tapizaban las laderas de su territorio y dió a sus súbditos la orden de que siguieran su ejemplo. Baco no pudo ver impasible actos que él consideraba impíos, y arrancando de su corazón los sentimientos de amistad que le unían a Licurgo, mandó que este rey fuera arrastrado hasta lo más profundo de los bosques del monte Pangeo, y después de haberlo sujetado a un árbol lo abandonó a las bestias feroces.

Las fiestas de Baco se llamaban *orgías* o *bacanales,* y las mujeres que tomaban parte en ellas recibían el nombre de bacantes, ménades, tíades y basárides.

Un rito principal de estas fiestas consistía en vestirse con pieles de machos cabríos, tigres y otros animales, ya domésticos ya salvajes. Los que en ellas tomaban parte pintarrajeábanse con sangre, con heces de vino tinto o con jugo de moras. Disfrazábanse como si se hubiera tratado de celebrar una mascarada; corrían de acá para allá gritando estentóreamente como si estuvieran frenéticos y rivalizando en el escándalo

Fig. 43. — Bacantes

y en la locura. Para remedar la persona del dios Baco escogíase un corpulento mancebo bien puesto de carnes y jacarero, el cual se instalaba en un carro tirado por los fingidos

Fig. 44. — Bacante

tigres, mientras que los machos cabríos y las cabras brincaban a su alrededor a modo de faunos y sátiros. El anciano que representaba a Sileno iba montado en un asno a la retaguardia del cortejo y por su talante grotesco excitaba la risa de los espectadores. Estas fiestas tumultuosas se celebraban principalmente en Tebas y en la cima del monte Citeron, y también en Tracia sobre los montes Ismare y Rodope.

Penteo, rey de Tebas y nieto de Cadmo, veía con profundo dolor las desenfrenadas licencias a que las orgías daban lugar, y queriendo, al fin, acabar con ellas, se personó un día sobre el monte Citeron resuelto a castigar a las bacantes y su abominable cortejo; pero las furiosas mujeres, entre las cuales se hallaban su madre Agavé y sus tías, se echaron sobre él y lo mataron.

Baco es representado bajo la figura de un joven imberbe, fresco, mofletudo, coronado de hiedra o pámpanos, llevando un tirso en la mano, o bien un racimo de uvas o una copa; una piel de leopardo le sirve de vestido. A veces aparece descansando a la sombra de una parra, otras sentado sobre un tonel; en ocasiones le representan montado en un carro tirado por tigres y leones y muy a menudo le pintan provisto de cuernos como símbolo de fuerza y poder. Los griegos le

Fig. 45. — Ménade

inmolaban la urraca, porque el vino produce indiscreción y sobre todo porque este animal destruye los botones de la vid. La hiedra era su planta favorita, por creerse que tenía la virtud de impedir la borrachera o de aminorar sus abominables efectos.

Entre los nombres aplicados a Baco por los griegos y por los romanos, merecen ser conocidos los seis principales. El nombre de *Dioniso* o *Dionisio* que se le da, es una palabra de origen muy discutido; llámanle también *Liber,* o sea *libre,* porque el vino, alegrando el espíritu del hombre, le libra momentáneamente de toda preocupación y le da cierta libertad de palabras y acciones; *Evius,* palabra sacada de la exclamación ¡*Evohé!* que empleara Júpiter para animar a su hijo mientras luchaba contra los Gigantes; *Iacchus* que proviene de un verbo griego que significa gritar, vociferar, por el que se quería indicar el clamor de los borrachos y los ensordecedores estrépitos que resonaban en las tabernas; *Thyoneus,* del nombre Thyoné que llevó Semelé, madre de Baco, después que Júpiter la retornó a la vida y fué admitida en la mansión de los inmortales; finalmente *Leneus,* es decir, dios de los lagares, por ser de ellos el inventor.

Algunas veces los poetas le han aplicado el sobrenombre de *amante de Erigona,* elegante denominación cuyo origen es el siguiente:

Erigona, hija de Icario, rey de Laconia, era hermana de Penélope, y, como ella, tenía un carácter tímido, circunspecto y reservado. Cuando Baco recorría los diversos países de Grecia, detúvose un día en los estados de Icario, al que enseñó el arte de mejorar el cultivo de la vid y obtener plantíos de superior calidad. Erigona, que era entonces joven y hermosa, cautivó al momento el corazón del dios, quien apeló a todos los medios para agradarle y desplegó todos los recursos de un espíritu jovial y los encantos de una conversación amena y chistosa para hacerse amable a los ojos de la doncella. Pero ¡ay! perdía el tiempo. El porte rumboso del dios vendimiador, su tono caballeresco, sus originales ocurrencias, sus eternas coplas, resultaban en extremo antipáticas a la modesta joven, la cual se sentía más distanciada del dios cuanto más persistentes eran sus homenajes. Apenas pronunciaba palabra para hacerle alguna declaración o una simple cortesía, sonreíase ella compasivamente y dejaba al dios que acabara solo su arenga. Parecía perdida ya toda esperanza de que las palabras del dios mereciesen atención alguna, y el vencedor de la India, vencido a su vez por aquella mujer, iba a partir con el alma acongojada, cuando se dió cuenta de que a Erigona le gustaban las uvas locamente y de que se escapaba todas las tardes para ir al campo y hartarse de ellas a su gusto. Al descubrir esta afición de la joven,

corre a la viña de Icario, colócase junto al camino por
donde la princesa ha de pasar y toma la forma de un esplén-
dido racimo encarnado prendido a una vid. Llega Erigona y
al ver a la luz del crepúsculo el racimo tentador, corre hacia
él y lo arranca. Baco retorna inmediatamente a su anterior
estado y consigue al fin que la bella indiferente se digne
escuchar su declaración tantas veces empezada y no acabada
jamás.

§ 18. La Aurora

La AURORA, mensajera del Sol, precede al nacimiento del
día. Los poetas la describen montada en un carro rutilante,

Fig. 46. – La Aurora alada, en su carro

tirado por cuatro caballos blancos. Con sus rosados dedos
abre las puertas de Oriente, esparce sobre la tierra el rocío
y hace crecer las flores. El sueño y la noche huyen a su pre-

Fig. 47. — El carro de la Aurora, por *Guido Reni*

sencia, y a medida que ella se acerca, las estrellas desaparecen.

La Aurora sintió por Titón un amor tan tierno que rogó a Júpiter que concediese a este príncipe la inmortalidad (1). Sus ruegos fueron atendidos, pero como ella se olvidó de pedir también que Titón no envejeciera jamás, al llegar a edad muy avanzada se sintió tan caduco y enfermo que fué preciso fajarlo y mecerlo en la cuna como un niño. Entonces la vida le pareció un peso tan insoportable, que prefirió morir, siendo convertido en cigarra.

§ 19. Jano

JANO, el rey más antiguo del Lacio, era natural de Tesalia. Cuando llegó a las orillas del Tíber, los habitantes de aquellos salvajes lugares vivían sin religión y sin leyes. Jano suavizó la brutalidad de sus costumbres, los agrupó y formó ciudades, dióles leyes y les hizo experimentar los encantos de la inocencia inculcándoles el amor a la justicia y a la honestidad. Cuando Saturno fué arrojado del cielo, escogió el Lacio por morada y Jano llevó su generosidad con él hasta asociarle a su imperio. Saturno a su vez le dotó de sagacidad tan extraordinaria que lograba conocer el pasado, el presente y el porvenir.

Jano es representado en la figura de un joven que tiene dos y a veces cuatro caras; en su mano derecha ostenta una llave, pues fué él quien inventó las puertas, y en la izquierda un báculo para indicar el dominio que ejercía sobre rutas y caminos. En toda ceremonia religiosa era el primero en ser invocado y se le ofrecían sacrificios sobre doce altares para recordar los doce meses del año.

Numa levantóle en Roma un templo que permanecía cerrado en tiempo de paz y era abierto tan pronto como la guerra

---

(1) *Titón* era hijo de Laomedón y hermano de Príamo.

estallaba. Entonces los caudillos de la nación, los magistrados y los pontífices acudían solemnemente al templo de Jano,
descolgaban de las bóvedas del santuario los escudos sagrados, y los agitaban y golpeaban cadenciosamente exclamando a
coro: *¡Marte, Marte, despierta!* Cuando se daban por termi-
nadas las hostilidades se cerraban de nuevo las puertas, no de
una manera ordinaria, sino por medio de enormes barras de hierro
y valiéndose de cien cerrojos para que resultase cosa larga y
difícil pretender abrirlas y para que el pueblo comprendiese que
la guerra, fuente de infinitas calamidades, no debe ser empren-
dida sin que existan poderosos motivos y sin haberlo antes
reflexionado seriamente.

§ 20. Las Musas

Las MUSAS, hijas de Júpiter y Mnemósine, protegían las
artes, las ciencias y las letras. Cuéntanse ordinariamente nueve;

Fig. 48. — Júpiter escuchando el concierto de las Musas

Calíope, Clío, Melpómene, Talía, Euterpe, Terpsícore, Erato,
Polimnia y Urania.

Nacieron en la cumbre del Piero y moraron sucesivamente
en el Parnaso de doble cima, en la Fócida, en el Pindo, en
Tesalia, en el Helicón y en Aonia o Beocia. El caballo Pegaso

servíales de cabalgadura. Júpiter las reclamaba muy a menudo a su lado en el Olimpo y allí cantaban las maravillas de la naturaleza, alegrando con sus armonías a la corte celestial. Complacíanse también en habitar en las riberas del río Permeso y junto a las fuentes de Castalia, Hipocrene y Aganipe.

Un día que, vagando por los campos, se habían alejado mucho de sus moradas, fueron sorprendidas por un vendaval que las obligó a buscar un lugar donde refugiarse. Pireneo, rey de la Fócida, salióles al encuentro y les ofreció asilo en su palacio. Aceptaron ellas agradecidas, pero apenas hubieron pasado el umbral de la regia mansión, se cerraron las puertas y quedaron esclavas del tirano. Creíase Pireneo amo y señor de tan rica presa y había escogido ya la que debía ser su primera víctima, cuando revistiéndose súbitamente de alas, las nueve hermanas levantan el vuelo y huyen con la ligereza de los pájaros. Pretendiendo Pireneo alcanzarlas sube a la estancia su-

Fig. 49. — Mnemósine, madre de las Musas

perior de su palacio, lánzase en su persecución, cae y se mata.

En otra ocasión, las Piérides, hijas de Piero, rey de Macedonia, orgullosas por creerse dotadas de excepcional talento en la música y la poesía, atravesaron la Tesalia y parte de Grecia para disputar a las Musas la primacía del canto. «Si sois vencidas — dijeron a las hijas de Mnemósine — nos cederéis el Parnaso y las floridas riberas del Hipocrene; pero si obtenéis la victoria os daremos los valles de Macedonia y buscaremos un asilo en los montes nevados de la Tracia.» Aceptaron las Musas el desafío y las Piérides comenzaron su canto celebrando con versos largos y monótonos el combate de Júpiter y los Gigantes, prodigando desmesuradas alabanzas a la bravura de los hijos de la Tierra. Su canto brotaba sin vida, sin color, sin trabazón ni concordancia. Calíope se encargó de responderlas y tejió un himno al poder infinito del señor del universo, que con un soplo. da vida a la creación y con una mirada reduce todos los seres a la nada. Después cantó la historia de Ceres, su eterno vagar,

Fig. 50. — Calíope   Fig. 51. — Clío

su solicitud maternal, sus alternativas de temor y esperanza y los numerosos beneficios por ella prodigados, que le hicieron digna de tantos templos y altares como se levantaron en su honor.

Apenas hubo acabado su canto, las ninfas que debían ejercer de jueces le otorgaron la victoria. Las hijas de Piero prorrumpieron entonces en fuertes protestas agrediendo a sus rivales, pero al momento sus cuerpos se cubrieron de plumas negras y blancas y quedaron convertidas en *urracas*,

yendo a posarse en los árboles vecinos. Bajo esta nueva forma
conservan ellas el mismo temperamento y persisten en ser char-
latanas e importunas.

Los atenienses, apasionados amadores de la poesía, levantaron a las Musas un suntuoso altar. Roma les consagró **tres**
templos, en uno de los cuales eran invocadas bajo el nombre de *Camenes* o cantoras porque celebraban en sus himnos

Fig. 52.—Melpómene   Fig. 53.—Talía

las hazañas de los dioses y los héroes. Los poetas las llaman
ya Piérides, por haber nacido en el monte Piero o por su
victoria sobre las hijas de Piero, ya las Doctas Hermanas, las
Ninfas de la doble colina, las hijas de la Memoria, las Nueve
Hermanas, etc. Las representan jóvenes, bellas, modestas, vestidas con sencillez, sentadas a la sombra de un laurel o de una
palmera dándose las manos.

Algunas veces se nos muestran presididas por Apolo pulsando la lira, el cual recibe entonces el sobrenombre de *Musagetes,* o sea guía o jefe de las Musas.

Calíope patrocinaba la poesía heroica; por esto es representada a veces con una corona de laurel en sus sienes. En

Fig. 54.—Euterpe   Fig. 55.—Terpsícore

una de sus manos ostenta una trompeta o muestra las mejores poesías épicas, la *Ilíada,* la *Odisea* y la *Eneida.*

Clío presidía la historia. Era su principal ocupación mantener siempre vivo el recuerdo de los actos generosos y de los grandes triunfos. La representan, como Calíope, coronada de laurel, con una trompeta en su diestra o un libro abierto en la mano izquierda.

Melpómene inspiraba la tragedia. Aparece ricamente vestida, grave el continente y severa la mirada; con una mano

empuña un cetro o una máscara, y a veces algunas coronas o
un puñal ensangrentado. Lleva en su frente una diadema o una
guirnalda, y va calzada con coturnos. Algunas veces se apoya
sobre una maza para indicar que la tragedia es un arte difícil que exige un genio privilegiado y una imaginación vigorosa.

Fig. 56.—Erato

Fig. 57.—Polimnia

Talía, musa de la comedia, lleva en la mano una careta.
Tiene el aspecto vivaracho y la mirada burlona; una corona de
hiedra (1) circunda su cabeza y lleva los pies calzados con
sandalias.

Euterpe, nombre que quiere decir *agradable genio,* era la
musa de la música. Suelen representarla coronada de flores y
con una flauta en la mano.

_____

(1) La *hiedra,* planta que se mantiene siempre verde, es el emblema de
la inmortalidad a que aspiran los poetas.

Terpsícore dirigía la danza. Su aire jovial, su esbeltez, su actitud ligera, algunas guirnaldas de flores y una lira: he aquí sus características.

Erato inspiraba la poesía lírica y amorosa. Algunos representan a esta Musa coronada de mirto y rosas, llevando en la mano derecha un laúd, instrumento de varias cuerdas, por ella inventado, o una flecha. A sus pies han puesto algunos artistas dos tórtolas picoteando y a su lado un Amor alado provisto de un arco, un carcaj o una antorcha encendida.

Polimnia patrocinaba el canto y la retórica. Suelen representarla vestida de blanco, en actitud de pensar. En la mano sostiene a veces un cetro o unas cadenas como símbolo del poder que ejerce la elocuencia.

Urania, musa de la astronomía, tiene cerca de sí un globo terráqueo, que mide con un compás. Las estrellas forman su corona y de ellas aparece también cuajado

Fig. 58.—Urania

su manto. A sus pies se hallan esparcidos algunos instrumentos de matemáticas.

§ 21. El Destino. — Las Parcas

El DESTINO es un dios ciego, hijo del Caos y de la Noche. Tiene bajo sus pies el globo terráqueo y en sus manos la urna fatal que encierra la suerte de los mortales. Sus decisiones son irrevocables y su poder alcanza a los mismos dioses. Las Parcas, hijas de Temis, son las encargadas de ejecutar sus órdenes.

Las PARCAS eran tres: Cloto, Laquesis y Atropos, y moraban en el reino de Plutón. Las representan de ordinario bajo la figura de unas mujeres pálidas y demacradas que hilan en silencio, a la tenue luz de una lámpara. *Cloto,* la más joven, tiene en su mano una rueca en la que lleva prendidos hilos de todos los colores y de todas las calidades: de seda y oro para los hombres cuya existencia ha de ser feliz; de lana y cáñamo para todos aquellos que están destinados a ser pobres y desgraciados. *Laquesis* da vueltas al huso al que se van arrollando los hilos que le presenta su hermana. *Atropos,* que es la de más edad, aparece con la mirada atenta y melancólica, inspecciona su trabajo, y valiéndose de unas tijeras muy largas corta de improviso y cuando le place, el hilo fatal.

Jóvenes y viejos, ricos y pobres, pastores y monarcas, nadie escapa a la divinidad inexorable.

§ 22. Temis

TEMIS o la JUSTICIA es hija del Cielo y de la Tierra; con una mano empuña una espada y con la otra sostiene una balanza. Lleva los ojos cubiertos con una venda queriendo indicar que para ella nada valen ni el rango, ni la calidad de las personas que vienen a someterse a sus juicios; y se apoya sobre un león para significar que la justicia debe ser secundada por la fuerza.

Durante la edad de oro, la Tierra fué su morada predilecta, pero el espanto que le causaron los crímenes que llenaron la edad de hierro, obligáronla a refugiarse en el cielo y allí fué colocada en la parte del zodíaco que llamamos la *Virgen*.

Astrea, hija de Temis, se toma muchas veces por la misma diosa de la justicia y forma con su madre una sola y única divinidad.

SECCIÓN SEGUNDA

Dioses de segundo orden

A. Dioses campestres

§ 1. Pan.—Fauno.—Los Sátiros

PAN, nacido en Arcadia, era el dios de los campos y los pastores. Vino al mundo con piernas, pies y cuernos de macho cabrío y largas orejas vellosas. Senoé, su nodriza, y las demás ninfas de Arcadia, al verlo, lanzaron un grito de horror. Mercurio, al contrario, lo tomó a risa; envolvió al niño de pies de cabra en una piel y se lo llevó al Cielo, donde su ridícula figura sirvió de diversión a los dioses.

Un día que Pan, lleno de ardor juvenil, perseguía, junto al río Ladón, a Sírinx, de la cual estaba enamorado, faltábale sólo un paso para cogerla cuando los dioses compadecidos de la congoja de esta ninfa la transformaron en caña. Pan, turbado, suspiró largo tiempo junto a la nueva planta que agitada por el viento parecía exhalar voces plañideras. Cortó el dios algunos de sus tallos e hizo con ellos siete tubos de desigual tamaño, articulándolos paralelamente; de esta manera, construyó la flauta pastoril llamada caramillo, de la cual acertó a sacar dulcísimos sonidos llenos de armonía. Privado de Sírinx, se esforzó por agradar a la ninfa Pitis, y probablemente hubiera hecho de ella su esposa a no ser por los celos de Bóreas, que

también la amaba, y que no pudiendo rendirla a su amor la tiró
desde un elevado peñasco. Los dioses trocaron su cadáver en
pino, árbol que gusta de vivir sobre las montañas y que fué
consagrado al dios Pan.

Para distraerse de tantos pesares este dios acompañó a
Baco a la conquista de la India, compartió su gloria y contri-

Fig. 59.—Pan, dios de los pastores   Fig. 60.—Pan, tocando la flauta

buyó a sus triunfos. En esta expedición fué cuando el dios Pan
perfeccionó la táctica militar, inventó el modo de distribuir las
tropas en falanges y dar a los ejércitos un ala derecha y un
ala izquierda.

La Arcadia le tributaba culto especial sobre los montes
Ménalo y Liceo. Evandro, rey de Arcadia, viéndose obligado a
huir de su país natal, llevó al Lacio el culto del dios Pan;
allí sus fiestas fueron llamadas *lupercales.* Sus sacerdotes las
celebraban inmolando machos cabríos y cabras con cuyas pieles

se cubrían. Vestidos de tal guisa corrían por las calles esgrimiendo látigos con los cuales pegaban a los transeúntes para excitar la risa del populacho.

Los egipcios veneraban al dios Pan como símbolo de la fecundidad y principio de todas las cosas. Se le atribuían las alarmas súbitas y los temores imaginarios, a los cuales, por esta razón, se ha dado el nombre de terrores pánicos.

Fig. 61.- Sátiro bailando

FAUNO, hijo de Pico y de la ninfa Canente, se hizo agradable a los habitantes del Lacio por su valor y su profunda sabiduría. Protector de la agricultura, mereció, después de su muerte, ser asociado a los dioses campestres y obtener, como ellos, templos y altares. Se le representa, como a Pan, con piernas y pies de macho cabrío, la cabeza armada con dos cuernos, nariz aplastada y el pelo y la barba en desorden (1).

Los SÁTIROS, conocidos también bajo los nombres de *Faunos* y *Silvanos,* moraban en los bosques, cuya custodia les estaba encomendada. Alegres, alocados, maliciosos, formaban la escolta de Baco y tomaban parte en casi todas sus fiestas. Las pastoras les temían, huían de ellos cuando presumían su proximidad y procuraban aplacarlos ofreciéndoles las primicias de los frutos y las primeras crías de sus rebaños.

_____

(1) A veces se confunde a Silvano, dios de los bosques, con Fauno. Los romanos le levantaron templos y su culto mereció siempre gran veneración.

Los nombres de Faunos y Silvanos eran desconocidos entre los griegos, que designaban con el nombre de *Sátiros* a todos los dioses que tenían pies de cabra.

§ 2. Sileno

SILENO, divinidad campestre, suele ser representado bajo la figura de un viejo rechoncho, chato, con orejas grandes, cabeza calva y coronada de laurel. Casi siempre en estado de embriaguez, aparece montando un asno sobre el cual a duras penas puede sostenerse. A él le fué encomendada la infancia de Baco y acompañó a este dios en sus pacíficas expediciones. A su retorno de la India, Sileno fijó su residencia en los campos de la Arcadia, donde su carácter jovial le granjeó la estimación de los campesinos.

Fig. 62.—Sileno

Si hemos de dar crédito a los antiguos autores, Sileno era sólo físicamente deforme, pues se hallaba dotado de un genio vivo, sutil y juguetón, muy agradable a los dioses, por lo cual éstos le invitaban a sus festines para gozarse con sus picantes invectivas y escuchar sus lucubraciones filosóficas. En una de las églogas de Virgilio aparece Sileno, enardecido aún por el vino que bebió la noche anterior, glosando en hermosos versos los principios de Epicuro sobre el caos y la formación del globo terrestre.

§ 3. Flora. — Pales. — Pomona

FLORA, divinidad de los romanos, se desposó con Céfiro, que le concedió una juventud perpetua y el supremo cuidado de los jardines y las flores.

Ordinariamente se la representa coronada de rosas y ostentando en la mano ramos de flores. Tacio fué el primero que le

Fig. 63. — Flora

Fig. 64. — Pomona

levantó en Roma un templo. Las fiestas de esta diosa se llamaban *florales* y duraban seis días. Fueron instituídas hacia el año 1702 antes de nuestra era con ocasión de haberse producido una gran esterilidad. Durante estas fiestas se efectuaban los *juegos florales* que se celebraban por la noche a la luz de las antorchas y con desórdenes de todas clases.

PALES, diosa de los pastos y los apriscos, tiene un aspecto

sencillo como lo era su mismo culto; sus cabellos aparecen coronados de laurel y romero, en su mano ostenta un puñado de la paja que sirve de lecho a los ganados. Su fiesta, llamada *palilia,* se celebraba en el mes de abril. Este día los pastores, para divertirse, encendían a distancias iguales tres grandes fogatas de paja y por encima de ellas saltaban, concediendo el premio al más ágil. Terminado este combate de destreza se ofrecían a Pales frutas y miel y finalizaba la fiesta con un banquete.

POMONA era venerada entre los romanos como la diosa de los frutos. Todo su contento era habitar entre los pastores y ocuparse en podar los árboles, injertarlos y regarlos. Pretendida en matrimonio por todos los dioses campestres, a ninguno de ellos dió oídos y les prohibió la entrada en sus dominios cercando con altos muros sus jardines. Pero *Vertumno,* dios de las estaciones, no se resignó a tal desprecio; tomó toda clase de formas y empleó mil disfraces para poder llegar hasta ella y hablarle. Transformóse a la vez en labrador, viñador, segador y pastor, pero todo en vano.

Fig. 65.—Vertumno

Finalmente se convirtió en una mujer anciana y bajo este aspecto logró ver a Pomona y hablar con ella. Su elocuencia la conmovió, sus instancias la persuadieron. Entonces recobró su forma primitiva y Pomona se avino a tomarle por esposo.

Se representa a Pomona sentada junto a una cesta llena de frutas y flores o llevando manzanas y otros frutos en las manos o en el regazo. *Vertumno* es el emblema del año, de sus variaciones y de la inconstancia de las cosas. Su nombre procede de una palabra latina que significa «cambiar, variar».

§ 4. Las Dríades y las Oréades

Las DRÍADES eran ninfas o diosas que cuidaban de los árboles y los bosques; su nombre viene de *drys* que en griego significa roble.

Se clasifican en *Dríades* propiamente dichas y en *Hamadríades;* estas últimas viven incorporadas al árbol y con él identificadas; con él nacen y mueren. El hacha que corta el tronco hiere a la Hamadríade y la hace sufrir; las Dríades, al contrario, son inmortales y viven desligadas del árbol por ellas protegido. Durante el día y sobre todo por la noche forman alrededor de los troncos una ligera danza a la que frecuentemente vienen a juntarse los Sátiros de pies de cabra.

Esta fábula de las Dríades fué sin duda inventada para impedir que los pueblos destruyeran imprudentemente los bosques. Entre los romanos, ningún propietario podía cortar un árbol si antes los ministros de la religión no declaraban que las ninfas lo habían abandonado.

Llamábanse ORÉADES, las ninfas de las montañas. Formaban el cortejo de Diana, a la cual acompañaban en sus paseos y a la caza. Créese ordinariamente que fueron estas ninfas las que apartaron a los hombres de la antropofagía y les enseñaron a alimentarse con plantas, castañas y miel.

Se daba el nombre de *Napeas* a las ninfas que gobernaban las colinas, los valles y los bosquecillos.

§ 5. Aristeo

ARISTEO, venerado por los sicilianos como una de sus divinidades campestres, era hijo de Cirene, una de las Náyades, y de Apolo. Su educación fué encomendada a las ninfas, que le enseñaron a cultivar los olivos, a cuajar la leche y a fabricar colmenas. Un día que perseguía al través de los campos a la bella Eurídice, mujer de Orfeo, una serpiente, oculta entre la hierba, mordió a esta ninfa causándole una herida mortal. Los dioses para castigarle hicieron cundir entre las abejas una enfermedad contagiosa que las destruyó todas hasta no quedar ninguna. Vencido por la pena que le causaba esta pérdida, fué a buscar a su madre Cirene al fondo de la cueva en que habitaba, junto al nacimiento del río Peneo, y con el corazón henchido de dolor le dijo: «—Madre mía, ¿de qué me sirve descender de los dioses y ser hijo de Apolo si he de ser siempre el blanco de los reveses de la suerte? Las abejas que constituían mi dicha, las colmenas que había adquirido a fuerza de obstinados trabajos y asiduos cuidados, han sido destruídas. ¡Y tú eres mi madre...! Pues bien, acaba de una vez; arranca, destruye por tu propia mano los árboles que planté, entrega mis apriscos a las llamas, prende fuego a mis

Fig. 66.- Aristeo

cosechas ya que el honor de un hijo tan poco te conmueve».

Cirene no puede oír sin emocionarse los lamentos de su hijo, aunque no da a ello importancia alguna. La diosa le estrecha entre sus brazos, enjuga sus lágrimas, calma su agitación y le dice: «Hijo mío, tu madre nada puede hacer por ti en esta triste situación; ni su sabiduría, ni su buena voluntad podrían ofrecerte ningún socorro en esta coyuntura. Sin duda habrá llegado a tus oídos el nombre del sabio Proteo, hijo del Océano. Corre a buscarlo junto al mar de Carpacia; solamente este célebre adivino, a quien lo futuro y los secretos de la naturaleza se revelan con toda claridad, puede decirte la causa de tu desgracia y enseñarte el medio infalible para obtener nuevos enjambres». Aristeo llega a casa de Proteo; éste, de momento, se niega a escucharle, después esquiva de mil maneras las preguntas que le dirige, duda, y al fin comunica al joven agricultor que la venganza divina le persigue, que lleva sobre sí el peso de un gran crimen, que tiene el deber de apaciguar las iras de las ninfas hermanas de Eurídice, que es necesario que ante la puerta de su templo levante cuatro altares y derrame al pie de ellos la sangre de cuatro toros y cuatro becerras, que deje sus cadáveres abandonados en el bosque sagrado y que después de nueve días vuelva a este mismo lugar. Todos estos preceptos son puntualmente observados y, tan pronto la décima aurora ilumina el horizonte, Aristeo movido de inquieta curiosidad corre hacia el bosque y descubre el más pasmoso de los prodigios. Percibe zumbar en el vientre de los cadáveres en putrefacción, numerosos enjambres de abejas que al momento, abriéndose paso al través de la piel, se remontan por los aires formando nubes inmensas; después reuniéndose en la cima de los árboles quedan allí suspendidas en forma de racimos. La sorpresa que por ello experimenta Aristeo no puede ser comparada sino a su alegría.

Tiempo después, Aristeo se desposó con Autónoe, hija de Cadmo, de la cual tuvo un hijo llamado Acteón. Tras de la muerte cruel de este hijo se retiró a la isla de Cos, de aquí a la de Cerdeña y finalmente a Sicilia, donde hizo a los habitantes partícipes de sus beneficios. Cuando sus días tocaban ya a su término, fijó su residencia en Tracia, y Baco en persona se dignó iniciarle en los misterios de las orgías.

§ 6. Término

El dios Término era el guardián de las propiedades, el protector de los límites y el vengador de las usurpaciones.

Mientras reinó Saturno, los campos carecían de confines

determinados, todo era poseído en común y los hombres no conocían la distinción entre lo mío y lo tuyo. Pero habiendo originado la codicia usurpaciones, querellas y procesos, Ceres, la diosa legisladora, ordenó que cada propietario separara su campo del campo del vecino por medio de árboles, piedras o cualquier otra señal que indicara su extensión y sus límites. Este mojón fué venerado como un dios, y recibió el nombre de Término; Numa Pompilio estableció su culto entre los romanos.

Al principio la estatua de este dios fué solamente una teja, una piedra o un tronco de árbol, pero después se le dió la figura de un hombre sin pies ni brazos siendo colocado sobre un mojón piramidal. El día de su fiesta — llamada *terminal,* — los dos propietarios de tierras contiguas acudían juntos donde estaba enclavado el mojón que separaba sus tierras, depositaban sobre él guirnaldas y lo rociaban con aceite; al mismo tiempo inmolaban corderos y lechones que servían de comida a las dos familias reunidas. Un hecho milagroso acreditó sobremanera al dios Término. Queriendo Tarquino el Soberbio levantar sobre el Capitolio un templo a Júpiter, fué preciso cambiar de lugar las estatuas, los edículos y los pedestales. Todos los dioses abandonaron, sin resistirse, el lugar que antes ocupaban, solamente el dios Término se rebeló contra los esfuerzos que hacían para arrancarle de su sitio: no hubo más remedio que dejarlo allí y de esta manera vino a quedar emplazado en el centro del nuevo templo. Esta fábula fué divulgada entre la gente del pueblo para demostrar que los límites de los campos son sagrados y que el usurpador que tuviese la audacia de cambiarlos debía ser entregado a las furias.

§ 7. Príapo

PRÍAPO, dios de la horticultura y la fructificación, nació en el Asia Menor. Los romanos le ofrendaban cada primavera una cesta de flores de todas clases, y al llegar el verano una guirnalda de espigas. En sus sacrificios inmolábasele un asno.

Se representa generalmente a Príapo bajo la forma de un Término con cabeza de hombre, cuernos de macho cabrío, orejas de cabra y coronado de pámpanos; algunas veces aparece esgrimiendo una varilla para ahuyentar de los jardines los pájaros que los devastan, armado de una maza para perseguir a los ladrones o de una especie de hoz para segar el trigo y podar los arbolillos.

b) Dioses marinos

§ 8. El Océano y Tetis

El Océano, hijo del Cielo y de la Tierra, tomó por esposa a Tetis, diosa de las aguas, naciendo de esta unión los Ríos y las Oceánidas. Suele representarse al Océano bajo la figura de

Fig. 67.—El Océano

un viejo sentado sobre las olas, que ostenta en su mano una pica. A sus pies aparece un monstruo marino de forma extraña y fantástica.

Según sea la interpretación elegida por cada artista, se representa a *Tetis* sentada sobre un carro en forma de concha con un cetro en la mano, o bien sosteniendo sobre sus rodillas a Palemón, el dios chiquitín. Los Tritones guían sus caballos. Se le ofrecían sacrificios en las riberas y, lo mismo que a Neptuno, se le inmolaba un toro negro. El vino, la leche y la miel eran

Fig. 68. – Tetis sobre un caballo marino

empleados con preferencia en las libaciones que en su honor se celebraban (1).

§ 9.   Nereo. — Las Nereidas

Nereo, uno de los dioses del mar, se desposó con Doris, hija del Océano, y de ellos nacieron las Nereidas. Distinguióse por su dulzura, bondad, justicia y, sobre todo, por la clarividencia que tenía de lo futuro. Cuando Hércules fué enviado al jardín de las Hespérides para robar las manzanas de oro, Nereo le instruyó acerca de la comarca y el sitio en que se encontraba esta maravillosa fruta. Cuando Helena era conducida por Paris a Troya, Nereo se le apareció durante la travesía, detuvo su bajel y le anunció las fatales consecuencias que se seguirían de su crimen: el incendio de Troya, la ruina de la familia real, el

(1) No debe confundirse Tetis, esposa del Océano, con Tetis, la nereida madre de Aquiles.

castigo que él mismo sufriría y del cual ni aun la protección de
Venus podría librarle.

Las hijas de Nereo o NEREIDAS eran cincuenta, siendo las
principales: Tetis, mujer de Peleo y madre de Aquiles; Galatea,

Fig. 69. — Nereida

amante de Acis; Casiopea, madre de Andrómeda; Calipso, reina
de Ogigia; Glauca, Clicia, Aretusa, Cimotoe, Pánope, Espio,
Cimoe y Climene. En la orilla del mar dedicábanles bosques

Fig. 70. — Nereida

sagrados y altares, y para conseguir una travesía feliz se les
ofrecía leche, aceite y miel.

Los poetas representan a las Nereidas bajo la figura de
doncellas que cabalgan sobre caballos marinos y sostienen en

sus manos ya el tridente de Neptuno, ya una corona o un pequeño delfín. Algunas veces les pintan colas de pescado.

§ 10. Aretusa

ARETUSA, ninfa de Elida e hija de Nereo, vivía consagrada al servicio de Diana y, al igual que esta diosa, prefería los arrebatados placeres de la caza a los frívolos encantos del amor. *Alfeo,* enamorado de su belleza, la seguía por doquier, pero en vano; la ninfa se negaba a escuchar sus protestas de amor.

Queriendo los dioses acabar con tales persecuciones tan indiscretas como importunas, trasladaron a Aretusa a un vallecito de Sicilia donde la transformaron en fuente: Alfeo, que residía en Elida, fué allí convertido en río. Esta metamorfosis, sin embargo, no menguó en un ápice el amor de Alfeo; su corriente atravesaba el fondo de los mares sin mezclarse con el agua salada, para venir a unirse, siempre límpida y pura, a las aguas de Aretusa.

Dícese que los objetos que se lanzaban a la corriente del Alfeo, en Grecia, volvían a hallarse en Sicilia en la fuente de Aretusa. De esta creencia general nació la fábula que acabamos de relatar.

Fig. 71.—Náyade o ninfa

§ 11. Las Náyades

Eran ninfas que imperaban sobre los ríos, los riachuelos y las fuentes. Vivían en las cuevas próximas al mar y en las orillas de los arroyuelos, sin desdeñar las frescas umbrías de los bosques. Se las pinta jóvenes y hermosas, apoyadas sobre una urna de la que mana agua o llevando en la mano una concha y algunas perlas. Su cabellera va ceñida por una corona de cañas. En sus sacrificios les inmolaban cabras y corderos y se hacían libaciones de vino, aceite y miel; pero lo más frecuente era depositar sobre sus altares leche, frutas y flores.

§ 12. Proteo

PROTEO, dios del mar, nació en Palena de Macedonia. Su misión principal era alimentar bajo las aguas las focas y los becerros marinos que formaban el rebaño de Neptuno. Para recompensar su celo, este dios le había concedido conocer el pasado, presente y porvenir: el tiempo no tenía para él secreto alguno.

Al mediodía Proteo abandonaba las profundidades del mar, se retiraba a una gruta próxima a la ribera y allí se dormía al arrullo de las olas. Entonces era el momento oportuno para sorprender a este adivino, emplear la violencia y agarrotarle fuertemente si se le quería arrancar la revelación de algún misterio. El se esforzaba, apelando a innumerables metamorfosis, por escapar de los que le habían encadenado: unas veces tomaba la forma de un jabalí, de un tigre o de un dragón; tornábase, otras, agua fluída, llama chisporroteante, árbol o roca. Pero cuantas más formas afectaba para engañar o aterrorizar, tanto más necesario era sujetarle fuertemente; vencido, al fin, cedía a sus adversarios y les revelaba el porvenir. Menelao al volver de Troya, y Aristeo después de perder sus abejas, obtuvieron por su mediación las respuestas que les convenía saber.

Esta fábula alegórica nos enseña que aquellos que quieren desentrañar los secretos de la naturaleza, profundizar los problemas de las artes y de las ciencias, llegar, en una palabra, al conocimiento de la verdad, han de consagrarse a ello con decidido entusiasmo y sin dejarse jamás abatir por los obs-

táculos: la lucha les será, al fin, favorable y provechosa y el
éxito coronará sus esfuerzos.

En el lenguaje familiar la palabra *proteo* se usa en sentido
contrario y con ella designamos un hombre voluble, inconstante,
ambiguo, que cambia de opinión a cada momento.

§ 13. Orco

ORCO o FORCIS, dios del mar, hijo de Neptuno, es más
conocido por su descendencia que por él mismo. Engendró
algunos de los monstruos fabulosos y principalmente a las

Fig. 72. – Las Gorgonas

Gorgonas (Estenio, Euriale y Medusa), que en vez de cabellos
tenían serpientes, las manos de hierro, las alas de oro, el
cuerpo cubierto de escamas, y disponían, para las tres, de un
solo ojo, un cuerno y un diente que usaban alternativamente.
Convertidas en objetos de espanto y horror, nadie podía mirar-
las sin peligro de perder la vida o de quedar convertido en *piedra*. Perseo, armado con su égida, luchó contra las Gorgonas y
cortó la cabeza a Medusa, naciendo de su sangre Crisaor y el
caballo Pegaso.

§ 14. Glauco

GLAUCO era un pescador de la ciudad de Antedón, en Beocia. Habiendo observado que los peces que arrojaba sobre la ribera cobraban nuevo vigor y se lanzaban otra vez al mar, sospechó que la hierba que tapizaba aquella playa tenía una

Fig. 73. — Glauco recibido por Anfitrite

extraordinaria propiedad; comióla y repentinamente experimentó grandes deseos de vivir en las aguas. Este extraño anhelo se hacía cada vez más apremiante, hasta que no pudiendo resistirlo se precipitó al fondo de las aguas y quedó convertido en *dios marino*.

Un día que nadaba bordeando la orilla del mar, vió a Escila, hija de Forcis, de la cual se enamoró deseando hacerla su esposa; pero al ver que ella se mostraba hostil a sus protestas amorosas se dirigió a Circe, célebre maga hija del Sol y le pidió una bebida mágica o un filtro que pudiese ablandar el corazón de Escila. Glauco era el más hermoso de los dioses del mar. Circe, al contemplarlo, sintió nacer por él una violenta pasión y le aconsejó que olvidara a la hija de Forcis ya que ésta le despreciaba, para entregarse a una diosa hija del Sol, más digna de su amor. Glauco, no queriendo escuchar esta declaración, desapareció. Circe, llena de indignación, juró per-

Fig. 74. — Escila

der a su rival y preparó un líquido venenoso que ella misma vertió en la fuente en que se bañaba Escila. Apenas esta bella ninfa puso sus pies en el agua se vió rodeada de monstruos que ladraban y como si quisiesen identificarse con ella, y por más que se esforzasen por huir los arrastraba consigo y no podía separarse de ellos. Atemorizada por los aullidos que producían los perros agarrados a su cuerpo, se arrojó al mar, quedando convertida en una diosa maléfica que espanta y ator- menta a los navegantes. Frente a su caverna se halla el remolino

de *Caribdis,* no menos peligroso, donde naufragan los bajeles
que se esfuerzan por huir de Escila (1).

Se representa a *Glauco* con las cejas espesas, los cabellos
flotantes sobre las espaldas y a veces con la parte inferior de
su cuerpo convertida en cola de pescado.

§ 15. Los Ríos

Los paganos tributaban culto a los Ríos por las ventajas que
les reportaban para el comercio y la fertilización de las tierras.
Primeramente los egipcios elevaron el *Nilo* a la categoría de

Fig. 75. — El Nilo

un dios. Siguiendo
su ejemplo los eto-
lios divinizaron el
Aqueolo, los frigios
el *Escamandro,* los
lacedemonios el *Eu-
rotas,* los atenien-
ses el *Iliso* y los
romanos el *Tíber.*
En los templos de
Grecia y Roma figu-
raban las estatuas

de los principales Ríos, hechas de bronce o de oro. Eran
representados bajo la figura de venerables ancianos de frondosa barba, pelo largo y rozagante, llevando una corona de
juncos en la cabeza. Aparecen recostados entre las cañas,
apoyándose sobre una urna inclinada, de la cual mana el
agua que forma el río, cuyos destinos rigen. Algunas veces
se les representa bajo la forma de un toro para significar

_____

(1) Desde que la navegación se ha ido perfeccionando ha desaparecido lo que este estrecho tenía de peligroso, y Caribdis, que era anti-
guamente el espanto de los pilotos, apenas si les merece hoy la menor
atención.

los mugidos de sus ondas o porque las sinuosidades de un río tienen mucho parecido con los cuernos de este cuadrúpedo.

§ 16. Eolo

EOLO, dios de los Vientos, era nieto de Hépotas; habitaba en la región central de las islas Eolias, donde tenía encadenados los Vientos en un antro profundo, gobernándolos con absoluto dominio. «Sentado sobre la montaña más alta — dice un poeta — calma su furor, los detiene en su prisión o los pone en libertad. Si por un solo momento se descuidara de vigilarlos, el cielo, la tierra y el mar sufrirían grandes trastornos y todos los elementos chocarían en confusión.»

Este monarca, o este dios, juega un gran papel en la poesía como excitador y apaciguador de las tempestades. A él se dirige Ulises para obtener una navegación feliz, Juno implora su auxilio para dispersar la flota de los troyanos e impedir que Eneas desembarque en Italia.

Eolo suele ser representado empuñando un cetro, símbolo de su autoridad; a su lado se agitan los Vientos, genios inquietos y turbulentos.

El más célebre de los Vientos era *Bóreas*. Vivía habitualmente en Tracia y desde allí esparcía sobre las comarcas vecinas el frío, la nieve y las tempestades. Enamorado de los encantos de *Oritia*, hija de Ericteo, rey de Atenas, la pidió en matrimonio; pero Ericteo, que no quería que su hija habitara en un país tan desierto y de clima tan duro como la Tracia, se negó a concederle la mano de esta princesa. Bóreas, que amaba apasionadamente a Oritia y no podía renunciar a su posesión, mientras ella traspasaba el Iliso la raptó y la transportó a su reino. De su himeneo nacieron Calais y Cetes, argonautas famosos, y Quione, madre de Eumolpo.

c) Dioses domésticos

§ 17. Los Penates o Lares

Los romanos daban el nombre de PENATES o LARES a los dioses domésticos, dioses del hogar, genios protectores de cada casa y custodios de cada familia. El príncipe troyano Eneas había introducido su culto en Italia.

Cuando los niños de elevada alcurnia, al llegar a la adolescencia, se desprendían de la *bulla* o bolita de oro que llevaban pendiente del cuello a guisa de collar, ofrecían este adorno a los dioses Lares; cuando un esclavo adquiría su libertad, consagraba su cadena a estos mismos dioses en testimonio de gratitud.

Suelen ser representados bajo la figura de muñecos o estatuillas hechas ya de plata, bronce o marfil, ya de madera o de cera. En la cabaña del pobre, estas estatuas estaban colocadas detrás de la puerta o junto al hogar; en la morada de los ricos ocupaban una capilla llamada lararia y un esclavo estaba consagrado a su servicio.

Ofrecíanse a los dioses Lares vino y frutas; coronábanles de violetas, mirto y romero; en su honor quemaban perfumes y ante sus imágenes suspendían lámparas encendidas. En ninguna familia se acometía algo que tuviera importancia sin haber antes consultado a los Penates; sus respuestas eran consideradas como oráculos. Les imploraban todos los días con invocaciones y plegarias: «Velad, ¡oh Penates!, por nuestra puerta, por nuestros goznes y por nuestros cerrojos, no para defenderme de los bribones — ya que carezco de tesoros y alhajas y puedo viajar sin escolta, — sino para que pueda realizar mis aspiraciones, que se reducen a que éntre algo de comodidad en mi hogar y a que de él jamás salga la virtud».

Pero si alguna familia se sentía afligida por la adversidad, estos ídolos, a quienes se ofreciera incienso la víspera, eran objeto de tratos tan rigurosos como ridículos: los azotaban, los mutilaban y los arrojaban por la ventana. El emperador Calígula procedió con ellos de esta manera, diciendo «que estaba descontento de sus servicios».

§ 18. Genio

GENIO, divinidad de griegos y romanos, regía el nacimiento de cada mortal, vivía unido a él durante el curso de su vida, conocía todos sus pensamientos y le guiaba en todos sus

Fig. 76. — Genio

actos. Cada hombre tenía dos Genios: uno bueno que le inclinaba al bien y otro malo que le desviaba hacia el mal. Cada país, cada provincia, cada ciudad, cada casa tenía su Genio particular. En Roma se adoraba al Genio público, es decir, la divinidad tutelar del imperio. Cada individuo, cuando celebraba el día de su nacimiento, debía ofrecer sacrificios a su Genio, al cual ofrendaba vino, flores, frutas e incienso, pero sin que jamás la sangre de las víctimas fuese derramada sobre su altar.

El Genio *bueno* es representado en forma de joven coronado de flores que lleva un cuerno de la abundancia: suele darse al Genio *malo* la figura de un viejo con barba espesa y pelo corto, que lleva en la mano un buho, tenido por ave de mal agüero.

§ 19. **Himeneo**

HIMENEO, hijo de Venus, presidía los desposorios y las fiestas nupciales. Le representan en la figura de un joven vestido
cuidadosamente, coronado de rosas y sosteniendo con la mano
derecha una antorcha.

El día de los desposorios se entonaban himnos en su honor
y a cada estribillo se repetía, a coro, su nombre: *¡Himeneo!
¡Himeneo!* Al ofrecerle sacrificios cuidaban mucho de sacar
la hiel de las entrañas de la víctima y arrojarla a lo lejos,
queriendo con esto significar a los esposos que debían abstenerse de las querellas y de las palabras airadas, por las cuales
la paz doméstica se ve tan frecuentemente comprometida.

§ 20. **Los Manes**

Con este nombre designaron los romanos las almas que se
habían separado del cuerpo. Los Manes de los padres les mere-
cían igual respeto que los dioses: considerábanles como divinidades protectoras que habitaban junto a los sepulcros y velaban
por las cenizas que en ellos estaban depositadas. Dirigíanles
plegarias, les ofrecían libaciones y les inmolaban una oveja
negra. El *ciprés,* árbol fúnebre, les estaba especialmente consagrado.

El ruido del hierro y el sonido del bronce les eran insopor-
tables y les ponían en fuga, pero la presencia del fuego les causaba alegría: de aquí proviene que en Italia se colocasen
lamparitas en los sepulcros. Los romanos, para recordar a los
profanos y a los impíos la santidad de los sepulcros, solían
escribir sobre las losas funerarias estas palabras: *¡A los dioses
Manes!*

Con frecuencia los poetas latinos usan el nombre de Manes
para designar los Infiernos y Plutón. Muy frecuentemente, tam-

bién, se confunden los Manes con los dioses Lares y con los Lemures.

Llamábanse *Lemures* o *Larvas* una especie de fantasmas, espectros o duendes que se ocupaban principalmente en asustar a los mortales. El medio más seguro para ahuyentarlos era arrojar habas o quemarlas, porque el humo de esta legumbre les causaba una aversión insoportable. Algunas veces se distinguen los Lemures de los Larvas: los primeros son considerados como bienhechores y propicios; los Larvas, al contrario, como temibles y malhechores.

§ 21. Pluto

PLUTO era el dios de las riquezas. Por estar privado de la vista no podía distinguir los buenos de los malos, los cuerdos de los tontos, y a unos y otros distribuía inconscientemente la riqueza. Como dice Voltaire, con gran espiritualidad: «Todo es ciego en la humanal mansión: a tientas caminamos por la vida y con los ojos vendados vamos por la ciudad y por la corte. Al fin el mundo se halla gobernado por Pluto, la Fortuna y el Amor... ¡tres ciegos de nacimiento!»

Los griegos representaban a Pluto en la figura de un anciano que lleva una bolsa en la mano; se acerca con pasos lentos y cojeando y desaparece súbitamente volando, queriendo con esto significar que las riquezas se adquieren con mucha dificultad, pero se disipan con gran rapidez. Algunas veces se coloca a Pluto en la categoría de las divinidades infernales y se le confunde con *Plutón,* porque el oro y la plata se extraen de las entrañas de la tierra.

§ 22. Como

COMO era el dios de los banquetes, de la alegría y de las danzas nocturnas; no tenía ni templo ni sacerdotes. No se degollaban en su honor cuadrúpedos ni aves, pero antes o después de la comida se le dirigía alguna invocación. Los que tomaban parte en sus festines corrían enmascarados durante la noche a la luz de las antorchas.

Le representan con los rasgos de un joven coronado de rosas, grueso, colorado y sin poder apenas sostener su pesada cabeza. Con una mano se apoya en una larga lanza de cazador y en la otra lleva con descuido una antorcha invertida.

A Como va ordinariamente asociado *Momo,* dios de los chistes, de la burla y de las palabras alegres. Lleva encasquetado un gorro adornado con cascabeles: en una mano ostenta una careta y en la otra una muñeca, símbolo de la locura.

d) Divinidades alegóricas

§ 23. La Fortuna

Fig. 77.—La Fortuna

La FORTUNA, diosa omnipotente e hija de Júpiter, era la dispensadora de bienes y males, de placeres y penas, de riqueza y de pobreza.

En muchas regiones de Grecia se le tributaba culto y en Italia tenía dedicados algunos templos, siendo entre ellos los más famosos el de Ancio, ciudad del país de los Volscos, y el de Prenesta.

En el templo de Ancio, enriquecido con múltiples ofrendas y magníficos regalos, la estatua de la diosa dispensaba oráculos y respondía a las preguntas de los demandantes con un movimiento de cabeza o por gestos. Representan a la Fortuna con los ojos vendados y un cuerno de la abundancia en la mano, o bien

sobre una rueda o una bola que gira velozmente. Algunas
veces se la representa provista de alas y muy frecuentemente
lleva en sus brazos una estatua de Pluto o un timón.

§ 24. La Venganza

La VENGANZA o NÉMESIS, castigaba a aquellos culpables a
quienes no alcanzaba la justicia humana; por ejemplo, los ingratos, los orgullosos, los perjuros, los inhumanos. Sus castigos
aunque rigurosos eran justos ·y ni aun los mismos reyes podían
librarse de ellos.

La representan con alas para indicar con qué rapidez sigue
el castigo al crimen. Esgrime una lanza con la que persigue el
vicio, y una copa llena de un licor divino con el cual fortalece
la virtud contra la desgracia. Su frente aparece tranquila, su
mirada severa, su andar firme. Una corona de narcisos circunda
sus cabellos y de ordinario va cubierta con un velo, puesto que
la venganza celeste es impenetrable y alcanza de improviso a los
criminales. Los griegos le rendían culto bajo los nombres de
Adrastea y *Ramnusia*. En Roma, sobre el Capitolio, tenía consagrado un altar.

§ 25. La Libertad

El padre de los Gracos fué el primero que en Roma le
erigió un templo sobre el monte Aventino. Un incendio destruyó este edificio que Polión hizo reconstruir con mayor magnificencia, instalando en él la primera biblioteca pública que
tuvieron los romanos.

En medallas y pinturas la Libertad aparece vestida de
blanco, como una dama romana, y cubierta con un gorro frigio,
ostentando como atributos un cetro, un yugo roto, y un gato,
animal que no puede soportar la más pequeña sujeción.

§ 26. La Ocasión

Era la diosa de la oportunidad, es decir, la que disponía el momento más favorable para obtener éxito en todas las empresas.

La representan en figura de doncella y con un solo mechón de pelo en la parte anterior de la cabeza. Uno de sus pies descansa sobre una rueda que gira rápidamente y el otro queda en el aire; en su mano derecha lleva una navaja, como indicando con ello que siendo la ocasión fugitiva es necesario apresarla en el momento en que se nos ofrece, y cortar todos los obstáculos. Cuando haya pasado, vanos serán los esfuerzos que se hagan para alcanzarla.

§ 27. La Fama

La FAMA, divinidad alegórica de griegos y romanos, tiene cien ojos continuamente abiertos y cien bocas incansables. Siempre en movimiento, agitada siempre, corre, vuela día y noche de un extremo a otro de la tierra, divulgando con la misma seguridad lo que sabe y lo que ignora, el bien y el mal, la verdad y la mentira. Los poetas modernos la representan en forma de mujer alada que se remonta por los aires con una trompeta en la mano.

§ 28. La Paz

Toda la antigüedad pagana levantó estatuas y altares a esta divinidad bienhechora. Los romanos le consagraron en la vía Sacra el templo más hermoso que hubo en Roma. Este edificio, empezado por Agripina y terminado por Vespasiano, fué enriquecido con los valiosos objetos que este emperador y su hijo habían sustraído del templo de Jerusalén. La Paz suele representarse bajo la figura de una mujer coronada de flores, con una rama de olivo en una mano, y en la otra el cuerno de la abundancia.

Las palomas de Venus que anidan en el casco de Marte, ofrecen una imagen ingeniosa y delicada de que se ha hecho uso con frecuencia para simbolizar la paz.

§ 29. El Trabajo

Generalmente se le representa bajo la forma de un hombre coloradote, de elevada estatura, nervudo y vigoroso, rodeado de las herramientas propias de los diferentes artes y oficios. Otras veces es simbolizado por un joven que escribe a la luz de una lámpara y tiene cerca de sí un gallo.

§ 30. La Noche.—El Sueño

La NOCHE, hija del Caos, era la madre del Destino, del Sueño y de la Muerte. Los poetas antiguos la representan coronada de adormideras, envuelta en un velo negro cuajado de estrellas y en actitud de recorrer la vasta extensión de los cielos, montada en un carro. Lo mismo que a las Furias y a las Parcas, se le inmolaban ovejas negras, y le sacrificaban también un gallo porque el canto vibrante de este animal turba la calma de las noches.

El SUEÑO, según dicen los poetas, habita un palacio impenetrable a los rayos del Sol. Jamás ni el gallo mañanero, ni los gansos vigilantes, ni los perros, alteraron su tranquilidad. El dulce reposo tiene en él su morada habitual. El río del Olvido desliza allí blandamente sus lánguidas aguas cuyo débil murmullo invita a dormir.

En medio de este palacio se halla un lecho de ébano rodeado de negros cortinajes: en él, sobre blandas plumas, reposa el dios apacible sumido en toda clase de Sueños. A la puerta de

la habitación, vigila *Morfeo,* ministro del Sueño, para impedir
que se produzca en su proximidad el más leve ruido.

Los *Sueños,* hijos del Sueño, son tan numerosos como las
hojas de los bosques y las arenas del mar. Unos, insignificantes
o engañosos salen del infierno por una puerta de marfil; los
otros, verdaderos y proféticos, salen por una puerta de asta.

§ 31. La Muerte

La MUERTE, hija de la Noche, moraba en el Tártaro. Grecia
no le dedicó templos ni altares, y aunque fué considerada como
diosa no tuvo jamás en este país sacerdote alguno. El ciprés y
el tejo le estaban especialmente consagrados.

Modernamente la Muerte se representa en la figura de un
esqueleto envuelto en un manto negro. En su mano derecha
esgrime una espada o una hoz, y con la izquierda sostiene una
clepsidra, y como símbolo de la vida futura aparece una mariposa tendiendo su vuelo por encima de su cabeza.

Los pintores y escultores de la antigüedad, por temor a
despertar ideas tristes, siempre representaron la Muerte bajo
emblemas agradables. A veces es un Amor que echa por tierra
o apaga su antorcha, otras un niño que se adormece y, en ocasiones, una rosa sobre un féretro.

Los romanos designaban a la diosa de los funerales con el
nombre de *Libitina* y era la protectora de los encargados y
administradores de pompas fúnebres. En Roma tenía un templo en el cual se depositaba un denario de plata (unos cincuenta
céntimos) por cada persona que fallecía, institución que se
remonta hasta el reinado de Servio Tulio. El nombre de Libitina
ha sido algunas veces aplicado a Hécate y a Proserpina.

SECCIÓN TERCERA

Héroes y Semidioses

§ 1. Prometeo

PROMETEO, el más célebre de los Titanes, era hermano de Epimeteo e hijo de Japeto.

Dotado de gran ingenio, consiguió formar un hombre con barro y comunicó la vida a esta masa inerte con una centella del carro del sol. Júpiter miró siempre con envidia esta obra admirable y ordenó a Vulcano que formara, a su vez, una mujer y la diera a Prometeo por esposa. Esta mujer, que fué la primera que existió sobre la tierra, llamóse *Pandora*. Nada de más bello era posible, y la asamblea de los dioses quedó de tal modo maravillada, que la colmó de dones.

Minerva concedióle la sabiduría, Mercurio la elocuencia, Apolo el talento para la música y Júpiter añadió a todos estos presentes una magnífica caja cuidadosamente cerrada que Pandora debía ofrendar a su esposo como regalo de boda.

Así, colmada de dones espirituales y de encantos físicos, Pandora fué conducida ante Prometeo a quien había sido destinada. Astuto por naturaleza, Prometeo receló de los presentes de un enemigo y no quiso recibir ni a Pandora ni la caja, y puso en guardia a su hermano. Epimeteo prometióle ser precavido, pero al ver a Pandora olvidóse de la promesa. Aceptóla por mujer y abrió la caja misteriosa en que se hallaban encerrados

todos los males que pueden afligir a la raza humana (enfermedades, guerras, hambres, querellas, calamidades) que se exten-
dieron muy pronto por toda la tierra. Horrorizado ante tal
visión, Epimeteo cerró la caja, pero era ya demasiado tarde no
quedaba ya dentro más que la esperanza.

Prometeo quiso pagar a Júpiter engaño por engaño. Con
este intento sacrificó dos bueyes, introdujo en la piel de uno de

Fig. 78. — Pandora abriendo la caja misteriosa

ellos la carne de las dos víctimas y en la piel del otro sólo puso
los huesos; inmediatamente ofrendó al rey de los dioses los dos
presentes rogándole que escogiera. Júpiter cayó en el engaño;
escogió la piel que no contenía sino los huesos. Su cólera no
reconoció límites y ordenó a Mercurio que se apoderara de Prometeo, le transportara sobre la cima del monte Cáucaso y le
dejara allí atado, añadiendo a este suplicio que un buitre debía
devorarle las entrañas durante treinta mil años. La parte devorada se renovaba constantemente, con lo cual el tormento no
tenía fin posible. De tal guisa durante muchos años sufría atroces dolores, cuando Hércules vino a Escitia y mató el buitre.

Esta fábula ha tenido diversas interpretaciones. Algunos autores creen que Prometeo fué un escultor que hizo estatuas tan perfectas que parecían palpitantes de vida; otros afirman que fué un amigo de la humanidad que prestó a los mortales eminentes servicios. Antes de su venida, los hombres, bárbaros e ignorantes, no sabían ni pensar ni razonar; abrían los ojos y no

Fig. 79. — Prometeo encadenado

veían nada, escuchaban y no oían. Prometeo les enseñó a tra-bajar la madera, preparar el ladrillo y construir sus moradas. Gracias a sus consejos y destreza, impusieron el yugo a los ani-males, engancharon los caballos al carro, navegaron al través de los mares y distinguieron las plantas saludables de las noci-vas. Tanta sagacidad e ingenio llevaron a todos los confines de Grecia la fama de que Prometeo tenía el don de la profecía, que desentrañaba el porvenir y que los celos de los dioses se habian conjurado contra él.

§ 2. Atlas

ATLAS, hijo de Japeto y hermano de Prometeo, hizo causa
común con los enemigos de Júpiter en la guerra de los Titanes,
aunque Prometeo le hubiese ya revelado por qué partido se
decidiría la victoria y le hubiese recomendado la prudencia.
Vencido Atlas, fué trocado en montaña y condenado a llevar
eternamente sobre sus espal-
das la bóveda aplastante de
los cielos (1).

Las sobrinas de Atlas, llamadas Hespérides, habitaban
en la Mauritania en casa de
un tío suyo y cultivaban un
jardín magnífico, cuyos árboles, cargados de manzanas
de oro, excitaban la codicia de
los hombres y los dioses. Un
dragón de siete cabezas, encargado de custodiar la preciada fruta, se hallaba a la
entrada del jardín con los
ojos siempre abiertos.

Euristeo mandó a Hércules
que se procurara tres de estas
manzanas y se las llevara. La empresa era difícil y Hércules
desconfiaba de poderla llevar a término. Por eso se dirigió al
dios-montaña y le rogó que fuera personalmente a combatir
o aletargar al dragón y coger la codiciada fruta.

Atlas aceptó el compromiso, siempre que Hércules, mientras
se realizaba la empresa, se comprometiese a sustituirle soste-

Fig. 80. — Atlas

---

(1) Según otros, Atlas fué cambiado en montaña por Perseo. Véase más
adelante, en esta misma sección, el § 4 (pág. 132).

niendo sobre sus espaldas el peso de los cielos. El héroe se
avino a ello, y poco después advirtió con extrañeza que Atlas
se hallaba ya de regreso con la preciada fruta y sin mostrar el
menor propósito de ocupar de nuevo su puesto; por el contrario,
hizo presente a Hércules su deseo de llevar personalmente las
manzanas de oro a Euristeo, y su ruego de que el héroe, mientras
se realizaba el viaje, siguiese sustituyéndole en su abrumador

Fig. 81. — Las Pléyades

cometido de ser columna sustentadora de la bóveda celeste.

Hércules, chasqueado, urdió a su vez otra astucia, y dijo a
Atlas que de buena gana se prestaría a hacerle este servicio
con tal que le concediese el tiempo necesario para construirse
una especie de cojinete que atenuase el esfuerzo de su dolorida
espalda. Atlas, sin recelo alguno, cargó nuevamente con el peso
celeste y dejó sobre la arena las tres manzanas; apoderarse de
ellas y desaparecer, fué para Hércules cosa de pocos momentos.

Las *Hespérides* eran siete, siendo Maya y Electra las más
conocidas. Todas ellas se unieron en matrimonio con dioses o
con héroes, y después de su muerte fueron colocadas en el firmamento donde permanecen agrupadas formando la constela-
ción de las Pléyades. Algunas veces se da a las Hespérides el

nombre de *Atlántidas* o *Pléyades,* pero entonces son consideradas no como sobrinas sino como hijas directas de Atlas.

Las *Híades,* hijas de Atlas y Etra, eran siete como las
Hespérides. La muerte de su hermano Hías, devorado por una
leona mientras cazaba, les causó tal desesperación que le lloraron durante muchos años hasta que los dioses, movidos a
compasión ante su lamentable estado, las transportaron al cielo
donde quedaron convertidas en estrellas lluviosas, es decir,
que producen las lluvias, circunstancia a que deben los cali-
ficativos de *tristes, sombrías* y *borrascosas* que les han dado
los poetas.

§ 3. Hércules

HÉRCULES O ALCIDES, héroe tebano e hijo de Júpiter y Alcmena, estaba aún en la cuna cuando Juno, enemiga suya, envió
dos serpientes para que le devorasen, y apenas el pequeño las
vió, cogiólas con sus manitas y las estranguló. Hércules tuvo
muchos maestros: Eurito enseñóle a tirar con el arco, Cástor a
luchar perfectamente armado, Autólico a guiar el carro, Lino
a tocar la lira y cantar. Confiado desde muy joven al centauro
Quirón, llegó a ser el hombre más valiente y más famoso de su
tiempo. El eco de su fama llegó muy pronto a oídos de Euristeo,
rey de Micenas, al cual Hércules, por un decreto de la Suerte,
se hallaba sujeto (1). Este tirano le llamó a su corte y le recibió
duramente, ordenándole que realizara doce temerarias empresas
llamadas *trabajos de Hércules,* de las cuales haremos un sencillo relato.

1.º Cerca de la villa de Nemea vivía un *león* que devastaba los campos. Este animal, engendro del gigante Tifón, era
de una corpulencia descomunal y llenaba de espanto todas las

---

(1) La Suerte había declarado al efecto de Hércules y Euristeo *que el que
naciera el último obedecería al primero.* Juno, que detestaba a la familia de Hércules, adelantó en dos meses el nacimiento de Euristeo.

comarcas vecinas. Hércules, cuando apenas contaba dieciséis años, le atacó agotando todas las flechas de su carcaj contra su piel impenetrable, le golpeó con su maza de hierro hasta romperla y finalmente le ahogó entre sus brazos. Desde entonces la piel de este león le sirvió de vestido.

2.º Una *hidra* espantosa desolaba las tierras de Lerna, cerca de Argos. Este monstruo tenía siete cabezas y cuando se le cortaba una de ellas brotaban otras dos en su lugar. Hércules cortóselas todas de un solo golpe. Los sabios creen que esta *hidra de muchas cabezas* personifica las innumerables serpientes venenosas que infestaban algunas llanuras pantanosas próximas a Lerna y que al parecer renacían a medida que eran destruídas. Hércules juzgó lo más obvio prender fuego a los cañaverales que les servían de guarida y por este sencillísimo medio libró la comarca de estos reptiles.

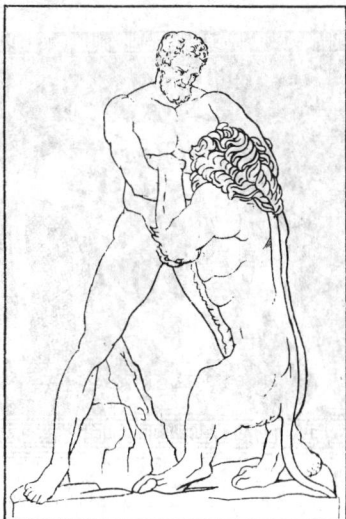
Fig. 82. — Hércules y el león de Nemea

3.º Euristeo mandóle también que le llevara viva una *cierva* que tenía los cuernos de oro y los pies de bronce, moraba en el bosque del monte Ménalo y corría con extraordinaria velocidad. Hércules la persiguió sin descanso durante doce meses hasta que la hizo caer en una trampa y la llevó viva a Euristeo.

4.º Se le ordenó que librara a la Arcadia de un furioso

jabalí que devastaba la región. Hércules le apresó en el bosque de Erimanto y lo condujo ante Euristeo, el cual al verlo se sintió presa de gran espanto y corrió a refugiarse bajo un tonel de bronce.

5.º   Acometió después una hazaña tan heroica como difícil. Augias, rey de Élida, tenía un rebaño de tres mil vacas cuyos

Fig. 83. — Hércules combatiendo con la hidra de Lerna

establos no habían sido limpiados en treinta años. Hércules, para desinfectar el país, desvió el curso del Alfeo e hizo pasar sus aguas por los establos. El río arrastró las inmundicias y este trabajo fué para él obra de un solo día.

6.º   Cerca de un lago llamado Estinfalia, en Arcadia, moraban unos pájaros monstruosos que se alimentaban de carne humana; sus alas, su cabeza y su pico eran de hierro, y sus uñas más corvas que las de los buitres. Hércules los ahuyentó haciendo retumbar unos címbalos de bronce, los expulsó del bosque en donde se guarecían y los mató a flechazos.

7.º En la isla de Creta había un *toro* indomable enviado
por Neptuno para sembrar la desolación en sus confines. Hércules, después de agarrotarlo se lo ofreció a Euristeo.

8.º Diomedes, rey de Tracia, tenía unos feroces caballos
que vomitaban llamas y a los cuales su amo alimentaba con

Fig. 84. — Hércules sujetando la cierva

carne humana. Hércules domeñó estos caballos y los envió a
Diomedes a quien devoraron en un abrir y cerrar de ojos.

9.º Las *Amazonas* eran mujeres guerreras que moraban
en el Asia Menor, a lo largo de las costas del Ponto Euxino.
Hacían perecer o destrozaban a sus hijos y educaban cuidadosamente a sus hijas en la profesión de las armas. Euristeo
encargó a Hércules que las sometiera y le llevara el cintu-
rón de *Hipólita,* que era su reina; gesta verdaderamente difícil
y en extremo laboriosa, para la cual Hércules se asoció con
Teseo, su más esforzado amigo. Llegados juntos a las costas de Capadocia, atacaron este poblado de mujeres, dieron

muerte a buena parte de ellas, dispersaron las restantes y llevaron cautiva a su reina.

10. *Gerión,* rey de la Bética, era un gigante constituído
por tres cuerpos, que tenía custodiados día y noche sus ricos
rebaños por un can de siete cabezas. Hércules recibió orden de
entablar combate con este rey, arrebatarle sus rebaños y con-

Fig. 85. — Hércules domando el toro de Creta

ducirlo a Grecia. Secundado por Yolas, consanguíneo suyo,
llevó a cabo este nuevo trabajo con éxito completo.

11. Seguidamente marchó a Mauritania para arrebatar las
manzanas de oro del jardín de las Hespérides. Esta preciosa
fruta estaba guardada por un dragón que no dormía jamás.
Atlas, para facilitar a Hércules el logro de su cometido, ador-
meció al dragón y recogió las manzanas de oro, mientras Hércules sostenía el cielo sobre sus espaldas.

12. El último de estos trabajos fué también el más decisivo.
Euristeo le ordenó que bajara al Tártaro y arrancara de allí al
Cancerbero que era el guardián de aquellos lugares. Hércules
no retrocedió ante semejante orden, bajó al imperio de las

sombras, encadenó al monstruo y lo arrastró fuera del dominio de los infiernos a pesar de su obstinada resistencia.

Hércules adquirió por estos doce trabajos una gloria infinita. Todos los príncipes le respetaron y le temieron; el mismo Euristeo que le había expuesto a tantas pruebas, empezó a desconfiar de él; pero Hércules, despreciando una venganza fácil,

Fig. 86. — Hércules y el gigante Gerión

no se preocupó sino de exterminar a los criminales y a los tiranos que oprimían la tierra.

Busiris, rey de Egipto, inmolaba en honor de Júpiter y sin clemencia alguna, a todos los extranjeros que llegaban a sus estados: Hércules debía sufrir los mismos tratos. El héroe, sin defenderse, se dejó conducir, cargado de cadenas, al ara en que debía derramar su sangre; pero apenas hubo llegado al lugar del sacrificio, después de romper los hierros que le aprisionaban, con el mismo cuchillo que debía sacrificarle exterminó a Busiris y a toda la familia real.

El famoso ladrón *Caco,* hijo de Vulcano, había establecido su morada en Italia, en las riberas del Tíber, en el mismo lugar donde más tarde se levantó la ciudad de Roma. Vivía retirado en lo más escondido de su antro y de allí no salía sino para desolar el país con sus fechorías. Monstruo, mitad hombre y mitad sátiro, de una estatura colosal, vomitaba torbellinos de fuego y su caverna estaba sembrada de huesos humanos. Hércules, después de derrotar a Gerión, acertó a pasar junto a la morada de Caco, rompió la enorme piedra que obstruía la

Fig. 87. — Hércules y el Cancerbero

entrada, se adelantó hacia el malvado, le sujetó a pesar del fuego que vomitaba y le estranguló.

Anteo, hijo de Neptuno y de la Tierra, medía cien pies de altura. Puesto en acecho en los arenales de Libia, obligaba a los viajeros a luchar con él y los aplastaba con el peso de su cuerpo.

Era un atleta tan diestro, que había hecho voto de levantar a Neptuno un templo con los cráneos de los adversarios por él vencidos. Provocado Hércules a combate por este gigante horrible, nuestro héroe lo derribó en tierra, pero en vano, porque la Tierra, su madre, le daba nuevas fuerzas siempre que

con ella se ponía en contacto. Advertido Hércules de este singular prodigio lo levantó en el aire y lo ahogó entre sus brazos.

Después de llevar a cabo esta penosa hazaña, Hércules,
cediendo al cansancio, se durmió sobre la arena y durante su
sueño fué asaltado por una multitud de Pigmeos, seres fabulosos que formaban un pueblo enano, tenían solamente un pie de
estatura, edificaban sus casas con cáscaras de huevo, viajaban
sobre carros tirados por perdices y segaban sus trigales con
hachas al modo que nosotros lo hariamos para talar un bosque.
Cuando las grullas u otros pájaros les hacían la guerra, los
Pigmeos se pertrechaban con todas sus armaduras, montaban
sobre cabritos o corderos y así equipados iban al encuentro del
enemigo. Para atacar a Hércules tomaron las mismas precauciones que si se tratara de poner sitio a una ciudad. Las dos
alas del ejército liliputiense irrumpieron sobre cada uno de
sus brazos. El cuerpo de batalla dió un asalto a la cabeza y los
arqueros dirigieron sus flechas contra el pecho. Despertado
Hércules al oír este ruido, no pudo contener su risa y después
de envolver al singular hormiguero en su piel de león los depositó vivos ante Euristeo.

Finalmente, habiendo penetrado durante sus expediciones
hasta Gades, en los confines de España, pensó haber llegado a
los límites del mundo y separó dos montañas llamadas Calpe
y Abila (una de las cuales está en la costa española y la otra
en la africana) para poner en comunicación el Atlántico con el
Mediterráneo. En la cima de estas montañas levantó dos columnas destinadas a mostrar a las generaciones futuras que hasta
allí había llevado sus gestas gloriosas, y grabó en ellas esta
lacónica inscripción, que desde entonces se ha hecho proverbial:
Non plus ultra.

Los hechos extraordinarios realizados por Hércules llegaron
a oídos de Onfale, reina de Lidia, la cual ardió en vivos deseos
de conocer a este héroe incomparable. Desde su primera entrevista, le amó y se vió correspondida. El hijo de Alcmena, sedu-

cido por su belleza, se avino, para complacerla, a las más ser-
viles condescendencias y a sumisiones indignas de su gloria.
Onfale ordena, Hércules obedece. La reina le despoja de su
piel de león, arroja su tosca maza, rompe sus flechas, le viste
con ropaje femenino, coloca en sus manos la rueca y el huso y
le ordena que trabaje. Con aquellas manos con que aterrara
a los monstruos, Hércules hila los vello-
nes de lana para complacer a una mujer
caprichosa que se goza en su apuro y
le pega cada vez que por desgracia
rompe o enreda el hilo.

Apenas pudo Hércules sacudir el
yugo envilecedor, concibió una ardiente
pasión por Deyanira, que estaba destinada a ser la esposa del río Aqueloo.
Aqueloo no se avino a ceder su prometida y para conservarla luchó con
Hércules cuerpo a cuerpo siendo derribado. Entonces tomó la forma de una
serpiente y con espantosos silbidos pretendió amedrentar al héroe; Hércules le
sujetó por la garganta y estaba ya a
punto de ahogarle cuando Aqueloo se
trasformó en toro. Hércules no se in-
mutó, le agarró por uno de sus cuernos

Fig. 88. - La Abundancia

y no cesó hasta que se lo hubo arrancado. Las ninfas lo reco-
gieron, lo llenaron de flores y frutas y éste fué el *cuerno de la
abundancia*.

Esta fábula ha tenido entre otras interpretaciones, la siguiente: Aqueloo era un río que arrasaba las campiñas de Etolia
con sus frecuentes inundaciones; Hércules levantó fuertes diques
para encauzar al río. La metamorfosis de Aqueloo en *serpiente*
indica las sinuosidades de su curso, su posterior transformación
en *toro* significa los estragos causados con sus desbordamien-

tos. Hércules le arrancó un *cuerno* o sea que reunió en un solo lecho los dos brazos del río, y este cuerno fué el símbolo de la *abundancia,* porque la normalización del curso del río fué una fuente de riqueza para el país que recorría.

Hércules, después de vencer a Aqueloo, llevábase a su querida Deyanira a Tirinto (1) cuando tuvo que detenerse en la ribera del Eveno acrecido por las lluvias. No sabía qué partido tomar, temiendo exponer a Deyanira al peligro que ofrecía el curso rápido de las aguas, cuando el centauro *Neso* que por allí pasaba y que conocía los sitios vadeables del río, se ofreció a conducir a la joven princesa, sobre sus espaldas, a la ribera opuesta. Hércules se la confió pero no sin inquietud; lanzó a la orilla opuesta su arco y su maza guardándose el carcaj y atravesó el río a nado. Llegaba ya a la otra parte cuando oye los gritos de Deyanira que implora su socorro, pues el centauro agarrándola fuertemente huye con ella. «Temerario — le grita Hércules, — la velocidad que te dan tus cuatro pies podrá salvarte de mi persecución pero no de mis flechas.» Inmediatamente el héroe dispara uno de sus dardos, que atraviesa al centauro de parte a parte. Aquella flecha estaba envenenada. Neso sintiéndose morir piensa aún en vengarse; coge su túnica, empapada en sangre y veneno, la ofrece a Deyanira y la persuade de que posee la propiedad de avivar el cariño conyugal y devolver a sus esposas los maridos inconstantes.

Algunos años después Deyanira quiso utilizar aquel misterioso presente. Habiendo sabido que Hércules se hallaba en Eubea, retenido al lado de Iole, hija de Eurito, envió al esposo voluble, por conducto de Licas, la túnica de Neso. Hércules recibió gozoso el inesperado obsequio, pero apenas la túnica fatal hubo tocado su cuerpo se sintió devorado por un fuego

(1) *Tirinto,* ciudad del Peloponeso en la Argólida, era una de las principales residencias de Hércules, llamado por esto el *héroe de Tirinto.*

interior pues el veneno había penetrado hasta sus venas. Lleno
de rabia y fuera de sí coge a Licas y lo arroja al mar y como
los dolores se recrudeciesen, lanza gritos espantosos vomitando
imprecaciones contra Euristeo, Juno y Deyanira.

Viendo Hércules que su mal no tiene remedio y que se
acerca su muerte, derriba sobre el monte Eta algunos grandes
árboles y con ellos levanta una pira, sobre la cual extiende la
piel del león de Nemea, se acuesta
allí como sobre un lecho con la
cabeza apoyada sobre su maza, y
ordena a Filoctetes que prenda
fuego. Cuando las llamas envolvían
ya la pira y los dioses desde la
cumbre del Olimpo contemplaban
con dolor la muerte de un héroe que
tantos servicios había prestado a la
humanidad, Júpiter les dijo: «No
temáis, Hércules triunfará de esas
llamas; la vida que de mí recibió no
puede perecer y cuando esté ya
purificado por el fuego, vendrá a
sentarse entre nosotros en las man-

Fig. 89. — Hebe

siones celestes y todos vosotros
aplaudiréis esta merecida distinción». Los dioses celebraron la
apoteosis de Hércules, y la propia Juno dió su beneplácito
concediéndole por esposa a su hija Hebe, diosa de la Juventud.

Iolas, sobrino y amigo de Hércules, le había acompañado
en las expediciones más peligrosas combatiendo a su lado y
desplegando en todos los encuentros tanto ardor como valentía.
Separado de Hércules, hizo a la familia de este semidiós,
entonces tan abatida y desesperada, objeto de su solicitud;
reune los *Heráclidas* (nombre con que se designa a los descendientes de Hércules), les hace tomar las armas, aviva su
entusiasmo y se adelanta a su cabeza contra *Euristeo,* en la

Fig. 90. — Combate de Hércules y los Centauros

Argólida. Auxiliado por un ejército ateniense, Iolas entabla un combate terrible en el cual sucumbe Euristeo con sus cinco hijos (algunos escritores atribuyen esta victoria a Hyllus, hijo de Hércules y Deyanira). La muerte de Euristeo, que forma

Fig. 91. — Hércules ante las puertas del Olimpo

época en la historia, ocurrió hacia el año treinta, antes de la guerra de Troya. Atreo, yerno de este rey, le sucedió sin oposición y ocupó el trono de Argos y Micenas.

§ 4.   Perseo

Un oráculo había revelado al rey de Argos, Acrisio, que sería muerto por su nieto. Atemorizado por esta predicción, Acrisio encerró a Dánae, su única hija, en una torre de bronce y rehusó darla en matrimonio a todos los príncipes que la solicitaron; pero el rey de los dioses, que la amaba, queriendo introducirse hasta donde ella moraba, se transformó en *lluvia de oro* y de este modo penetró en la torre o, según otros, un ilustre personaje llamado *Júpiter* prodigó a manos llenas este metal entre los soldados que guardaban a Dánae con el fin de sobornarlos; la raptó y se desposó secretamente con ella (1). De este matrimonio nació PERSEO.

Acrisio, más atento a las amenazas del oráculo que sensible al amor de padre, cogió a Dánae y su hijo y los abandonó en una frágil barquilla en medio de las olas agitadas por un fuerte vendaval. Su muerte parecía ya inevitable pero un dios velaba sobre la navecilla, que fué arrastrada por el viento hasta la isla de Serífea, en cuya ribera fué recogida por un pescador llamado Dietys. Este condujo a la madre y al niño a presencia del rey Polidecto que recibió a Dánae con benevolencia y encargó a los sacerdotes del templo de Minerva que cuidaran de la educación del pequeñuelo.

Fig. 92. — Dánae recibiendo la lluvia de oro

Veinte años después, la bravura de Perseo y el afecto que el pueblo le tenía oscurecieron la gloria de Polidecto, el cual buscó un pretexto razonable para alejarlo de su presencia; halagó las ambiciones del joven con promesas de triunfos y laureles y le propuso que se preparara para una expedición brillante aunque difícil. Tratábase de ir al encuentro de Medusa, que era una de las Gorgonas, para luchar con ella y cortarle la cabeza. *Medusa* en vez de cabellos tenía serpientes y por su aspecto asqueroso convertía en piedras a todos los que la con-

---

(1) Muchos príncipes de la antigüedad han llevado el nombre de Júpiter, como ya se ha dicho en la página 21.

templaban. Perseo aceptó sin titubeos tal proposición y los dioses vinieron en su ayuda. Minerva le cedió su escudo, luciente como un espejo; Mercurio sus talares y una espada de diamante; Plutón, un casco que le hacía invisible. Armado con esta triple defensa se trasladó a la otra extremidad del océano, hasta la espantosa morada de Medusa a la que halló sumida en aquellos momentos en profundo sueño como también a las culebras que erizaban su cabeza. Minerva guió el brazo del héroe que mantenía a su lado el escudo, en el cual se reflejaba la cara del monstruo que no se atrevía a mirar. De un golpe cortóle la cabeza. Las otras Gorgonas, que se habían despertado al oír tal ruido, quisieron vengar a su hermana, pero Perseo escapó a su persecución por medio del casco que le diera Plutón y levantó su vuelo llevando consigo la cabeza de Medusa ligada a la cara exterior del escudo.

El sol iba ya al ocaso y Perseo se hallaba aún en las regiones superiores del aire. Al cerrar la noche descendió a la tierra y se detuvo en la Mauritania para descansar allí hasta que amaneciera. Un terrible gigante llamado Atlas era el rey de esta comarca; sus innumerables rebaños llenaban los campos y en sus huertos crecían árboles cargados de manzanas de oro. Perseo se adelantó al encuentro de este monarca, pidióle hospitalidad y le dijo: «Si algo vale en vuestra consideración la gloria de una elevada alcurnia, sabed que Júpiter es mi padre, y si las gestas gloriosas os merecen estima, creo podré obtener vuestro aprecio y digna acogida». A estas palabras, Atlas recuerda que un antiguo oráculo le había predicho, que un hijo de Júpiter le despojaría de su reino. Lejos, pues, de dar oídos a los ruegos de Perseo le ordena que se aleje de sus estados y estaba ya a punto de unir la violencia a las amenazas, cuando el héroe griego sintiéndose demasiado débil para luchar contra el gigante díjole: «Ya que tú desprecias por igual mis glorias y mi linaje toma el premio que mereces», y diciéndole esto le arroja la cabeza de Medusa y le transforma en montaña.

Era ya la hora en que el lucero de la mañana abre las puertas al día; Perseo calza a sus pies las alas y levanta el vuelo. Después de un largo trayecto se detiene para contemplar la Etiopía en el preciso momento en que Andrómeda, hija del rey Cefeo, se hallaba encadenada a la orilla del mar y a punto de ser devorada por un monstruo marino. Desde lo más alto de las regiones etéreas desciende hasta ella y le pregunta su nombre y la causa que puede motivar tan bárbaro tratamiento. Andrómeda muéstrale sus ojos arrasados en lágrimas sin proferir palabra alguna; pero obligada a dar una respuesta revela su nombre, su familia y el injusto suplicio a que se ve condenada. Aun pronunciaba sus últimas palabras, cuando el monstruo terrible se acerca para devorarla. Andrómeda lanza un grito de espanto; sus padres que la contemplan se golpean el pecho, rasgan su rostro y se revuelcan en el polvo. «Los momentos son preciosos—les dice Perseo.—Si el hijo de Júpiter, si el vencedor de la Gorgona os pidiera vuestra hija por esposa ¿se la concederíais? Con esta condición os juro que la libertaré.» La proposición es aceptada. El héroe levanta el vuelo y desde cierta altura cae certeramente sobre el dragón, le hiere con su espada, le abre sus costados y le arranca el corazón. La muchedumbre prorrumpe en aclamaciones: Cefeo y Casiopea, en el paroxismo de su alegría, abrazan a Perseo como su salvador y su yerno, y Andrómeda, libertada ya, llega al palacio pálida y temblorosa sostenida por su libertador. Al día siguiente comienzan los preparativos para la boda.

Mientras se celebraban los esponsales, Fineo, tío de Andrómeda, que había sido a la vez su amante, se presenta en la sala del festín acompañado de numerosos amigos, provoca una querella y entabla una lucha sangrienta. En medio de tal confusión las mesas son derribadas, los lechos destrozados y la vajilla salta hecha pedazos. Perseo en medio del terrible desorden y amilanado por la superioridad de sus enemigos estaba ya para sucumbir y perder el fruto de sus anteriores victorias; en aquel

momento se acuerda de su escudo, lo encara a sus perversos adversarios y los transforma en *piedras*. Entonces Perseo, después
de una ausencia de cuatro años, regresó a la isla Serífea donde
Dánae estaba aún cautiva de Polidecto que la llenaba de ultrajes. A ruegos de Dánae, Perseo luchó con el tirano y lo mató.

Después Perseo venció a Preto, hermano de su abuelo, que
había usurpado a Acrisio el trono de Argos.

Acrisio, sabedor del camino triunfal de su nieto, fué hasta
el lugar llamado Larisa para felicitarle, expresarle su gratitud y
reconciliarse con él. Este mismo día se celebraban los juegos de
la rayuela, que era el ejercicio en boga.

Perseo quiso dar pruebas de su fuerza y maestría pero lanzó
el disco con tal mala suerte que dió en la frente de su abuelo
Acrisio, matándolo instantáneamente, con lo que se realizaron
las predicciones del oráculo.

§ 5. Jasón

JASÓN era hijo de Esón, rey de Yolcos, en Tesalia. Habiendo
sido destronado Esón por su hermano Pelias (1), los dioses
anunciaron al usurpador que sería a su tiempo expulsado o
muerto por un hijo de Esón. Desde que Jasón vino al mundo, su
madre para ponerle a salvo de las iras del tirano difundió la
noticia de que el pequeñuelo estaba gravemente enfermo y poco
tiempo después anunció que había muerto. Ella misma ordenó
que se celebraran en honor del infortunado niño solemnes
exequias dando inequívocas muestras de verdadero pesar.
Mientras tanto lo envió secretamente al centauro Quirón, que lo
tomó bajo su custodia enseñándole diversas artes, entre otras
la medicina y la astronomía.

---

(1) Tiro madre de Pelias, estuvo casada dos veces. Su primer esposo fué
Neptuno y el segundo Creteo, hijo de Eolo. Del primer matrimonio nació *Pelias*
y del segundo *Esón*. (Creteo, padre de Esón, había edificado la ciudad de
Yolcos.)

Apenas Jasón cumplió los veinte años se separó de su preceptor y fuése a consultar el oráculo, que le ordenó que se vistiera a la manera que lo hacían los naturales de Magnesia (1), se cubriera con una piel de leopardo y armado con dos lanzas se presentara en la corte de su tío Pelias. Jasón obedeció sin demora. Llegado que fué a Yolcos, atrajo la atención de todos sus habitantes por su aire marcial y su extraña manera de vestir; interrogado al efecto y obligado a responder tuvo al fin que revelarse como hijo de Esón y reclamó contundentemente a Pelias la herencia paterna. Pelias, que no quería abandonar el cetro y que a la vez temía al pueblo, pensó que el mejor partido era alejar a su adversario proponiéndole que llevara a cabo una empresa larga y gloriosa. Llamó a Jasón a su palacio y hablóle de esta manera: «Preocupado por terribles ensueños he consultado el oráculo y éste me ha ordenado que aplacara los manes de nuestro antepasado Frijo, que fué en otro tiempo degollado en la Cólquide, y que transportara sus cenizas a su patria. Puesto que mi avanzada edad no me permite acometer tal expedición, puedes tú emprenderla confiado en tu juventud y bravura; el deber te obliga a ello, el honor te llama a realizarlo. Yo te juro por Júpiter que después que hayas realizado esta gesta te restableceré en el trono de Esón, tu padre». A esto añade Pelias que Frijo, al morir, dejó en tierras de la Cólquide un *vellocino* precioso, cuya conquista puede llenar a Jasón de gloria y riquezas.

Jasón tenía entonces aquella edad feliz en que se siente ambición por coronarse de fama, y aprovechó con avidez la ocasión que se le presentaba para conquistarla. Su expedición fué anunciada por toda la Grecia; cincuenta y dos príncipes acudieron a Yolcos para formar parte de ella. Esta *expedición de los Argonautas,* que es uno de los más famosos acontecimientos de los tiempos heroicos, ocurrió unos setenta años antes de la guerra de Troya.

---

(1) Los magnesios eran un pueblo de Macedonia. Jasón era de Tesalia.

El bajel que debía transportar a los expedicionarios a la Cólquide, se llamaba Argo y constaba de cincuenta remos: Minerva trazó el plano del mismo y ayudó personalmente a construirlo. La madera que en él se empleó fué cortada de los árboles del monte Pelión; una encina del bosque de Dodona sirvió para construir el mástil. Terminado el navío los Argonautas lo transportaron sobre sus espaldas desde el Danubio hasta el mar Adriático, y dícese que fué éste el primer barco que surcó las ondas.

Jasón, autor de la empresa, se constituyó en su jefe principal. Los otros guerreros eran: Admeto, Teseo, Cástor y Pólux; Hércules, que no pudo acabar el viaje porque el peso de su cuerpo ponía al bajel en continuo peligro; Linceo, que tenía la vista tan penetrante que veía a través de las murallas, descubría los escollos escondidos bajo las aguas y distinguía perfectamente los objetos a tres leguas de distancia; Orfeo, poeta de Tracia; Peleo, natural de Eaca y padre de Aquiles; Piritoo, Augias, Hylas, Meleagro, Esculapio y Tifis, experto piloto. Embarcáronse en el cabo de Magnesia, en Macedonia, y en los primeros momentos tuvieron navegación feliz. Después fueron sorprendidos por una tempestad que les obligó a refugiarse en Lemnos, donde Hipsipila, hija del rey, les dispensó una excelente acogida, permaneciendo aquí dos años cautivados por los encantos de las mujeres de Lemnos. Hipsipila fué la que especialmente atrajo las miradas de Jasón, que le prometió en juramento volver y fijar su residencia a su lado, tomándola por esposa, de retorno de la expedición. ¡Frívolo y engañoso juramento! Llegados que fueron a las costas de la Tróade determinaron que Hylas saltase a tierra para proveerse de agua en un río llamado Ascanio; pero las ninfas que moraban en sus orillas le apresaron y retuvieron en sus mansiones subterráneas, donde Hylas cayó en la corriente del río y se ahogó. Al ver Hércules que no volvía, saltó a tierra, lo llamó mil veces, y los campos se estremecieron a sus voces de dolor.

Desde aquí se dirigieron al Ponto Euxino y, finalmente, desembarcaron en Ea, capital de la Cólquide, que era el término de su navegación.

Nada más difícil que arrebatar a Eetes, rey de la comarca, el vellocino de oro que Frijo en otro tiempo había llevado allí. Hallábase suspendido de un árbol en medio de los campos y lo custodiaban día y noche un horrible dragón y dos toros monstruosos cuyos cuerpos eran impenetrables al hierro y que vomitaban por sus narices continuas llamas. ¿Qué podían el valor y la habilidad contra tales adversarios? Juno y Minerva, que se habían constituido en protectoras de Jasón, le allanaron los obstáculos, inspirando a Medea, hija de Eetes, la más viva pasión por Jasón.

Apenas Medea conoce al héroe, le ama y le admira, ofrécele su ayuda para el terrible ataque, y le dice: «Yo conseguiré domar los dos toros, infundiré al dragón un sopor profundo y te entregaré los tesoros de mi padre; serás dueño absoluto del vellocino de oro, pero ante todo, hacia la media-noche, haz que te acompañen tus más íntimos hasta el templo de Hécate y allí, en presencia de la terrible divinidad, me jurarás amor y fidelidad y prometerás ser mi esposo y mi protector. Sólo a este precio, obtendrás el corazón y los tesoros de Medea».

Jasón acoge con transportes de júbilo esta proposición y corre al pie de los altares a prestar su juramento. Medea, por su parte, cumple puntualmente lo prometido: los toros quedan reducidos a la impotencia, el dragón sumido en profundo sopor y el vellocino de oro es arrebatado por Jasón. Eetes ignora lo que está pasando; entre tanto el caudillo de los Argonautas dispone los preparativos para la partida. Seguido de Medea aprovecha las sombras de la noche para volver a su navío, llama a sus compañeros y se aleja de la Cólquide cargado de considerables tesoros. Eetes, empero, no tarda mucho tiempo en descubrir la traición de su hija; apresta una armada y confía el mando de los bajeles a su hijo Absirte. El combate es reñido, y vencido Absirte perece de muerte cruel (1).

Jasón entró gloriosamente en Yolcos y se dispuso inmediatamente a celebrar su victoria con públicos regocijos. Esón, padre de Jasón, abatido por la edad y los achaques hubiera deseado tomar parte en las fiestas o al menos asistir a ellas como espectador. Jasón rogó a Medea que le rejuveneciera utilizando los más eficaces secretos de su arte. Deseosa de complacer a su marido monta sobre un carro aéreo, recorre diversas regiones y recoge las hierbas mágicas, las prepara en forma de brebaje y las introduce milagrosamente en las venas de Esón. Tan pronto como se siente rejuvenecido, su pelo recobra el color natural, se borran de su rostro las arrugas y poco a poco recobra su lozanía, su alegría y su vigor. Pelias, enemigo de Jasón, arrastraba una vida achacosa y caduca. Admiradas las hijas de este tirano del rejuvenecimiento experimentado por Esón, conjuraron a Medea para que obrara el mismo prodigio en favor de su padre. La maga accedió a ello y para mejor convencerles del poder de su arte, cortó en trozos un viejo carnero y lo puso en una caldera de la cual lo sacó convertido en un corderillo; de la misma manera ahogó al anciano Pelias, lo cortó en trozos, arrojó sus miembros en una cuba de agua hirviendo y allí los dejó hasta que el fuego los hubo consumido por completo, siendo, por lo tanto, imposible a sus hijos tributarle los honores de la sepultura.

Este hecho irritó de tal manera a los habitantes de Yolcos, que Jasón y Medea se vieron obligados a emprender la fuga y se retiraron a Corinto, al lado de Creonte, que era rey de aquella comarca, y allí vivieron diez años en perfecta unión. De ésta nacieron dos hijos, pero luego fué turbada por la ingratitud de Jasón, quien, olvidando las obligaciones que había contraído para con su esposa y los juramentos por que se había

---

(1) Dicen algunos que *Medea*, habiendo partido con *Absirte*, lo estranguló, destrozó sus miembros y los dispersó por el mismo camino que había de seguir su padre, a fin de entretenerle.

obligado, pidió en matrimonio a Glauca, hija de Creonte, desposóse con ella y repudió a la princesa de la Cólquide. Medea
disimuló su furor para poder vengarse mejor, fingió que tal
alianza era de toda su conformidad y tomó parte en las ceremonias nupciales, y cuando parecía ya asegurada la felicidad
del esposo, Medea hechizó los adornos y las joyas que ofreció
a la hija del rey como regalo. Apenas la princesa puso mano a
tales alhajas, su pelo, su vestido y todo su cuerpo ardieron y
prendieron fuego al palacio, pereciendo en medio de llamas

Fig. 93. — Venganza de Medea

ella con su padre. Poco satisfecha aún de esta primera venganza, Medea mató a presencia de Jasón, los dos hijos del
marido infiel y subiendo rápidamente sobre un carro tirado por
dragones remontó los aires y se dirigió a Atenas.

Después de esta catástrofe, Jasón, dominado por la melancolía, llevó una vida errante y solitaria y un día que descansaba a la orilla del mar, a la sombra del bajel Argo que estaba
en la playa, un leño que se desprendió de él le destrozó la
cabeza. De esta manera murió el ilustre jefe de los Argonautas. Después de su muerte se levantaron en su honor estatuas y le veneraron como semidiós.

Por lo que hace a Medea supo ganarse tan hábilmente, por
medio de sus artificios, la simpatía de Egeo, rey de Atenas, que
se avino a tomarla por esposa. Más tarde y cuando Teseo,
que era el heredero del trono, fué a Atenas, Medea pensó des-

hacerse de él para asegurar la corona en las sienes del hijo que había nacido de su unión con Egeo; pero descubierto el propósito, Medea fué objeto de la execración popular, viéndose obligada a huir en su carro alado, buscando su último asilo en la Cólquide, donde murió a edad muy avanzada.

§ 6.   Cástor y Pólux

Los héroes griegos Cástor y Pólux eran hijos de una mujer etolia llamada Leda. Su madre desposóse dos veces: primero con Júpiter, que fué el padre de Pólux, y después con Tíndaro, rey de Lacedemonia, de cuyo matrimonio nació Cástor (1).

La primera hazaña de Cástor y Pólux fué destruir la piratería que infestaba el Archipiélago, lo que les colocó en la categoría de dioses marinos. Después acompañaron a Jasón a la Cólquide y coadyuvaron con él a la conquista del vellocino de oro. Al desencadenarse una violenta tempestad, los Argonautas advirtieron cómo unas llamas extrañas revoloteaban sobre la cabeza de los dos hermanos y que al mismo tiempo el cielo se serenaba y amainaba el huracán, por lo cual se ha dado el nombre de *Cástor* y *Pólux* a ciertos fuegos o llamas eléctricas que aparecen en la punta de los mástiles durante las tempestades, en torno de las antenas, cuerdas y partes salientes del barco o descienden brillando sobre la tilla (2).

Cástor sobresalió en el arte de domar los caballos; Pólux desafió y venció en el combate de la manopla al vigoroso Amico, rey de Betricia o Bitinia, y esta hazaña le consagró a perpetuidad como protector y dios de los atletas. Cástor, que estaba sujeto a la mortalidad, encontró la muerte en un singular combate librado cerca del monte Taigeto. Pólux, que le amaba

---

(1) Frecuentemente los poetas dan a estos dos hermanos el nombre de *Tindárides*, por más que solamente uno de ellos fué hijo de *Tíndaro*.

(2) Estos meteoros se conocen con el nombre de *fuegos de Santelmo*.

tiernamente, conjuró a Júpiter a que devolviera la vida a Cástor o que le privara a él de la inmortalidad; pero Júpiter que no podía acceder por completo a sus ruegos, consintió en que todo el tiempo que Cástor viviese sobre la tierra pudiese Pólux habitar en las moradas de los muertos; de esta manera vivían y morían alternativamente. Algunos años después, movido Júpiter por el mutuo amor que se profesaban, los colocó entre los astros donde bajo el nombre de los Gemelos forman dos constelaciones, una de las cuales desaparece cuando nace la otra, de manera que jamás se encuentran juntas sobre el horizonte.

Fueron concedidos a Cástor y Pólux honores divinos, recibiendo el nombre de Dióscoros, es decir, hijos de Júpiter. Les inmolaban dos corderos blancos, y en nombre de su templo se proferían juramentos, cuya fórmula era la de *Edépol,* para los hombres, y *Ecástor* para las mujeres.

Los Dióscoros suelen ser representados bajo la figura de dos jóvenes de singular belleza, completamente armados, cabalgando sobre blancos corceles, blandiendo una lanza y cubiertos con un gorro de forma oval rematado en una estrella.

§ 7. Esculapio

ESCULAPIO, hijo de Apolo y Coronis, fué instruído por el centauro Quirón en la ciencia de la medicina, y el discípulo estudió con tanto provecho las hierbas, las plantas y la composición de los medicamentos, que en pocos años sobrepujó a su ilustre maestro. Los Argonautas le llevaron como médico en la expedición a la Cólquide, prestándoles excelentes servicios durante la penosa travesía. Pero no contento con curar las enfermedades más rebeldes y desesperadas, se dedicó a devolver la vida a los muertos y lo consiguió: Glauco (1), Capaneo,

(1) Este Glauco era hijo de Minos II y de Pasifae. Muchos héroes de la fábula han llevado su nombre.

Tíndaro, Hipólito y muchos otros, gracias a su talento, resurgieron del sepulcro a la vida. A fuerza de tantas resurrecciones los infiernos se despoblaban; entonces Plutón se quejó a Júpiter

Fig. 94. — Esculapio

y éste de un rayo mató al médico hábil en demasía. Después de su muerte le rindieron honores divinos y su culto quedó establecido en Epidauro, su patria, y de allí se propagó a otras ciudades de Grecia hasta llegar al Asia y finalmente a Roma.

Algunas veces le representan bajo la forma de una *serpiente*, y más frecuentemente en la figura de un hombre pensativo cubierto con un manto, ostentando en su mano un palo en torno del cual se enrosca una serpiente. El gallo, que a veces aparece a sus pies, es el símbolo de la vigilancia.

Sus dos hijos Podaliro y Macaonte, asistieron al sitio de Troya como médicos del ejército griego, dando pruebas de su bravura al par que de su ciencia.

§ 8.   Orfeo

ORFEO, teólogo, poeta y músico célebre, era hijo de Eagro, rey de Tracia.

Desde su juventud se aplicó a estudiar la religión y recorrió el Egipto para consultar a los sacerdotes de este país y ser por ellos iniciado en los misterios de Isis y Osiris. Después visitó a Fenicia, el Asia Menor y Samotracia y de vuelta a su país natal dió a conocer a sus compatriotas el origen del mundo y de los dioses, la interpretación de los sueños y la expiación de los crímenes, e instituyó las fiestas de Baco y de Ceres. Enseñó a los griegos sabios conocimientos de astronomía, cantó la guerra de los Titanes, el rapto de Proserpina y los trabajos de Hércules y fué considerado como el padre de la teología pagana.

La música le servía de solaz y descanso en sus ocupaciones. Antes en Grecia sólo se conocía la flauta; él inventó la lira o

Fig. 95. — Orfeo

más bien la perfeccionó añadiéndole dos cuerdas. Su voz unida al sonido de este instrumento embelesaba a hombres y dioses y la naturaleza toda se conmovía a sus acordes. Osos y leones se acercaban a lamerle los pies, los ríos retrocedían a su nacimiento para escucharle, las rocas se animaban y corrían a su encuentro.

Todas las ninfas admiraban su talento, seguían sus pasos y deseaban tenerle por esposo. Solamente Eurídice, cuya modestia igualaba a sus encantos, parecióle digna de su amor y la tomó por esposa siendo por ella tiernamente correspondido. Las dulzuras de este himeneo no fueron duraderas, pues un día que Eurídice huía de la persecución de que era objeto por parte de Aristeo, hijo de Cirene, fué mordida en el talón por una serpiente y esta herida le causó la muerte. Orfeo quedó inconsolable y después de haber intentado ablandar a las divinidades del cielo no reparó en descender a los infiernos para implorar del dios de los muertos que le devolviera su querida compañera. Sobre las riberas de la laguna Estigia clamó con acentos tan dulces y enternecedores que los habitantes del Ténaro no pudieron contener sus lágrimas ante tal desgracia; el mismo Plutón se sintió conmovido. Llamó a Eurídice que se hallaba entre las sombras llegadas recientemente; la ninfa se acercó con paso tardo porque su herida era aún reciente y fuéle concedido partir con Orfeo, pero bajo la condición de que él no volvería la cabeza para mirarla hasta que hubiera ella rebasado los confines del reino de los muertos. Eurídice había ya triunfado de los obstáculos que podían obstruir su camino de retorno y estaba ya a punto de ver la luz de los cielos, cuando Orfeo, olvidando la promesa que había jurado cumplir y cediendo a la impaciencia de contemplar su mujer, ¡impaciencia muy digna de perdón si los infiernos supiesen perdonar!, cuando ya sólo le faltaba dar un paso, vencido por su amor, se detiene y mira hacia atrás... y en el acto Eurídice le es arrebatada. Ella le tiende los brazos, él quiere abrazarla, pero ya no estrecha sino un poco de vapor y puede sólo escuchar un largo suspiro y un adiós eterno.

Anonadado por esta nueva desgracia, intentó en vano penetrar por segunda vez en la mansión de los muertos; Carón negóse a transportarle en su barca, y Orfeo estuvo siete días a orillas del Aqueronte sin probar alimento alguno, inundados sus ojos en lágrimas y consumiéndose de dolor. Finalmente, y después de haber censurado mil veces la barbarie del dios de los infiernos, se retiró al monte Rodope, en Tracia, sin otra compañía que

los animales que amansaba con su canto. Las mujeres que
moraban en aquel país salvaje intentaron en vano endulzar sus
añoranzas y llevarle a un segundo matrimonio, pero él desoyó
siempre sus ruegos y se mostró sordo a su amor. Irritadas por
este desvío esperaron el día en que se celebraban las fiestas de
Baco para tener ocasión de vengarse. Entonces armadas con
tirsos corrieron al monte Rodope y lo asaltaron por todos lados:
su griterío y el ruido de los tambores apagaron la voz de Orfeo
que fuera lo único capaz de conmoverlas: después le atacaron
furiosas, y a pesar de los esfuerzos que hizo para calmarlas,
destrozaron su cuerpo en menudos pedazos.

§ 9.   Cadmo

CADMO, hermano de la bella Europa, era hijo de Agenor,
rey de Fenicia. Cuando Júpiter, después de metamorfosearse
en toro, raptó a Europa, inmediatamente Agenor envió a
Cadmo en busca de su hermana advirtiéndole que no volviera
a su palacio hasta haberla encontrado. Cadmo después de realizar en vano muchos viajes y perdida ya la esperanza de hallarla,
renunció a volver a su patria y consultó al oráculo de Delfos
para saber en qué país debía fijar su residencia, a lo cual respondió el oráculo: «En un campo desierto hallarás una vaca
que no ha sido jamás uncida al yugo: sigue sus pisadas, levanta
una ciudad en el lugar en que ella se detenga a apacentarse
y da a esta comarca el nombre de Beocia» (1).

Apenas Cadmo hubo abandonado el antro de la pitonisa, se
encontró con la vaca; siguióla y cuando ella se detuvo resolvió,
lleno de alegría, ofrecer a Júpiter un sacrificio en acción de
gracias. A este efecto ordenó a sus compañeros que fueran a
una selva próxima, para recoger un poco de agua de una

---

(1) Este nombre de Beocia alude, probablemente, a la *vaca* que guiaba
a Cadmo, que en griego corresponde a la voz *bous.*

fuente que manaba en el fondo de una caverna. Este bosque
estaba consagrado a Marte y un dragón custodiaba la entrada
de la cueva; este dragón tenía un aspecto feroz, sus fauces
estaban provistas de una triple hilera de dientes y tenía todo
el cuerpo cubierto de escamas amarillentas.

Apenas los amigos de Cadmo hubieron bajado a la oscura
caverna y empezaban a recoger el agua, cuando a causa del
ruido que ellos hicieran despertóse el dragón. Llenos de espanto
ante su terrible aspecto, dejan caer de sus manos los cántaros
y quieren huir, pero el animal se lanza furioso sobre ellos, des-
garra a unos con sus dientes, ahoga a otros arrollándolos entre
los pliegues de su piel o envolviéndoles en su hálito envenenado.

Viendo Cadmo que no volvían y extrañando su tardanza,
empezó a inquietarse. Entonces, después de haberse vestido
con su piel de león, toma su lanza y sus dardos y se dirige precipitadamente hacia el bosque. ¡Qué espectáculo más horrendo se
ofrece ante sus ojos! La enorme serpiente yacía recostada sobre
los cuerpos de sus compañeros, bebiendo su sangre y alimen-
tándose con sus carnes palpitantes aún. Cadmo no puede contener su furor y exclama: «¡Amigos, vuestra muerte será ven-
gada o yo pereceré como vosotros!» Inmediatamente, con mano
segura, lanza su dardo contra el monstruo, le hiere en la espina
dorsal, y atravesándole el cuerpo de parte a parte le arranca la
vida. Cuando vencido el monstruo, Cadmo se complace en contemplar la desmesurada corpulencia de su víctima y se goza
en observar sus últimas convulsiones, Palas, que protege al
héroe fenicio, baja del Olimpo y le ordena que siembre los dientes del dragón para que de esta manera pueda obtener un
«nuevo pueblo». Cadmo obedece sin alcanzar el sentido de la
orden que la diosa le intima, ara la tierra y disemina en los
surcos los dientes del monstruo. Tres días después los terrones
empiezan a moverse; primero surgen las puntas de las lanzas,
después los cascos guarnecidos de plumas, seguidamente se

destacan las espaldas, el pecho y los brazos nervudos de los nuevos hombres y al fin se agranda imperceptiblemente aquel extraño plantel de guerreros. Semejante batallón le infunde temor y se aprestaba ya a tomar las armas cuando uno de estos hijos de la tierra, dirigiéndose a él, le dice: «Detén tu brazo y permanece neutral en la guerra civil que vas a presenciar». Dichas estas palabras hundió su espada en el pecho de uno de sus hermanos y a su vez cayó también él herido por un dardo. El causante de tal muerte no sobrevivió a su crimen y al cabo de pocos momentos perdió una existencia apenas comenzada. Toda la multitud se siente animada de igual furor y los desdichados hermanos luchan entre sí causándose la muerte y empapando con su sangre el suelo que acababa de engendrarlos. Solamente cinco quedaban en pie, uno de los cuales era Equión, quien habiendo depuesto las armas por orden de Palas, concertó la paz con sus hermanos prometiéndose, con un estrecho abrazo, amor y fidelidad. Convertidos éstos en compañeros de Cadmo, les encomendó la construcción de la ciudad que el oráculo le mandara edificar y que no era sino la famosa ciudad de Tebas. Cuando la hubieron terminado, Cadmo dictó leyes y tomó sabias medidas para mantener entre los ciudadanos la unión, el orden y la paz (1).

Después tomó por esposa a Harmonía o Hermione, hija de Venus y Marte.

Esta unión tuvo los más halagüeños comienzos. Cadmo gozaba viéndose yerno de dos grandes divinidades, padre de cuatro hijas tan bellas como seductoras (Ino, Agave, Autonoe y Semelé) y jefe supremo de un pueblo adicto y sumiso; pero Juno no veía con buenos ojos tanta felicidad. Celosa, como era, ¿podía olvidar que Cadmo era el hermano de Europa, su rival?

---

(1) Según las más fidedignas tradiciones, *Cadmo* se dedicó a construir una ciudadela, llamada – después de su muerte *Cadmea*, y a poner los primeros cimientos de Tebas: esta ciudad fué terminada por sus sucesores y *Anfión* la circundó de murallas.

Por esto no se dió punto de reposo hasta que hubo empañado la alegría de este príncipe acumulando sobre él toda suerte de pesares. Acteón, su nieto que era un diestro cazador, murió despedazado por sus propios perros; Semelé pereció víctima del fulgor ardiente de los rayos de Júpiter; Penteo, hijo de

Fig. 96. — Muerte de Acteón

Agave, fué despedazado por las bacantes; Ino, presa por la locura, se precipitó en el mar, y, para cúmulo de infortunios, rebelóse contra él su pueblo, su autoridad fué despreciada y después de haber sido arrojado de Tebas se vió obligado a buscar, juntamente con su esposa, un refugio en lo más apartado de la Iliria. Agobiados uno y otro por el peso de los años y de los sinsabores, rogaron a los dioses que pusieran fin a sus males y fueron convertidos en serpientes.

Según opinan muchos autores, Cadmo fué el primero que llevó a Grecia el conocimiento de las letras y que introdujo en esta comarca el culto de los dioses de Egipto y Fenicia.

§ 10.   Anfión. — Lino

ANFIÓN, hijo de Júpiter y Antíope, cultivó la poesía y la música con éxito excepcional. Mercurio, que admiraba su raro talento, le regaló una lira de siete cuerdas, y a sus acordes levantó Anfión las murallas de Tebas. Las piedras, sensibles a la dulzura de su canto, corrían a ocupar su puesto. Esto significa que Anfión se sirvió de su elocuencia para persuadir a un pueblo rústico todavía, a que dejara el campo y los bosques y se aviniera a vivir en una ciudad fortificada, quedando así al abrigo de las bestias salvajes y de los malhechores.

LINO, poeta y músico tebano, hijo de Apolo y Terpsícore, inventó la melodía y el ritmo y compuso poemas sobre el origen

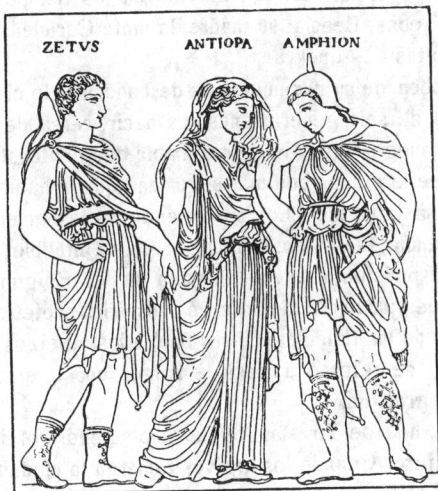

ZETVS   ANTIOPA   AMPHION

Fig. 97. — Anfión

del mundo, la astronomía y la naturaleza de las plantas. Orfeo, Hércules y Tamiris fueron discípulos suyos.

Un día, mientras instruía a Hércules en la música, tuvo la desgracia de reprochar con excesiva dureza al héroe su poca gracia y aptitud para este arte. Molestado Hércules por un reproche que creía injusto o exagerado, levantó contra su maestro la fuerte mano con la que esgrimía la lira y con ella descargó sobre su cabeza un golpe mortal. Grecia entera lloró la muerte de Lino, que llegó a obtener los honores de la apoteosis. La ciudad de Argos le levantó, en el templo de Apolo, un magnífico sepulcro y a él acudían todos los años escritores, artistas y sabios para testimoniarle su dolor.

§ 11. Tiresias

TIRESIAS, el más célebre adivino de los tiempos heroicos, nació en Tebas, Beocia: su madre, la ninfa Cariclea, era una de las sirvientas de Minerva.

La época de su nacimiento es desconocida; lo cierto es que vivió más de seis generaciones, es decir, cerca de doscientos años. Era ciego, pero Minerva le había dado un bastón o varita mágica que le guiaba con más seguridad que lo hubieran podido hacer los mejores ojos. Los poetas antiguos le llaman el Adivino por excelencia, el Profeta sublime, el Augur infalible. Su muerte ocurrió después de la guerra llamada de los Epígones y entre todos los adivinos sólo él conservó el espíritu profético hasta en el imperio de las tinieblas. Ulises bajó a los infiernos para consultarle, y de retorno a Itaca le inmoló una oveja negra, en prueba de gratitud.

Manto, hija de Tiresias, tenía como su padre el don de predecir lo futuro. Cuando los argivos tomaron la ciudad de Tebas Manto fué separada de los otros cautivos y enviada, como un presente digno de Apolo, al templo de Delfos, en el cual ocupó durante muchos años el trípode sagrado. De aquí marchó al Asia y fijó su residencia en Claros, donde fundó un oráculo que durante muchos años gozó de gran fama. Preocupada siempre por la esclavitud en que Tebas se hallaba sumida y de los males que afligían a sus conciudadanos, no podía dar tregua a su dolor. Las lágrimas que continuamente derramaba formaron un lago, cuyas aguas comunicaban el don de la adivinación, y que a la vez tenían la fatal propiedad de acortar la vida. Uno de sus hijos, llamado Mopso, vivió en la época del sitio de Troya y, como su madre y su abuelo, profetizó también, teniéndose por el antagonista de Calcas.

§ 12. **Teseo**

Teseo, hijo de Egeo, rey de Atenas, fué educado e instruído por su abuelo materno, llamado Píteo, que era, a la vez,
rey de Trecena y el más prudente y virtuoso de los griegos.

Su primera hazaña fué la victoria que obtuvo sobre el bandido
Perifetes que vivía emboscado en
las cercanías del Epidauro y ase-
sinaba con su maza a los que por
allí pasaban. Teseo le mató y
llevó siempre consigo esta maza
como un trofeo. Después atacó y
dió muerte a Procusto, Escirón,
Cerción y Sinnis que cometían
horribles crueldades.

Procusto tenía estatura y fuerza prodigiosas y atraía a su mansión a los viandantes para robarles
y hacerles sufrir suplicios atroces.
Les tendía sobre un lecho de hierro y si sus piernas excedían los
límites del mismo, cortaba de un
hachazo la porción sobrante; si,
por el contrario, las piernas resul-

Fig. 98. – Teseo

taban más cortas las estiraba hasta que dieran la longitud del
lecho fatal.

El bandido Escirón, no contento con saquear a los caminantes
que sorprendía en los desfiladeros de las montañas, en las inmediaciones de Megara, les obligaba a lavarle los pies en la cima de
una peña elevada y desde allí, sin esfuerzo alguno y de un solo
golpe los precipitaba en el mar. Teseo le castigó con el mismo
suplicio, pero la tierra y el mar se negaron a recibir el cuerpo

de este criminal, de manera que quedó suspendido en los aires por algún tiempo, hasta que al fin quedó convertido en peñasco.

Cerción, que era en extremo hábil en los ejercicios gimnásticos, obligaba a los viajeros a luchar con él y los mutilaba. Teseo le derrotó y le arrancó la vida.

Sinnis, que estaba dotado de una fuerza extraordinaria, torcía los árboles más corpulentos, juntaba sus ramas más altas

Fig. 99. — Teseo y el Minotauro

y ataba a ellas a aquellos que había vencido: las ramas al recobrar su posición normal descuartizaban a estos desgraciados. Teseo dióle muerte.

Pero un triunfo más importante aún le esperaba en la isla de Creta. Minos, después de vencer a los atenienses, habíales condenado a entregarle cada año siete mozos y otras tantas doncellas que debían servir de alimento al Minotauro, monstruo mitad hombre y mitad toro, encerrado en el laberinto. Teseo quiso redimir a su patria del vergonzoso tributo y se agregó al grupo de las víctimas que la suerte había designado y partió para Creta. Su belleza, juventud y aire noble y marcial robaron el corazón de Ariadna, hija del rey Minos. Teseo prometióle

llevarla consigo a Atenas y tomarla por esposa si triunfaba en
su empresa y salía del laberinto sano y salvo.

Ariadna le ilustró con sus consejos y le prestó su ayuda,
dióle un ovillo de hilo mediante el cual pudiera guiar sus pasos
por los oscuros corredores de aquella inextricable mansión. El
monstruo fué muerto y Teseo halló fácilmente su camino de
salida gracias al hilo de Ariadna. El, empero, pagó este servicio
con la más indigna perfidia, pues apenas hubieron embarcado

Fig. 100. — Ariadna dormida

los dos en el bajel que debía transportarlos al Atica, quiso Teseo
detenerse en la isla de Naxos para descansar, y aprovechando
un momento en que la crédula Ariadna dormía apaciblemente
sobre la ribera, se hizo a la vela y la dejó abandonada en la
playa.

Egeo, padre de Teseo, esperaba solícito el resultado de tan
peligrosa aventura. Antes de partir había recomendado ahinca-
damente a su hijo que si retornaba vencedor, arbolase a su llegada, en lugar del pabellón negro que tremolaba en su bajel, una
bandera blanca adornada con flores y gallardetes. Egeo, alarmado por tan prolongada ausencia, subíase cada día a lo más
elevado de un altozano y se esforzaba por descubrir a lo lejos
el bajel tan ansiosamente añorado. Teseo, entre tanto, hacía

rumbo hacia el Atica, pero entre el regocijo de su triunfo habíase
olvidado de izar el pabellón blanco, señal de su victoria. Al
ver el desgraciado padre la bandera negra, creyó que su hijo
había perecido y se precipitó en el mar. Este mar, situado entre
el Asia Menor y el Peloponeso, se ha llamado desde entonces mar *Egeo*.

El trono de Atenas pertenecía a Teseo de derecho; pero
sus primos hermanos, que en la historia son conocidos bajo la

Fig. 101. — Combate de Teseo contra los Palántidas

denominación de Palántidas, por ser hijos de Palas, hermano
de Egeo, le disputaron el trono, le prepararon emboscadas y
pusieron en movimiento todas sus artes para deshacerse de él.
Teseo contaba en Atenas con numerosos adictos y después de
haber intentado, aunque en vano, convencer a sus parientes
de la legitimidad de su derecho por la persuasión, armó un
ejército de ciudadanos fieles, atacó a los Palántidas y los destrozó hasta no quedar ni uno; eran cincuenta.

Asentado ya tranquilamente Teseo en el trono, trabajó por
reformar las leyes establecidas y dictó otras nuevas. Engrandeció la ciudad de Atenas, atrajo a los extranjeros y a fin de

constituir una a modo de república, resignó sus poderes civiles en manos de un consejo o senado y solamente se reservó el mando del ejército.

La conquista del vellocino de oro y la caza del jabalí de Calidonia acrecentaron más aun su fama. Después acompañó a Hércules en su expedición a las márgenes del Termodonte a buscar y dar batalla a las Amazonas, terribles doncellas guerreras a las cuales venció haciendo prisionera a su reina Hipólita o Antíope que tomó por esposa y que fué más tarde la madre de Hipólito.

A la muerte de Antíope pidió en matrimonio a Fedra, hija del rey Minos, siéndole concedida su mano. Pero la sangre de Minos debía ser funesta para la tranquilidad de Teseo, pues apenas hubo Fedra llegado a Trecena, puso los ojos en el mancebo Hipólito, hijo de la Amazona. Hipólito—educado lejos de la corte, bajo la dirección de su bisabuelo el sabio Píteo, y ajeno en absoluto a las seducciones del amor,—hallábase por completo dedicado a profundos estudios, sin otro descanso que el placer de la caza, ni más adorno de su persona que el arco y las flechas, ni culto alguno que no fuese el rendido a Diana, reina de los bosques. Irritada Venus por tantos desdenes, decretó su muerte. Inspiró a Fedra una pasión tan arrebatada por el mancebo, que la madrastra, fuera de sí y aprovechando una ocasión en que Teseo se hallaba ausente, no vaciló en confesar su ardiente amor a Hipólito. El arrogante cazador no respondió a tales protestas sino con el silencio y el desdén. Llena de confusión retiróse Fedra a sus habitaciones, escribió una carta a Teseo y se suicidó. Esta carta contenía una odiosa calumnia: en ella se imputaba a Hipólito un crimen de que solamente la propia Fedra se había hecho culpable. A su retorno, Teseo se entera del suicidio de su esposa, abre la carta y no duda un momento que la conducta de Hipólito ha sido la que ha llevado a Fedra a tomar la desesperada resolución. Llama a su hijo, le colma de reproches, le destierra lejos de Trecena sin dar oídos a sus justificaciones y exclama: «¡Oh padre mío Neptuno! Tú me prometiste acoger favorablemente por tres veces mis rue-gos: cúmpleme, aunque sólo sea por esta vez, lo que te pido y haz que mi hijo perezca. Por el cumplimiento de esta venganza conoceré que eres fiel a tus promesas» (1).

No habiendo podido Hipólito desarmar a su padre ni conmo-verlo, con el corazón lleno de tristeza subió a su carro y salió de Trecena. Apenas llegó a la orilla del mar, un monstruo marino enviado por Neptuno, espantó sus caballos que se estre-mecieron y se encabritaron.

Arrastrado por los caballos y cubierto de heridas, expiró a los pocos momentos. Teseo no comprendió su error y su crimen sino cuando ya era demasiado tarde para remediarlos.

Entre tanto Menesteo, que era hijo de Petes y uno de los descendientes de Erecteo, supo de tal manera halagar al pueblo de Atenas y puso en juego tantas intrigas y artificios, que consi-guió ser coronado rey. En vano Teseo intentó reasumir el mando del ejército y hacer valer sus derechos; los veleidosos atenienses, olvidando cuanto por ellos había hecho, le obligaron a marcharse y se retiró a la isla de Esciros, donde el rey Lico-medes, sobornado por Menesteo, le asesinó. Los atenienses reconocieron al fin su ingratitud; restituyeron en el trono a los hijos de Teseo y levantaron un templo y un sepulcro al vence-dor del Minotauro.

§ 13. Piritoo

PIRITOO, hijo de Ixión y de la Nube, era rey de los lapitas, pueblo de la Tesalia.

Sorprendido ante la narración de las hazañas de Teseo, rey de Atenas, quiso probar la fuerza de este héroe y medirla con

---

(1) Para realzar la gloria de Teseo los atenienses le hacen pasar por hijo de *Neptuno*. Neptuno, según ellos, se había desposado con *Etra,* mujer de Egeo e hija de Píteo.

las propias. Al efecto entró en el Atica al frente de un ejército y saqueó los campos. Teseo marchó a su encuentro para darle batalla, pero apenas se avistaron los dos héroes sintiéronse dominados por mutua admiración: Piritoo alargó la mano a Teseo en señal de amistad y le prometió reparar los daños que había causado en el Atica.

Poco después Piritoo desposóse con la bella Hipodamia, a que algunos autores llaman también Deidamia. A las bodas fueron invitados los centauros, que habitaban en la Tesalia y eran monstruos, medio hombres y medio caballos. Los preparativos para la boda estaban dispuestos en una fresca y deliciosa cañada. Contábanse entre los convidados los más distinguidos personajes de los lapitas. Los centauros acudieron presurosos; en todos los rostros brillaba el contento y cuando Hipodamia apareció juntamente con las damas que formaban su séquito, los altozanos y las selvas próximas resonaron

Fig. 102. — Centauro

con cantos de himeneo. Durante el festín todos los ojos se sintieron cautivos de la belleza de Hipodamia y muchos llegaron a desear su desgracia. Eurito que era el más brutal de los centauros, enloquecido por el vino, de repente derriba las mesas, se lanza sobre la princesa para raptarla y la coge por los cabellos. Los demás centauros, siguiendo su ejemplo, se echan sobre las damas que la habían acompañado. Los esfuerzos que hacían éstas para defenderse, sus gritos y gemidos evocan el recuerdo de una ciudad tomada por asalto. Teseo acude en su ayuda; los lapitas hacen causa común con él, se entabla un combate furioso y a los pocos instantes el suelo aparece cubierto de cadáveres. Al gran valor de Teseo y Piritoo debióse que allí perecieran casi todos los centauros; los restantes se refugiaron en los montes de la Arcadia y allí vivieron completamente olvidados.

Piritoo y Teseo unidos desde entonces por estrecha amistad, emprendieron juntos aventuradas expediciones. Vinieron a Esparta para apoderarse de Helena, hija de Tíndaro, muy famosa ya en toda Grecia por su hermosura. Dieron cima a su proyecto y echaron suertes sobre la regia cautiva, con la condición de que quien con ella se quedara adquiriría el compromiso de proporcionar otra mujer a su amigo. Helena tocó en suerte a Teseo y se obligó a bajar a los infiernos con Piritoo para arrebatar la propia esposa de Plutón. En efecto: para llevar a cabo el temerario proyecto descendieron a la mansión de las sombras, pero Plutón que había sido informado a tiempo de tal viaje, tomó tan puntualmente sus medidas, que tan pronto como hubieron entrado allí no pudieron ya salir jamás. Piritoo fué estrangulado por el Cancerbero (1). Teseo fué conducido cargado de cadenas a presencia de Plutón, quien entre tanto le retuvo cautivo y no lo soltó sino ante los insistentes ruegos de Hércules.

§ 14. Belerofonte

Habiendo matado BELEROFONTE inadvertidamente a su hermano mientras cazaba, se refugió en la Argólida, en la residencia del rey Preto que lo acogió generosamente. Vivía tranquilo en la corte cuando la esposa de Preto que se llamaba Este-

---

(1) Algunos autores pretenden que *Piritoo* no pereció en aquella ocasión, sino que fué entregado a las Furias y libertado inmediatamente por Hércules.

nobea, prendada de la belleza del joven extranjero, confesóle que le amaba y que estaba pronta a seguirle dondequiera que fuese. Belerofonte, que no sentía amor por ella, acogió fría· mente la declaración, y conociendo Estenobea que se mostraba insensible, trocó su amor en antipatía, encarnizóse contra él, acusóle falsamente de muchos crímenes y pidió, finalmente, su muerte. Preto, que no quería violar los sagrados derechos de la hospitalidad dando muerte a Belerofonte, lo envió a Licia, a la

Fig. 103.—Amazona en el combate

mansión del rey Yobates padre de Estenobea, con un recado escrito que le dijo ser una carta de recomendación y en el que realmente solicitaba el suplicio del culpable (1).

Yobates dispensó a Belerofonte afectuosa acogida: los nueve primeros días pasáronse en fiestas y regocijos. El día décimo el rey abrió la carta que le entregara su huésped, pero para no manchar su palacio con sangre, determinó exponer a Belerofonte

_____

(1) Esta es la razón de que las cartas que encierran una orden funesta para aquel que las lleva, se llamen *cartas de Belerofonte*.

a los más grandes peligros. Envióle con unos pocos soldados a luchar contra los Solimos, que era un poderoso pueblo de la

Fig. 104. — Belerofonte y la Quimera

Pisidia, y Belerofonte salió victorioso. Le encargó que fuera a combatir con las Amazonas, a las que venció igualmente. Ordenóle, al fin, que matara a la Quimera, espantoso animal que tenía la cabeza de león, la cola de dragón, el cuerpo de cabra y que vomitaba continuamente llamas. Protegido por Minerva y cabalgando sobre el corcel Pegaso, Belerofonte derribó al monstruo y lo hizo pedazos.

Fig. 105.—Pegaso

zos. Reconociendo entonces Yobates que tales hazañas eran debidas a especial protección de los dioses, rogóle que se quedara en sus estados, concedióle su segunda hija en matrimonio, y le instituyó su sucesor al trono. Atormentada Estenobea por los remordimientos, se envenenó.

§ 15. Orión

ORIÓN, que era un hermoso mancebo y cazador infatigable, sobresalía entre todos los héroes de su tiempo por su estatura y por su fuerza. Un poeta escribe a este propósito: «cuando Orión caminaba al través de los mares más profundos, sus nombros sobresalían por encima de las aguas». Diana le eligió para que formara parte de su séquito y le confirió los primeros empleos de su corte, prodigándole patentes muestras de su protección bienhechora; suerte afortunada que parecía que no había de acabarse jamás. Su vanidad, empero, fué la causa de su ruina. Un día después de llevar a cabo una brillante cacería y mientras era objeto de halagadores elogios, se jactó de que no había monstruo alguno ni en las selvas ni en los montes ni en el desierto, del cual no pudiese él triunfar, envaneciéndose de que ni los tigres, ni las panteras ni aun los leones eran capaces de producirle espanto alguno. La Tierra, que se creyó desafiada por tanta jactancia, mandó contra este gigante un simple escorpión cuya mordedura le causó la muerte. Desconsolada Diana por la muerte de uno de sus más intrépidos cazadores, obtuvo de Júpiter que fuese transportado al cielo y colocado entre los astros, donde forma una de las más brillantes constelaciones del firmamento llamada *Orión*.

§ 16. Meleagro

MELEAGRO, hijo de Eneo, rey de Calidonia, y de Altea, contaba solamente tres días de existencia cuando su madre vió junto al hogar las tres Parcas, que, al modo de nuestras hadas maléficas echaban al fuego un trozo de madera mur-

murando: «La vida de este niño durará lo que este tizón». Saltar del lecho, sacar el tizón de las llamas, sumergirlo en el agua y esconderlo cuidadosamente fué sólo obra de un momento.

Veinte años después, habiendo ofrecido Eneo un solemne sacrificio a todos los dioses para testimoniarles su reconocimiento por la abundancia de las cosechas, olvidóse, desgraciadamente, de incluir en el homenaje a Diana. La diosa se vengó de este olvido haciendo que en la comarca de Calidonia apareciera un terrible jabalí que devastaba las tierras de Eneo, arrancaba de cuajo los frutales y desolaba los campos. Era corpulento como un toro y vomitaba vapores pestilentes; sus cerdas eran como puntas de lanza y sus colmillos enormes como los de un elefante. Teseo, Jasón, Cástor, Pólux y muchos otros príncipes jóvenes acudieron de todas las ciudades vecinas para librar al país de aquel azote. Meleagro, hijo de Eneo, dirigía el ataque de los cazadores. Equión lanzó el primer dardo contra el monstruo y falló el golpe (1); Jasón no fué más afortunado; Mopso le hirió con su flecha pero sin causarle daño alguno. Mientras tanto el animal enfurecido derribaba todo lo que estaba a su alcance, y había ya herido gravemente a muchos de los cazadores cuando Atalanta, hija de Jasio, le asestó detrás de la oreja un flechazo y lo derribó. Meleagro le asestó el golpe mortal, hízole pedazos y ofreció la cabeza a la diestra cazadora. Nada más natural que esta prueba de aprecio tribu- tada a una extranjera, pero los tíos maternos de Meleagro celosos al ver que una mujer arcadia había de recoger todos los honores de la caza, la provocaron y a la fuerza le arrancaron la cabeza del jabalí añadiendo a este desafuero numerosos insultos. Lleno de furor Meleagro, no se puede contener, arremete contra sus tíos, les atraviesa con su espada y devuelve a la bella Atalanta los despojos del jabalí.

_____

(1) Este *Equión*, hijo de Mercurio, no es el que ayudó a Cadmo a levantar la ciudad de Tebas.

Altea que amaba a sus hermanos, ofuscada por la desesperación que le causaba su muerte, echó al fuego el tizón que en otro
tiempo retirara; consumióse el tizón y con él pereció Meleagro,
a quien una fiebre ardiente devoraba las entrañas a medida que
la llama del hogar consumía el tizón. Su muerte produjo un
profundo pesar en la ciudad de Calidonia. Sosegada Altea de
su anterior obcecación, dióse cuenta de la enormidad de su crimen y se mató. Las hermanas de Meleagro, no pudiendo resig-

Fig. 106. — Muerte de Meleagro

narse a abandonar el cuerpo de su hermano, permanecían día y
noche sobre su sepulcro negándose a tomar alimento y besando
sin cesar las letras que formaban su nombre, grabadas sobre el
mármol. Diana, aplacada por tantas catástrofes y queriendo
poner fin al dolor de estas doncellas, las transformó en los pájaros llamados *meleágridas*.

§ 17. Pelops. — Atreo y Tiestes

PELOPS era hijo de Tántalo, rey de Lydia. Cuando los dioses, tomando figura humana, viajaban por el Asia Menor, se
hospedaron en casa de Tántalo, príncipe impío y cruel. Este,
para cerciorarse de si realmente sus huéspedes eran seres divinos y conocedores de las cosas más ocultas, mató a Pelops, su

hijo recién nacido, lo partió en pedazos y habiendo mandado que lo asaran, hízolo servir a la mesa junto con otros manjares. Los dioses conocieron el crimen y se abstuvieron de probar aquel manjar abominable. Unicamente Ceres, distraída o hambrienta comióse una espalda de Pelops. Júpiter reunió los dispersos miembros, de la inocente criatura y le devolvió la vida sustituyendo por una espalda de marfil la que Ceres había devorado. Tántalo, verdugo de su propia familia, fué precipitado en el Tártaro.

Pelops, cuyo reino se hallaba entonces débil y empobrecido, se encontró expuesto a los ataques de los reyes vecinos. Abandonó Lydia con su hermana Níobe, se retiró a Grecia y allí pidió la mano de la hermosa Hipodamia, hija de Enomao, rey de la Elida.

Hipodamia, directa heredera del trono, era deseada y requerida por muchos príncipes; pero Enomao, advertido por un oráculo que sería desgraciado con el que fuera su yerno, condicionó la obtención de la mano de su hija al cumplimiento de una prueba muy difícil, y como él era muy diestro en conducir el carro y poseía corceles tan veloces como el viento, resolvió dar su hija al pretendiente que le venciera en la carrera guiando el carro, pero que a la vez los vencidos habían de aceptar como única herencia una muerte infalible. Trece de los aspirantes habían sufrido ya la prueba y sus cadáveres yacían en el polvo, cuando Pelops pidió ser admitido al certamen. Por más que sus caballos, escogidos por el propio Neptuno, reuniesen todas las condiciones favorables, no se atrevió a medir sus fuerzas con el rey de la Elida, de igual a igual. Tentó la fidelidad de Mirtilo, caballerizo de Enomao y le corrompió con dádivas. Mirtilo partió el carro del rey y juntó nuevamente las dos partes de tal manera que a simple vista no se descubría ninguna ranura. En la mitad de la carrera el carro se rompió y Enomao pereció a consecuencia de la caída; entonces Pelops unido a Hipodamia en feliz matrimonio, subió al trono de la Elida.

Llevó a cabo rápidas conquistas y sus armas sembraron el espanto entre sus enemigos; su reputación llegó a las comarcas más lejanas y su nombre fué aplicado a la península meridional de Grecia *(el Peloponeso)*.

Del enlace de Hipodamia con Pelops, nacieron Atreo y Tiestes. Estos hermanos famosos en la historia por el odio que se tenían, lo son aun más por los crímenes que de él se siguieron. Baste solamente uno de ellos para dar idea de los demás. Después de largas disputas, el pérfido Atreo fingiendo querer olvidar el pasado, propuso a su hermano una conyuntura para tener una entrevista amistosa. Tiestes, engañado por las apariencias, acudió presuroso al palacio de su hermano y sentóse a la mesa del festín que debía sellar su reconciliación. Al terminar la comida y cuando, después de invocar a los dioses, los dos hermanos habíanse jurado vivir siempre amigos, Atreo hizo traer dos cabezas recién cortadas y empapadas con sangre: eran las cabezas de los hijos de Tiestes. Al mismo tiempo Atreo le hizo saber con alegría feroz que la carne que había comido era la propia carne de las víctimas. Dícese que el sol se ocultó para no alumbrar tales horrores.

Un hermano de Atreo llamado Plistenes, fué el padre de Agamenón y Menelao, que con frecuencia son designados con el nombre de Atridas, por más que no fueron hijos sino sobrinos de Atreo.

§ 18. Edipo

EDIPO, uno de los príncipes más desventurados que han existido, era hijo de Layo, rey de Tebas, y de Yocasta.

Estos esposos, poco antes de serlo, consultaron al oráculo de Delfos, que les advirtió «que el hijo que tuvieran llegaría a ser asesino de su padre y esposo de su madre». Layo, al nacer su primer hijo y para evitar que tan terrible pronóstico se cumpliera, encargó a uno de sus íntimos que matase al niño; pero el servidor, luchando entre la lealtad que debía a su rey y el instintivo horror que le causaba el cumplimiento de la orden recibida, se limitó a perforar los pies del nuevo ser y a suspenderlo, con una correa, de un árbol del monte Citerón. Forbas, que apacentaba los rebaños de Polibio, rey de Corinto, atraído por los lamentos del niño, se hizo cargo de él, lleno de compasión, y lo entregó a Polibio, cuya esposa Peribea acogió

Fig. 107. — Forbas hace entrega de Edipo a Polibio

amorosamente al niño y lo adoptó como hijo con el nombre de *Edipo* (1).

Apenas contaba Edipo catorce años y ya los oficiales de la corte habían admirado en muchas ocasiones su fuerza y su destreza. En todos los juegos gimnásticos salía vencedor, excitando de tal manera la envidia de sus compañeros, que uno de ellos para mortificarle echóle en cara que sólo era un pobre expósito, un hijo adoptivo.

Atormentado Edipo por tal reproche empezó a sentir escrúpulos sobre su nacimiento, y en diversas ocasiones lo inquirió, lleno de ansiedad, de la que siempre había tenido por madre;

_____

(1) *Edipo*, significa en griego *el de los pies hinchados.*

pero Peribea que le amaba entrañablemente guardóse mucho de aclarar sus dudas; muy al contrario, esforzábase en persuadirle de que era su hijo. A fin de obtener sobre ello toda la certeza que deseaba, Edipo fuése a consultar el oráculo de Delfos, obteniendo por respuesta el consejo de «no retornar jamás a su país natal si no quería ocasionar la muerte de su padre y desposarse con su madre». Conmovido por estas palabras, resolvió no volver jamás a Corinto que él consideraba su patria, y angustiado partió camino de la Fócide. Llegado que fué cerca de Delfos, encontró en un camino estrecho cuatro personas, entre las cuales había un anciano sentado en un carro que le mandó con arrogancia que se apartara a un lado para dejarle el paso libre, acompañando el mandato con un gesto amenazador. Entablóse una disputa, echaron mano a las espadas y Edipo mató al viejo sin conocerle: este anciano era Layo.

Después de esta catástrofe que privaba a la ciudad de Tebas de su rey, una calamidad inaudita desoló toda la comarca: era la Esfinge. Este monstruo tenía la cabeza, la cara y las manos de doncella, la voz de hombre, el cuerpo de perro, la cola de serpiente, las alas de pájaro y las garras de león. Situábase en la cima de una colina, junto a Tebas, detenía a todos los caminantes que por allí pasaban y les proponía un enigma capcioso, devorando a los que no acertaban a resolverlo. Muchos millares de desgraciados habían perecido allí. Creonte (1) que entonces reinaba, sacrificando su propio interés al interés del pueblo, anunció en toda Grecia que concedería la mano de Yocasta y la corona de Tebas al que librara la Beocia de esta calamidad. La muerte de la Esfinge dependía de la explicación de un enigma que había planteado en estos términos: ¿Cuál es el animal que por la mañana tiene cuatro pies, dos al mediodia y tres a la tarde?

Edipo, cuya sagacidad corría parejas con el amor a la glo-

---

(1) *Creonte* era hermano de Yocasta.

ria, presentóse al monstruo, escuchó el enigma y respondió sin titubear: «ese animal es el *hombre,* que en su infancia anda sobre sus manos y sus pies, en la edad viril solamente sobre sus pies y en su vejez ayudándose de un bastón como si fuera un tercer pie». La Esfinge, furiosa al ver descifrado su enigma, lanzóse desde el peñasco donde se hallaba y se rompió la cabeza contra el fondo de un precipicio.

Fig. 108. — Edipo y la Esfinge

Edipo después de salvar a Tebas subió al trono y tomó por esposa a Yocasta, de la cual tuvo dos hijos llamados Etéocles y Polinice y también dos hijas Antígona e Irmene. Muchos años habían transcurrido desde su matrimonio cuando se produjo en Tebas una peste que atacaba por igual a hombres y animales y que resistía a todos los recursos de la ciencia, a las plegarias y a los sacrificios. El oráculo, que era el refugio común de los desgraciados, declaró que la Beocia no quedaría libre de tal calamidad hasta que el asesino de Layo fuese descubierto y arrojado del reino. Edipo, que ignoraba el nombre y la calidad del anciano a quien en otro tiempo había dado muerte en la Fócide, ordenó que se practicaran las más escrupulosas averiguaciones a fin de poder hallar el asesino de Layo, y éstas dieron por resultado aclarar tres hechos horribles: que el propio Edipo era el asesino señalado por el oráculo, que Layo era su padre y Yocasta su madre. La abrumadora revelación le causó una desesperación sin límites y, creyéndose indigno de ver la luz del día, se sacó los ojos con la punta de su espada.

Expulsado de Tebas por sus dos hijos, se dirigió al Atica, falto de todo, durmiendo sobre la dura piedra y mendigando su pan de puerta en puerta. Acompañábale Antígona, su hija primogénita, guiando los pasos inciertos del anciano ciego y endulzando con tiernas caricias los horrores de su situación. Al llegar cerca de Colona, pueblecito vecino de Atenas, se internaron en un bosque consagrado a las Euménides, cuyo acceso estaba prohibido a los profanos. Algunos de los habitantes de la floresta, sorprendidos al ver allí al rey criminal, quisieron obligarle a abandonar aquel lugar y tal vez le hubieran muerto a fuerza de golpes si Antígona con su dulzura y sus lágrimas no les hubiese movido a piedad. Edipo fué conducido a Atenas, y a la mansión de Teseo, quien le recibió afectuosamente y le dispensó una acogida hospitalaria acabando allí el resto de sus días.

Por otra parte, desde que Edipo abandonara a Tebas, su patria, había lanzado sus maldiciones contra Etéocles y Polinice, pidiendo al cielo que estos ingratos tuviesen que disputarse a mano armada el cetro que le arrancaban. Para prevenir los efectos de tales imprecaciones, los dos hermanos no quisieron gobernar a la vez y convinieron en que alternativamente por espacio de un año, uno de ellos se ausentaría de Tebas y que entretanto el otro reinaría. Etéocles, que era el mayor, subió al trono el primero, pero al llegar el tiempo convenido negóse a abandonarlo. Polinice enfurecido al sentirse engañado, se retiró a casa de Adrasto, rey de Argos; éste le dió su hija en matrimonio y le prometió ayudarle con dinero, darle un ejército y conducirle a la victoria. Tebas fué bloqueada por las tropas de Argos mandadas por siete valerosos capitanes llamados, por antonomasia, los siete jefes: Adrasto, rey de Argos; sus yernos Polinice y Tideo, el adivino Anfiaras, Capaneo, Partenope e Hipomedón. Etéocles, por su parte, confió la defensa de las puertas de Tebas a igual número de hábiles generales. Después de diversos combates no decisivos, los dos hermanos decidieron acabar la guerra con una lucha cuerpo a cuerpo entre ellos y a presencia de los dos ejércitos; en este duelo murieron uno y otro.

Elevado Creonte a jefe del gobierno, prohibió, bajo pena de muerte, a todos los tebanos que dieran sepultura a los enemigos tendidos en el campo de batalla, y nadie se atrevió a contravenir la orden. Solamente Antígona, hermana de Polinice, menos sensible al temor de la muerte que al deseo de rendir a su hermano los honores fúnebres, burló la vigilancia de los guardas, salió de Tebas aprovechando la noche, buscó el cuerpo de su hermano y lo quemó. Sorprendida en tan piadoso oficio fué condenada a ser enterrada viva, pero ella se anticipó a su suplicio estrangulándose. Hemón, hijo de Creonte, que amaba a Antígona, precipitóse sobre el cadáver de la heroica princesa y allí mismo se dió la muerte a puñaladas.

§ 19. Tideo

El famoso guerrero TIDEO era hijo de Eneo, rey de Calidonia. Desterrado de su patria por un homicidio involuntario, encontró honroso asilo en la Argólide al lado del rey Adrasto que le dió en matrimonio una de sus hijas: la segunda acababa de desposarse con otro príncipe fugitivo, Polinice, hijo de Edipo.

Cuando Adrasto puso en pie de guerra su ejército para defender los derechos de Polinice al trono de Tebas, Tideo fué uno de los principales jefes del mismo, pero antes de romper las hostilidades, Adrasto, como prudente monarca, intentó mover a Etéocles a sentimientos de paz y de justicia y a este fin envió a Tideo a la corte de Tebas como embajador. La juventud guerrera de la ciudad se entregaba entonces a combates gimnásticos, como preludio de los crueles de Marte. Tideo, previa invitación a tomar parte en ellos, descendió a la liza y salió vencedor en todas las pruebas. Los espectadores prorrumpieron en muestras de admiración, pero sus rivales se sintieron hasta tal punto celosos y despechados por su derrota, que resolvieron prepararle emboscadas cuando retornara a su tierra y matarle. Tideo, después de haber resuelto con éxito sus negociaciones, tomaba confiadamente el camino de Argos cuando, de improviso, fué asaltado por cincuenta jóvenes tebanos completamente armados, a los cuales resistió bravamente. Ayudado por cinco amigos y protegido por Minerva supo evitar tan hábilmente sus acometidas y ganarles ventaja que, después de una lucha sin precedentes, exterminó el grupo de cobardes agresores. Sólo uno quedó con vida para que llevara a los tebanos la noticia detallada del desastre.

Durante el sitio de Tebas, Tideo demostró aun más su arrojo dando muerte con su lanza a muchos generales enemigos. Al fin, también fué él alcanzado por una flecha que le disparó Melanipo, hijo de Artaco. La herida era profunda y los dolores agudísimos, pero el deseo de venganza reanima sus fuerzas, y tomando un dardo lo lanza contra su adversario derribándole. Este último esfuerzo agota a Tideo, cuya sangre mana abundantemente por la herida. Sus amigos lo depositan en una altura, lejos del campo de batalla. Angustiado al ver que no puede ya combatir, ruega a los que le rodean que corran a recoger el cuerpo de Melanipo y lo traigan a su presencia. Capaneo se lanza en medio de la pelea y ve a Melanipo que yace en el polvo; lo recoge con vida aún, lo carga sobre sus espaldas y emprende veloz carrera. Tideo al ver a su enemigo siente como si la vida le brotara de nuevo, y en la exaltación de su alegría feroz hace decapitar al moribundo, coge entre sus manos su cabeza ensangrentada, la despedaza con sus dientes, abre el cráneo y arranca el cerebro. Minerva que acudía para socorrer a Tideo y devolverle su vigor prístino, se indignó tanto al ver tal barbarie, que le deja abandonado a su destino y asi exhaló el último suspiro.

§ 20. **Anfiarao**

ANFIARAO, célebre adivino y general del ejército, invitado
por Adrasto a que se uniera a los batallones que se aprestaban
para sitiar a Tebas, negóse a partir y se escondió, persuadido

Fig. 109. — Polinice ofrece un collar a Erifile

de que había de encontrar su muerte junto a los muros enemigos. Polinice, interesado más que ningún otro en el éxito de la
guerra, se dirige a Erifile esposa de Anfiarao, y le promete
un collar de oro cuajado de diamantes si quiere revelar a las
gentes de Argos el lugar en que se oculta su marido. La avaricia de esta mujer no puede resistir ál cebo del oro y Anfiarao
es indignamente traicionado. Este antes de partir hace jurar a
su hijo Alcmeón que, en el mismo instante que sepa su muerte,

mate a Erifile. En efecto: Anfiarao pereció en los comienzos de la expedición, pues Júpiter le hirió con un rayo precipitándole desde lo alto de su carro en las entrañas de la tierra. Sabedor Alcmeón de la fatal desgracia, cumplió la orden que recibiera y empapó sus manos sacrílegas con la sangre de su madre.

Tributáronse a Anfiarao honores divinos y en el Atica le fué erigido un templo cuyo oráculo era tan famoso como el de Delfos. Para consultarlo era preciso purificarse, abstenerse de tomar alimento durante veinticuatro horas y privarse de vino durante tres días: inmolábanle inmediatamente un carnero, extendíase en el suelo su piel y después de dormir sobre ella recibían durante el sueño la respuesta del dios.

§ 21. **Capaneo. — Partenopeo**

CAPANEO, príncipe de Argos, era esposo de Evadne. La historia lo presenta como hombre impío y blasfemo. Ante los muros de Tebas se jactaba de que tomaría la ciudad aunque Júpiter y todos los dioses juntos la defendiesen. Sobre su escudo llevaba por emblema un hombre desarmado que sostenía con la mano una antorcha, con esta divisa grabada en letras de oro: «Yo incendiaré a Tebas». Cansados los dioses de sus criminales jactancias, rogaron a Júpiter que le castigara, y éste le hizo perecer herido por un rayo. Su esposa, que le profesaba el más tierno afecto, no pudiendo sobrevivirle y aprovechando el momento en que su cuerpo era quemado en la hoguera, se lanzó a las llamas siendo por ellas consumida inmediatamente.

PARTENOPEO, príncipe arcadio y uno de los siete jefes, era joven, amable, de encantador aspecto; ganábase los corazones por su ingenio y por su gracia. Intrépido y valiente ante el enemigo, dulce y modesto con sus iguales, fué un hombre austero y hasta su muerte el modelo de los héroes de su patria.

§ 22. Los Epígones (1)

Con este nombre se designan los primogénitos de los siete jefes, que perecieron en la expedición contra Tebas, excepto Adrasto.

El ideal de los EPÍGONES era vengar a sus padres y tomar la ciudad de Tebas. Llevando por general al hijo de Anfiarao, Alcmeón, libraron un sangriento combate junto al pueblo de Glisas en el que el rey enemigo Laodama, que era hijo de Etéocles murió a manos de Alcmeón. Consternados los tebanos al saber su muerte consultaron a Tiresias sobre el partido que debían tomar ante tan funesta conyuntura, y el adivino les aconsejó que entregaran la ciudad. Los vencedores entraron en ella y la saquearon. Tersandro, hijo de Polinice, en quien recaía el derecho al trono de Tebas, tomó posesión de él y lo ocupó hasta su muerte sin quebranto alguno.

§ 23. Minos II. — Dédalo

MINOS II, rey de Creta y nieto de Minos I, tomó por esposa a Pasifae, hija del Sol. En el primer año de su reinado cometió la imprudencia de negarse a ofrecer a Neptuno un toro que había prometido inmolarle. El dios para castigarle sembró su vida de desgracias. Sus hijas Fedra y Ariadna, perecieron víctimas de su pasión; su mujer Pasifae dió a luz al Minotauro, monstruo medio hombre y medio toro, que se alimentaba de carne humana; su hijo Androgeo le fué arrancado por una muerte prematura.

Androgeo, que estaba dotado de especial habilidad para los ejercicios del gimnasio, había acudido a Atenas para optar al

---

(1) *Epígones* significa en griego *Descendientes*. Diomedes, hijo de Tideo, es el más célebre de los Epígones.

premio de la lucha, la carrera y el pugilato que se celebraban con motivo de las fiestas de Minerva. Los más famosos
atletas del Atica y de Megara habían acudido con el mismo fin.
Androgeo fué el único vencedor y obtuvo todos los premios.
La gloria y las coronas por él ganadas, excitaron la envidia de
sus rivales que le hicieron asesinar cuando iba a embarcarse con
rumbo a Creta. Minos, enloquecido de furor, juró vengar a
su hijo. Presentóse a los príncipes vecinos para solicitar su
alianza, armó una flota y se dirigió a sitiar a Megara. Escila,
hija de Niso, rey de esta ciudad, al divisar desde lo alto de la
ciudadela al rey de Creta al frente de sus soldados, sintió por
él vivo afecto. Tenía Minos figura apuesta y distinguida:
Escila, para agradarle, no tuvo reparo en hacer traición a su
padre y a su país. La suerte de la ciudad de Megara dependía
de un cabello purpúreo que Niso conservaba en su cabeza con
sumo cuidado. Escila se lo cortó mientras estaba durmiendo, y
lo ofreció a Minos como prueba inequívoca de su ternura. El
mismo día fué tomada la ciudad, pero la perfidia de Escila
causó tanto horror a Minos que éste no quiso dirigirle la
palabra ni aun verla. La desgraciada, muerta de vergüenza
se precipitó en el mar, pero los dioses la sostuvieron un
momento en su caída y la convirtieron en *alondra;* su padre,
a su vez, convertido en *gavilán* continuó persiguiéndola
encarnizadamente.

Temiendo Atenas que no le cupiese la misma suerte que
Megara, pidió la paz, que Minos le concedió a trueque de una
condición cruel, exigiendo que durante nueve años consecutivos los atenienses le enviasen siete jóvenes y otras tantas doncellas para que sirviesen de comida al Minotauro.

Mientras tanto el artista ateniense DÉDALO, que por orden
de Minos había construído el laberinto de Creta, moraba en
esta ciudad con su hijo Icaro, y pagaba con ingratitudes la
hospitalidad que Minos le otorgaba favoreciendo las andanzas
criminales de Pasifae, mujer intrigante y apasionada.

No pudiendo Minos contener más su cólera encerró a Dédalo y a Ícaro en el laberinto, quedando así largo tiempo cautivos en la inextricable morada, en la que debían acabar sus días. Dédalo, cuyo genio corría parejas con su audacia, pensó un medio para escapar de su prisión, y bajo pretexto de querer ofrecer un regalo a Minos, pidió a sus carceleros cera y plumas y con ello se construyó unas alas; pruébalas, se balancea en el aire, ya puede partir. Entonces dirigiéndose a su hijo le dice: «Hijo mío; vuela con prudencia y guarda siempre en los aires

Fig. 110. — Dédalo y Pasifae

una distancia conveniente. Si te elevas demasiado hacia el sol, su calor fundirá la cera de tus alas; si vuelas demasiado bajo, la humedad del mar las hará en extremo pesadas para tus débiles fuerzas. Evita uno y otro extremo y sígueme sin cesar». Diciendo estas palabras, Dédalo ajusta las alas a las espaldas de Ícaro, no sin verter lágrimas de temor.

Ícaro se levanta con vuelo tembloroso hacia nueva ruta; vacila, se estremece. Poco a poco cobra bríos y a poco ya no teme a nada, abandona su guía y se lanza hacia las altas regiones del éter. Entonces las ligaduras que sujetan sus alas se aflojan; el calor del sol derrite la cera, las plumas se desprenden, y en el momento en que lanzando un grito de espanto llamaba a Dédalo en su socorro, cae y

encuentra la muerte en el mar que según su nombre fué deno-
minado *icario* (1).

Esta fábula por su sentido natural significa que Dédalo, que
durante su cautiverio inventó el arte de poner *velas* a su barca,
pudo así escaparse de la isla de Creta tomando ventaja a los
navíos de Minos que le seguían a fuerza de remos. El bajel de
Icaro, mal dirigido, chocó contra los escollos y quedó destrozado.

Dédalo prosiguió su peligrosa carrera y vino a desembarcar
en Cumas, en Italia, y allí levantó un templo en honor de Apolo.
De aquí marchó a Sicilia donde reinaba Cócalo, que le ofreció
asilo y protección. Encarnizado Minos contra el fugitivo, no
tardó en presentarse con su flota ante las costas de Sicilia y
requirió de Cócalo que le entregara al prisionero. Negóse el
príncipe y como Minos insistiese con amenazas, propúsole que
desembarcara y viniera al palacio para acabar este asunto con
amistoso arreglo: Cócalo decía esto en sentido muy distinto.
Minos que desde su bajel apenas entendió nada, aceptó la proposición y acudió a la regia morada, donde fué recibido con los
más grandes honores. Estos honores, empero, encubrían un
engaño, pues llegado el segundo día fué conducido a una sala
de baño donde los esclavos le retuvieron tan largo tiempo que
el vapor del agua en ebullición le asfixió.

---

(1)   Este mar se extiende entre las islas de Quío, Samos, Patmos, Naxos y
Micona.

SECCIÓN CUARTA

Principales personajes de la Ilíada, la Odisea y la Eneida

§ 1. Primeros reyes de la ciudad de Troya (1)

TEUCRO, oriundo de la isla de Creta, fué el verdadero padre y fundador del pueblo troyano. Obligado por motivos que se ignoran a abandonar su país natal siendo joven aún, fijó su residencia en Frigia, cerca del estrecho del Helesponto, en la llanura regada por el Janto y el Simois, conquistando entre los habitantes de la comarca tal reputación de virtud y saber, que el rey Escamandro, que supo apreciar dignamente el mérito del extranjero, dióle en matrimonio a su hija única y le designó por sucesor suyo en el trono. Nada más se sabe de Teucro.

DÁRDANO, hijo de Júpiter y de Electra (una de las Hespérides), había nacido en Arcadia donde reinaba su hermano Jasio. Dárdano impulsado por una ambición excesiva, intentó y consiguió deshacerse de su hermano que era amado por sus súbditos y respetado por sus vecinos. Este crimen, empero, no pudo allanarle el camino para llegar a la tan deseada realeza, pues la indignación popular le obligó a expatriarse. Retiróse prime-

---

(1) La *Ilíada* y la *Odisea* son dos poemas griegos compuestos por Homero. La *Eneida* es obra del autor latino Virgilio, contemporáneo de Augusto.

ramente a la isla de Samotracia y después a Frigia, donde se desposó con la hija del rey Teucro al cual sucedió en el trono. Dárdano popularizó en el Asia Menor el culto a Cibeles, levantó al pie del monte Ida la ciudad de Dardania, que fué después la famosa Troya. Su reinado fué de larga duración y más dichoso de lo que cabía esperar de un príncipe que en los comienzos de su actuación había obrado como fratricida.

ERICTONIO, hijo de Dárdano, le sucedió sin oposición. Homero dice que «era el más opulento monarca del Asia».

TROS, hijo de Erictonio, dió el nombre de Troya a la ciudad capital de su reino, que hasta entonces se había llamado Dardania. Sus hijos Ilo, Asaraco y Ganimedes, han dejado un nombre en la historia. Ilo fué rey después de su padre, Asaraco fué abuelo de Anquises que a su vez fué bisabuelo de Eneas y por consiguiente el primer tronco del pueblo romano; Ganimedes, copero de Júpiter, unía a las prerrogativas de su alcurnia todos los dones exteriores por ser el más hermoso de los hombres y porque sus costumbres hacían honor a su aspecto. Huyendo de las diversiones frívolas de la corte, se retiraba muy a menudo a los bosques del monte Ida, pues allí las pasiones no turbaban su corazón. El cielo había enviado a la tierra un mancebo digno de mejor morada; tampoco Júpiter creyó rebajar la majestad divina descendiendo hasta los mortales para llevarse a Ganimedes y dar así un admirable ejemplo de su justicia y de su bondad. El dios tornóse águila, posóse sobre el monte Ida y transportó a Ganimedes a la mesa de los dioses.

Ilo tuvo especial empeño en embellecer la ciudad de Troya y fortificarla; al terminar los trabajos rogó a Júpiter que le diera una prueba visible de la duración y prosperidad del reino. A la mañana siguiente Ilo halló junto a su tienda el *paladio* que creyó bajado del cielo: era éste una estatuíta que representaba a Minerva sentada, empuñando con su mano derecha una pica y con la izquierda una rueca y un huso. Este prodigio atrajo la atención de todo el pueblo. Consultado el oráculo ordenó que se levantara en la ciudadela un templo a Minerva y en él se guardara religiosamente la estatua, cuya presencia preservaría a la ciudad de Troya de ser tomada por el enemigo.

LAOMEDONTE, hijo de Ilo, se hizo célebre en la antigüedad por su mala fe. Estaba ocupado en levantar las murallas de Troya cuando Apolo y Neptuno, al ser arrojados del Olimpo, vinieron a ofrecerle su ayuda en la empresa que traía entre manos. El ofrecimiento fué aceptado, pero después de terminar el trabajo Laomedonte negóse a pagar a los divinos arquitectos según habían convenido, añadiendo a la injusticia la amenaza. El castigo no se hizo esperar. Neptuno destruyó las murallas recien construídas e hizo salir del mar un espantoso monstruo que devoraba los habitantes en la misma ribera y se internaba en las campiñas vecinas sembrando la muerte entre los labradores. Ante esta calamidad, el rey consultó al oráculo y éste le manifestó que el azote había sido enviado por Neptuno. El dios exigía que los troyanos ofreciesen al monstruo uno de sus hijos sacado a la suerte. De la urna fatal salió el nombre de Hesione, hija de Laomedonte.

Atada con cadenas a la orilla del mar, la desgraciada princesa esperaba la muerte cuando Hércules, que navegaba con rumbo a la Cólquide, desembarcó allí con los Argonautas. Hesione le refirió su desventura; Hércules rompió sus cadenas y se encargó a la vez de matar al monstruo si Laomedonte le prometía en recompensa de la hazaña darle los caballos invencibles que poseía. Laomedonte no dudó ni un momento. Hércules, armado con todas sus defensas, se arrojó en la boca del animal y penetró hasta el fondo de sus entrañas donde permaneció tres días hasta que hubo agotado su sangre. Tan importante victoria bien valía una justa recompensa. Laomedonte, en cambio, negóse a cumplir su promesa y no quiso entregar los caballos. Hércules, viéndose burlado, no pudo contener su furor, saqueó la ciudad de Troya, asesinó al rey perjuro, llevóse a Hesione y la dió por esposa a Telamón, rey de Salamina.

Fig. 111. — Rapto de Ganimedes, por *Rembrandt*

§ 2. Príamo

PRÍAMO, hijo y sucesor de Laomedonte, se llamaba primeramente *Podarces*. Cuando su padre engañó al libertador de Hesione negándole la recompensa conquistada por su valor, Príamo intentó, por todos los medios que estaban en su mano, inspirarle sentimientos de justicia y que se mostrase propicio a la reclamación del héroe. Hércules, profundamente conmovido ante la generosidad y valor del príncipe, le concedió en prueba de su gratitud la ciudad y el trono de que acababa de apoderarse (1). Al cabo de pocos años esta ciudad, que tenía el aspecto de un montón de ruinas, renace más grande y más hermosa, ensánchase el imperio y adquiere mayor esplendor; se firman alianzas ventajosas con los principales monarcas del Asia Menor, el mismo Príamo, al casarse con Hécuba, viene a ser el yerno de un poderoso rey de Tracia llamado Dimante

Los más célebres hijos de Príamo fueron: Paris (llamado Alejandro), Héctor, Laocoonte, Deífobo, Heleno, Troilo, Polidoro, Ilionea, Creusa, Polixena y Casandra.

§ 3. Paris

Poco tiempo antes de que naciera PARIS, tuvo Hécuba un sueño extraordinario: soñó que llevaba en su seno un tizón encendido que prendería fuego al palacio y a toda la ciudad. Preguntado el oráculo sobre el sentido de esta visión, contestó «que la reina daría a luz un hijo que causaría la destrucción de su patria». Después de esta revelación, Príamo encargó a uno de sus oficiales llamado Arquelao que hiciera desaparecer al recién nacido, pero Arquelao, movido a piedad ante las lágrimas de Hécuba, limitóse a llevarlo al monte Ida y con-

---

(1) Según otra tradición, *Podarces* fué llevado cautivo con los demás troyanos; su rescate fué pagado inmediatamente, tomó el nombre de Príamo (que significa *rescatado)* y entró en posesión de la herencia paterna.

Fig. 112. — Hércules libertando a Hesione, por *Le Brun*

fiarlo a unos pastores que lo ocultaron y cuidaron de su educación. Paris llegó a ser el más bello, el más diestro y el
más bravo de los pastores frigios. Oenona, ninfa de los bos·
ques, prendóse de él y llegó a ser su esposa; su unión fué feliz
mientras vivieron ignorados y solitarios. La celebridad alcan-
zada por Paris, fué el peor
escollo para su dicha: tomó
parte en los juegos públicos
de Troya y triunfó de sus
rivales, siendo reconocido
por Príamo y acogido en
palacio.

Fig. 113. – Paris

La fama de las hazañas
de Paris llegó hasta la corte
celeste; Mercurio ensalzó
los méritos de este troyano
y aconsejó a los dioses que
le tomaran por árbitro en el
famoso debate que entonces
dividía el Olimpo. Habiendo
sido invitados los dioses y
las diosas, a las bodas de
Tetis y Peleo, solamente la Discordia fué excluída del festín,
por temor a que sembrase el desorden y la disidencia. Esta
afrenta la hirió en lo más vivo y de ella se vengó hábilmente.
Al final de la comida aparecióse la diosa envuelta en una nube
y arrojó sobre la mesa una manzana de oro que llevaba grabadas estas palabras: *A la más hermosa*. Y aquí principió la discordia. Paris fué llamado a actuar de juez entre las tres diosas
que pusieron en juego todas las seducciones posibles para
tenerlo favorable. Juno le prometió riquezas, Minerva la gloria
de las armas y Venus que le daría la más bella mujer del mundo.
Venus fué la preferida y en medio de los aplausos del Olimpo
obtuvo el premio de la belleza. Celosas y humilladas sus rivales,

resolvieron perder a Paris, a su familia y a toda la nación troyana.

Venus, que había prometido a Paris concederle la mujer más hermosa que en el mundo hubiera, eligió a Helena, hija de Tíndaro y esposa de Menelao, que vivía felizmente con su esposo en su palacio de Esparta.

Ningún obstáculo detiene a Paris: Venus le guía y le ayuda. Parte con un lujoso bajel; llega a Esparta y desembarca en medio del más suntuoso aparato. Una gracia divina resplandece en su persona. El monarca lacedemonio le recibe en su corte con todas las demostraciones de afecto: le destina la más rica de las habitaciones y en ella es servido por veinte escla-vos atentos a satisfacer sus menores deseos. En medio de las fiestas Paris no olvida un momento su proyecto y, para agradar a Helena, emplea las palabras más amables, las miradas más afectuosas, los más asiduos y obsequiosos cuidados.

Entre tanto Menelao se ve obligado a marchar a la isla de Creta por un asunto importante, deja a su esposa y se embarca. Al hallarse Paris solo al lado de Helena le abre su corazón y la conjura a que parta con él para Troya, su ciudad natal. Ella no sabe ya resistir a aquel en quien no halla sino encantos y parte con él, renuncia a su patria y abjura de sus sentimientos de esposa y de madre.

Al regresar Menelao y conocer el crimen del pérfido hués-ped, hace estremecer con sus gemidos todo el Peloponeso y la Grecia. Los capitanes, los príncipes y los reyes vecinos enar-decidos por la palabra vibrante de Menelao y ardiendo en deseos de vengar tan vergonzosa ofensa, reúnen en Beocia y en el puerto de Aulis sus naves, sus corceles, sus armas y todos los aparatos de guerra y se obligan a permanecer unidos hasta que Troya haya sido tomada y destruída por completo.

El mando general de la armada es conferido a Agamenón, rey de Argos y de Micenas y a la vez hermano del príncipe ultrajado. Pero un prodigio inesperado se opone a la partida de las naves griegas; en el mar no se advierte el más leve soplo de viento. Transcurren semanas y meses, la calma continúa y los remos agitan en vano las inmóviles ondas.

Piden consejo al adivino Calcas, que guarda silencio; al fin declara que es necesario aplacar la cólera de Diana ofreciéndole en sacrificio a Ifigenia, primogénita de Agamenón (1). «Solamente a este precio — profetiza Calcas, — los griegos podrán abrirse camino por el mar y destruir los muros de Ilión.»

Aterrado Agamenón al conocer el terrible oráculo y dispuesto a no permitir que su hija sea inmolada, ordena a Taltibio, uno de sus heraldos, que convoque a los jefes de la armada y les anuncie que no se celebrará la proyectada expedición; y que, por consiguiente, pueden regresar a su patria. Menelao, Ulises y el arrebatado Ayax no pueden soportar la idea de que Helena sea abandonada en manos de los troyanos y retornar vergonzosamente a sus hogares: ruegan y conjuran a Agamenón, halagan su orgullo, le hacen ver los laureles que le esperan y el esplendor inmortal que recaerá sobre su nombre: ¿acaso sería él capaz de avenirse a ser pasto de las habladurías de toda la Grecia y objeto de la burla de sus enemigos?

Los sentimientos del amor paternal ceden poco a poco a los de la gloria militar; la ambición ahoga la voz de la naturaleza. Agamenón accede al sacrificio que se le exige. Ifigenia no se hallaba entonces en Aulis; había quedado en Micenas al lado de su madre Clitemnestra con sus dos hermanas y Orestes. Para darle motivo de que viniera al campo, su padre fingió que antes que partiera la flota queríala desposar con el valiente Aquiles, con el que ya la unían fuertes lazos de amor. Al recibir la noticia, el corazón de Ifigenia se inunda de gozo, pero al llegar a Aulis y conocer la horrible verdad, desfallece ante la idea de la suerte que le espera; corre a su padre en demanda de compasión; se vale de todos los medios para moverle a clemencia y viéndole inexorable determina

---

(1) En una cacería, Agamenón había matado inconscientemente una cierva consagrada a Diana.

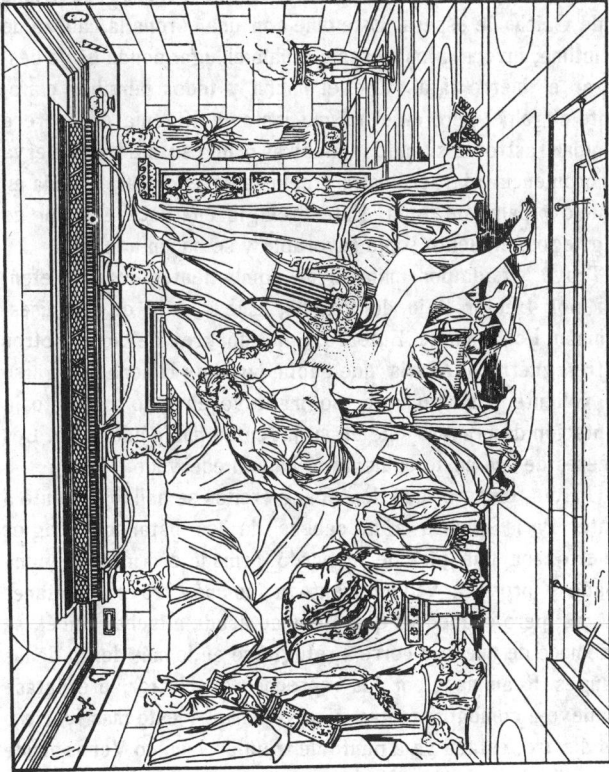

Fig. 114. — Paris y Helena

emprender la fuga con su madre. Considerando después los triunfos que se seguirían de su muerte, acepta resignada su destino; ella misma hace los preparativos de su sacrificio y marcha con paso firme hacia el bosque sagrado de Diana donde Calcas le espera. Este ciñe con una corona la cabeza de la víctima; invoca a los dioses y señala el lugar donde ha de descargar el hierro fatal. Cae el hacha y todos perciben claramente el golpe; pero en el mismo instante Ifigenia desaparece sin dejar rastro de su huída, mientras ocupa su sitio una cierva de corpulencia extraordinaria y belleza excepcional, tendida en el suelo y palpitante aún. Este prodigio enardece el valor de los griegos; el viento sopla favorable y se hacen a la vela.

Troya, sitiada por millares de combatientes, estaba defendida por Héctor, hijo de Príamo, Eneas, hijo de Anquises, Memnón, Polidamante, Euforbo, Sarpedón, rey de Licia, y otros ilustres guerreros. Paris, que había jurado a Helena mostrarse tan valiente como amante, no mantuvo en todo momento la reputación de bravura que en su juventud había adquirido. Los placeres de una corte opulenta le habían enervado.

Un día, empero, que los dos ejércitos se hallaban frente a frente, Paris avanza a la cabeza de los batallones frígios cubierto con una piel de leopardo, armado con un arco y una espada y provoca valientemente a los más bravos capitanes griegos; pero cuando ve que Menelao acude a luchar con él, se estremece de miedo y corre a refugiarse en lo más denso de las falanges. Reanimado por los reproches de Héctor, preséntase de nuevo a combatir contra su adversario, y éste más fuerte o más diestro, estaba ya a punto de triunfar, cuando Venus acude en auxilio de su protegido, le envuelve en una nube y lo transporta a su palacio junto a Helena. En otros encuentros mostró más valentía o fué más afortunado.

Herido, finalmente, por Filoctetes, y sintiéndose próximo a la muerte, mandó que le transportasen al monte Ida, donde se hallaba Oenona, que movida a compasión ante sus sufrimientos y pesares empleó todos los recursos del arte para curarle, pero la flecha estaba envenenada y Paris expiró a los pocos días, cuando transcurría el año noveno del sitio de Troya. Oenona, demasiado sensible a la muerte de un marido veleidoso, se dejó consumir por la tristeza y su cuerpo bajó al sepulcro a reunirse con el de Paris.

En cuanto a Helena, no se sabe exactamente cuál fué su conducta durante esta guerra. Homero asegura que la desdichada reina desde que abandonó a su primer esposo suspiraba continuamente y maldecía el instante en que había tenido la debilidad de dar oídos a un extranjero y fugarse de su país. Muerto Paris desposóse con Deífobo, que era también hijo de Príamo; pero después que Troya fué tomada le traicionó de la manera más indigna entregándole al puñal de los griegos, esperando que este acto le valdría la reconciliación con Menelao. Y así fué en efecto: el hijo de Atreo la perdonó y llevóla consigo a Grecia donde le esperaban nuevos sinsabores. La muerte le arrebató a Menelao que era su último apoyo: después fué echada del Peloponeso como si se tratara de una calamidad pública y huyó a Rodas al lado de la reina Polyxo. Esta en el primer momento la acogió bien, pero al día siguiente ordenó que fuese ahogada en el baño y colgada de una horca.

§ 4. Aquiles

AQUILES, hijo de la ninfa Tetis y de Peleo, nació en Ftia, ciudad de Tesalia; su madre, que quería hacerle invulnerable, descendió con él a los infiernos y le sumergió en las aguas de la laguna Estigia, olvidándose de sumergir su talón.

Aquiles fué educado por el centauro Quirón, que le enseñó la música, la medicina y el arte de combatir y le infundió vivacidad y fuerza alimentándole con tuétano de león. Para impedir que marchara a Troya, donde debía encontrar su muerte, según había declarado el oráculo, Tetis le envió a la corte de Licomedes, rey de la isla de Esciros, vestido de mujer. Entre tanto, y como la ciudad de Troya no podía ser tomada sin la ayuda de Aquiles, Ulises fué a Esciros disfrazado de mercader y ofreció a las damas de la corte joyas y armas Todas eligieron las joyas menos Aquiles que se decidió por las armas. Esta elección le delató. Viéndose obligada su madre a consentir su partida, le proveyó de un escudo fabricado por Vulcano, dándole además cuatro caballos inmortales. Acompañábale su mejor amigo Patroclo y guiaba el carro su caballerizo Automedón.

Fig. 115. — Peleo confía la educación de Aquiles al centauro Quirón

Llegado que fué Aquiles ante los muros de Troya, desplegó extraordinario valor: venció a Telefo, rey de Misia, a Cycno, nieto de Neptuno, a Pentesilea, reina de las Amazonas, y a Troilo hijo de Príamo.

Después de haber sitiado y tomado a Lyrnese, ciudad de Troade, pidió y obtuvo, como parte del botín, a Briseida, hija de Briseo, gran sacerdote de Júpiter. La belleza de la noble cautiva, su juventud y su talento cautivaron fácilmente el corazón del héroe. Aquiles trataba a Briseida con todo el respeto y las atenciones que su rango merecía; esforzábase en aminorar su dolor y endulzar la amargura de sus pesares, habiendo conseguido hacerse amar por la cautiva, cuando Agamenón, jefe supremo del ejército, hombre caprichoso y soberbio, abusando de su poder, mandó a dos de sus oficiales que se apoderaran de Briseida y la condujeron a su tienda.

Ultrajado Aquiles por tal afrenta, juró no pelear más por la causa de los griegos y se encerró en su tienda permaneciendo un año entero alejado del campo de batalla. Agamenón reconoció, al fin, lo injusto de su proceder y cuán necesario le era el brazo de Aquiles para poner fin a las victorias de Héctor, y devolvióle Briseida acompañada de ricos regalos. Pero era demasiado tarde; Aquiles se negó a aceptarla y permaneció obstinado en su negativa de luchar a favor de los griegos. Ni los ruegos de los generales, ni las reflexiones de Fénix, su viejo preceptor, ni las instancias de todos sus amigos pudieron determinarle a salir de su inacción.

Patroclo siguió el ejemplo de su amigo, compartió su resentimiento y en adelante no apareció ya al frente de los batallones. Esta discordia era fatal para los griegos y no podía durar por más tiempo; las fervientes exhortaciones de Néstor decidieron a Patroclo a volver a

Fig. 116. — Briseida

su puesto de honor. Aquiles le prestó su coraza, su casco y su espada.

A la vista de las armas de Aquiles los enemigos llenos de espanto emprenden la retirada. Patroclo derriba todo lo que ante él se ofrece; Sarpedón muerde el polvo, los ejércitos troyanos se precipitan sobre la ciudad lanzando espantosos alaridos, pero Apolo tiene compasión de ellos y envía a Héctor contra Patroclo. Héctor baja de su carro y comienza el ataque. Los dos héroes luchan con igual valentía. A su alrededor, troyanos y griegos, soldados y capitanes, se matan en confusión. Silban los dardos, las flechas vuelan por los aires y la tierra queda cubierta de cadáveres. En medio de la confusión general, Patroclo pierde su casco, su coraza y su espada. y ofrece a su adversario una victoria fácil: Héctor se lanza sobre él y le atraviesa de parte a parte.

Al saber Aquiles la muerte de su amigo no puede contener su rabia y siente renacer más ardiente que nunca su odio contra

Fig. 117. — Héctor y Andrómaca

los troyanos. Toma sus armas y obliga a los enemigos a refugiarse, en confusión, dentro de las murallas. Solamente Héctor se niega a abandonar la lucha, no quiere retirarse con los otros generales y permanece ante la puerta Escea, esperando impaciente poder luchar con Aquiles cuerpo a cuerpo. Hécuba y Príamo, temiendo por la vida de su hijo, le llaman, le tienden los brazos y le conjuran a que entre en la ciudad: Héctor permanece sordo a sus palabras y a las súplicas de su esposa Andrómaca, espera a pie firme y sin inmutarse al temible hijo de

Peleo. Aquiles se acerca esgrimiendo en su mano la formidable lanza.

Entáblase el combate que por momentos toma terribles proporciones. La victoria queda largo tiempo indecisa entre los dos rivales. De repente Aquiles se da cuenta que Héctor está desprovisto de coraza, dirige su lanza hacia el lugar que queda al descubierto y la clava en el pecho del troyano que rueda por tierra, inerte. Y vencedor, le despoja de sus armas, perfora sus talones y hace pasar una correa al través del sangriento agu-

Fig. 118. — Funerales de Héctor

jero; ata el cadáver a su carro, dirige sus corceles hacia las murallas y por tres veces les da la vuelta (1).

No contento aun Aquiles con esta venganza, ordenó que el cuerpo de Héctor fuera privado de los honores de la sepultura y abandonado a los buitres. Pero a la noche siguiente cambió de resolución conmovido ante las lágrimas del anciano Príamo que cayó a sus pies besándolos y rogándole una y muchas veces que le concediera los restos de Héctor. El cadáver, transportado a la ciudad, fué solemnemente incinerado. Andrómaca, Hécuba y Helena hicieron resonar en torno de la pira cantos lúgubres de desesperación.

Un año antes de que fuera destruída Troya, enamoróse Aquiles de Polyxena, hija de Príamo, pidióla y obtúvola por

_____

(1) Otros dicen que Héctor fué atado con un tahalí que le había regalado Ayax.

esposa, pero cuando se acercaba al altar nupcial fué herido en
el talón por una flecha que Paris le disparó y esta herida le
causó la muerte. Los griegos depositaron sus cenizas en el promontorio de Sigeo, no muy lejos de la llanura de Troya, levant-
táronle un templo y le rindieron honores divinos.

Neoptoleno o Pirro, hijo de Aquiles y de Deidamia, será
mencionado con frecuencia en el transcurso de nuestras historias.

§ 5. Ayax, hijo de Telamón

Ayax, hijo de Telamón, fué, después de Aquiles, el más
valiente de los griegos. Acudió al sitio de Troya con doce bajeles y distinguióse al frente de los combatientes de Megara y
Salamina.

Muerto Aquiles, Ayax y Ulises se disputaron las armas de
este héroe y cada uno defendió su pretensión ante la asamblea
de capitanes. Ayax invocó las hazañas por él realizadas y las
llevadas a cabo por su familia. Ulises hizo constar con tanta
habilidad como enardecimiento los servicios que había rendido
a Grecia; su elocuencia triunfó. Lleno Ayax de desesperación
por una preferencia que creía injusta, levantóse de la cama
durante la noche y, en completo estado de delirio, empuñó su
espada, recorrió el campo de los griegos y creyendo dar muerte
a Ulises, Menelao y Agamenón, degolló los carneros y las
cabras que pacían alrededor de las tiendas. Vuelto en sí de
su alucinación y al ver que era objeto de burla por parte
de los soldados, hundióse en el pecho la espada que Héctor
le había regalado. De la tierra empapada con su sangre
nació una flor semejante al *jacinto,* sobre la que se ven,
según dicen, las dos primeras letras del nombre de *Ayax.*
Su muerte ocurrió antes de que Troya fuese tomada. Los
griegos le erigieron un magnífico monumento sobre el promontorio de Reteo.

Teucro, hermano de Ayax, le había acompañado en su expedición a Frigia (1); y era tan hábil arquero, que decíase que había recibido del mismo Apolo el arco que manejaba. Al volver a Salamina, su patria, después de la expedición, fué acogido por el anciano Telamón con frialdad y de un modo hostil: «¿Dónde está tu hermano? ¿Qué has hecho para vengar a tu hermano? ¿Dónde están las cenizas de tu hermano?». A esta desconcertante acogida, siguió la orden de destierro perpetuo. Teucro se sometió sin abatirse y, acompañado de amigos fieles, se dirigió a Sidón donde residía el rey Belo. Sabedor de sus desdichas y su constancia, le dió algunos colonos fenicios con los que edificó en la isla de Chipre una ciudad a la que dió por nombre Salamina en la cual sus descendientes reinaron muchos siglos. Lo que el historiador Justino narra sobre el viaje de Teucro a España parece completamente fabuloso.

§ 6.   Telefo

TELEFO, hijo de Hércules y rey de Misia, casóse con una de las hijas de Príamo y se alió con este monarca para defender la capital de su reino sitiada por los griegos.

En un combate que libró junto a las costas de Misia, mató a muchos de sus enemigos y obligó a los restantes a huir. Su victoria hubiese sido completa si Baco, que protegía a los griegos, no hubiese hecho brotar de la tierra una cepa de vid con cuyas ramas enredáronse los pies de Telefo, ocasionándole su caída. Aquiles se precipitó sobre él y le hundió en su costado el hierro de su lanza. La herida ancha y profunda causábale acerbos dolores. El oráculo de Delfos le anunció «que esta herida no podía ser curada sino por el que la había causado». Solicitado Aquiles para que viniera al campo de Telefo y curara su herida, respondió que no era cirujano y que no tenía remedio

---

(1) *Teucro* y *Ayax* sólo eran hermanos de padre. La madre de Teucro era Hesione, hija de Laomedonte.

alguno para este mal. Pero Ulises, que sabía que Troya no podía ser tomada si los griegos no contaban entre sus soldados con un hijo de Hércules, explicó el oráculo de Apolo diciendo que la misma lanza que había producido la herida debía curarla. Aquiles consintió en raspar con un cuchillo la extremidad de su lanza y con la herrumbre que de allí sacó arregló un emplasto que Telefo aplicó sobre la herida, cicatrizándose ésta y quedando, al cabo de pocos días, completamente curado. Agradecido a este servicio, Telefo desertó del partido de Príamo y se unió al ejército griego (1).

§ 7. Laocoonte.—Sinon.—Destrucción de Troya

Cansados los soldados del ejército griego de la duración del sitio de Troya y convencidos de que esta ciudad era inexpugnable, pedían ávidamente a sus generales que les reintegraran a sus hogares. El descontento crecía de día en día y amenazaba una inminente sedición.

Entonces Ulises, que fué siempre fecundo en tramar astucias, concibió la estratagema más atrevida y más temeraria de que hace mención la historia, aplaudida por los capitanes dispuestos ya a aventurarlo todo. A este fin y con los abetos cortados en el monte Ida, hicieron construir un *caballo* enorme, tan alto como los más elevados muros de Troya y capaz de albergar en su vientre un batallón armado. Al mismo tiempo hicieron correr el rumor de que desistían de su empeño de tomar a Troya y que aquel caballo gigantesco era una ofrenda a Minerva para obtener por su intercesión un feliz retorno a su patria y aplacar la indignación de la diosa por el robo del paladio. En efecto, después de haber introducido en el vientre

---

(1) Los griegos y los romanos compusieron muchas tragedias sobre *Telefo*, de las cuales ninguna ha llegado hasta nosotros. En todas ellas aparecía este héroe, mendigo, vagabundo y colmado de infortunios; los sucesos en que descansa esta tradición son hoy completamente desconocidos.

del caballo los trescientos guerreros más escogidos, entre los cuales se contaban Ulises, Pirro, Estanelo y Menelao, fueron a ocultar sus naves detrás de la isla de Tenedos, situada a poca distancia de la orilla.

Al saberse en la ciudad la retirada de los enemigos, los transportes de júbilo se desbordan por todas partes, las puertas se abren de par en par y muchos se apresuran a salir para recorrer el lugar en que acampaban los griegos y las llanuras que desde hacía tanto tiempo habían ocupado. Algunos contemplan con extrañeza la ofrenda hecha a Minerva y la prodigiosa corpulencia del caballo. La juventud impetuosa pide que sea arrastrado hasta la ciudad e introducido en la ciudadela; los más avisados proponen que sin más rodeos sea precipitado al fondo del mar o que le prendan fuego. La incierta multitud duda entre los dos extremos, cuando, para dar ejemplo a todos, Laocoonte, gran sacerdote de Neptuno, arrebatado por la indignación, acude desde lo más alto de la ciudadela y les increpa de esta manera: «Desgraciados, ¡qué ceguera tan grande la vuestra! ¿Estáis seguros de la definitiva retirada de los enemigos? ¿Creéis que un presente de los griegos no encierra un engaño? ¿Tal confianza os inspira Ulises? ¡Tras estos pérfidos maderos se esconden muchos soldados enemigos!»

Dicho esto, dispara con su robusto brazo un dardo contra la armadura que forma el vientre y los flancos del monstruo. El dardo se clava allí y arranca un sordo ruido de armas y armaduras suficiente para inspirar serias sospechas, pero el pueblo no le concede ninguna importancia.

En este momento, llegan unos pastores frigios y profiriendo grandes gritos presentan al rey un joven desconocido con las manos atadas detrás de la espalda. Este, lejos de huir al verlos, se había puesto él mismo en sus manos: era un griego, hechura de Ulises, que él mismo había amaestrado para el papel que debía desempeñar. Llamábase Sinon y era hijo de Sísifo.

Después que hubo llegado a presencia de Príamo, por medio de un discurso artificioso que tenía todas las apariencias de la verdad, convenció a este rey de que el embarque de los griegos no era una ficción y que al construir un caballo de tamaño tan colosal sólo intentaban impedir que pudiesen introducirlo en la ciudad. Después añadió: «Si alguna vez pudierais conseguir emplazarlo en vuestra ciudadela, los griegos no intentarían ya jamás atacar de nuevo a los troyanos, sino al contrario, pues tales son los designios de la suerte, los troyanos se enorgullecerían de poder un día presentarse a las puertas de Micenas, ponerla sitio y devolver a los griegos centuplicados todos los males y calamidades que ellos les han infligido».

Fig. 119. — Laocoonte

Las palabras de aquel pérfido produjeron en todos los espíritus profunda impresión y el extraño suceso que a ellas se siguió hizo desaparecer toda irresolución y duda.

Dos serpientes de unas dimensiones monstruosas que habían salido de Tenedos, atravesaron el brazo de mar que separa esta isla de la tierra firme, se lanzaron sobre Laocoonte y sus dos hijos que a su lado estaban; se arrollan a sus cuerpos, los destrozan con crueles mordeduras y les ahogan con su hálito envenenado, después se dirigen lentamente al templo de

Minerva hasta los mismos pies de la estatua y se esconden tras de su escudo.

Los troyanos llenos de admiración ante este prodigio, no se detienen ya a deliberar. Quitan las cadenas a Sinon dejándole en completa libertad para entrar en la ciudad como le plazca; derrumban un trozo de muralla para abrir paso a la máquina fatal. Todos ponen manos a la obra, todos tienen a gloria tocar las cuerdas con que le arrastran hacia la ciudad. Jóvenes y doncellas cantan himnos en acción de gracias a Minerva, y el pueblo entero se entrega a los excesos propios de un día de fiesta.

Mientras tanto y a favor de la noche, la flota griega se acerca a la ribera. Los troyanos vencidos por la fatiga y el vino duermen con sueño profundo. Sinon se dirige al *caballo,* abre la puerta practicada en su flanco y por medio de largas cuerdas facilita el descenso a trescientos soldados que inmediatamente ocupan los puestos estratégicos La armada, que a su vez ha desembarcado, penetra en la ciudad por la brecha abierta en el muro blandiendo antorchas incendiarias, prende fuego a la ciudad, saquea las moradas más principales y hace una espantosa mortandad entre sus habitantes sin distinción de sexo ni edad.

Pirro se siente animado en extremo de un furor que se exacerba al recuerdo de la muerte de Aquiles; mata al joven Polites hijo de Príamo, se lanza de nuevo sobre el mismo Príamo espada en mano y a pesar de sus canas se la hunde en el corazón a presencia de Hécuba y ante el altar de Júpiter.

Uno solo de los hijos de Príamo, Heleno, fué exceptuado de la matanza, gracias a su condición de adivino. También Antenor, Anquises y Eneas fueron perdonados porque siempre reprobaron la conducta de Paris y habían aconsejado que Helena fuese devuelta a su esposo.

Los vencedores después de satisfacer su venganza, retornaron a sus barcos cargados de rico botín y levaron anclas. Cuatro cautivas reales; Hécuba, viuda de Príamo, sus hijas Casandra y Polixena, y Andrómaca, viuda de Héctor, constituían el más bello trofeo de su victoria.

§ 8. Antenor

ANTENOR, príncipe troyano y pariente de Príamo, recorrió durante su juventud las ciudades de Grecia, trabando amistad con muchas familias ilustres, y desde entonces sintió por el pueblo griego un vivo afecto que no pudieron borrar las hostilidades venidas por causa de Paris.

Durante el sitio de Troya, Antenor instó repetidas veces a Príamo para que Helena fuese devuelta a Menelao y, según Homero refiere, no cesó de aconsejar la paz y la necesidad de pedir el armisticio. Esta conducta moderada, empero, le hizo pasar por traidor. Fué acusado de haber mantenido inteligencia con Ulises, haber favorecido el rapto del paladio y haber inspirado a los griegos la idea de construir el caballo de madera. Lo que hay de cierto sobre ello es que en la catástrofe de Troya los vencedores le perdonaron la vida y respetaron su palacio.

¿Qué sucedió a Antenor después de la rendición de su patria? Sobre este particular reina la mayor oscuridad. Unos pretenden que partió con Helena y Menelao y que después de naufragar con ellos junto a las costas africanas, fijó allí su residencia y acabó en paz el resto de sus días. Otros, al contrario, aseguran que se quedó en Troade y reuniendo los pocos restos troyanos que se habían escapado de la matanza, fundó en esta comarca un nuevo reino. Una tercera versión que parece ser la más verídica, asegura que abandonó el Asia, atravesó innumerables mares, visitó las islas del golfo Adriático y al fin edificó en el continente veneciano la ciudad de Padua.

§ 9. Ayax, hijo de Oileo

Ayax, hijo de Oileo y rey de los locrios, equipó cuatro naves para la expedición del Asia. Era muy diestro en tirar el arco y lanzar el dardo, siendo además el más veloz en la carrera y el más fuerte de todos los griegos.

Mientras ocurría el saqueo de Troya, penetró en el templo de Minerva y con mano manchada todavía en la feroz carnicería perpetrada, arrancó del santuario a la sacerdotisa Casandra, hija de Príamo. Irritada Minerva al ver violada la santidad del templo, cuando Ayax retornaba de la expedición sumergió sus naves, pero él se salvó del naufragio y flotó con fortuna hasta posarse sobre una roca, profiriendo entonces estas palabras: «¡Me he salvado a pesar del poder de los dioses!»

Neptuno, que oyó la blasfemia, con un golpe de su tridente sumergió el peñasco y el impío fué devorado por las aguas.

§ 10. Nauplio

Palamedes, hijo de Nauplio, había muerto durante el sitio de Troya víctima de la calumnia que Ulises y otros jefes griegos levantaron contra él acusándole de estar en inteligencia con el enemigo (1). Nauplio, que alimentaba en su corazón un profundo rencor contra los asesinos de su hijo, esperaba solamente una ocasión favorable para vengarse y esta ocasión no tardó en ofrecérsele.

Después de la toma de Troya, cuando la flota griega retornaba triunfante a Europa, fué sorprendida por una gran tempestad que sumergió una parte de ella y arrojó el resto a las costas de la isla de Eubea. Al tener Nauplio noticia del desastre, hizo

---

(1) Palamedes, que estaba dotado de mucha penetración e ingenio, inventó el juego del ajedrez, añadió al alfabeto otras cuatro letras, perfeccionó la táctica militar y después de su muerte fué elevado a la categoría de los dioses.

encender durante la noche algunas fogatas sobre las rocas que
circundaban su isla atrayendo a aquellos parajes los barcos de
los griegos para tener la satisfacción de ver cómo se estrella-
ban contra los escollos. Muchos soldados y marineros perecieron ahogados, y los que consiguieron ganar la orilla con
ayuda de maderos o a nado, fueron allí mismo horriblemente
asesinados.

§ 11. Diomedes

DIOMEDES, jefe griego e hijo de Tideo, concurrió con los
de Argos al sitio de Troya y allí brilló por su valor heroico.
Batióse contra Héctor, hirió a Venus que había acudido en
auxilio de Eneas, clavó su lanza en el costado de Marte y

Fig. 120. — Lucha de Diomedes contra Marte

mató a muchos jefes troyanos. Homero lo compara a un rayo
que todo lo derriba, a un torrente desbordado que no reconoce
obstáculos. Protegido por la oscuridad de la noche entró con
Ulises en la ciudadela de Troya apoderándose del paladio;
antes habían robado también los caballos de Rheso, rey de
Tracia, y habían dado muerte a este príncipe cuando acudía
con su ejército a auxiliar a los troyanos.

Después de la destrucción de Ilión, Diomedes volvió a la Argólide donde quería fijar su residencia, pero los sinsabores domésticos obligáronle a marcharse del país. Dirigióse a Italia y se estableció en la provincia llamada Magna Grecia, donde edificó la ciudad de Argiripa, llamada hoy Arpi. Al morir, sus compañeros le lloraron tan amargamente, que los dioses conmovidos de su dolor les convirtieron en *cisnes*. Al tomar esta nueva forma tendieron el vuelo hacia una isla del mar Adriático; allí se distinguían por las caricias que prodigaban a los griegos y por el desvío que sentían por los extranjeros: diéronles el nombre de *aves de Diomedes*.

§ 12. Filoctetes

FILOCTETES, hijo de Pean, era amigo y compañero de Hércules. Este, momentos antes de morir, había hecho jurar a Filoctetes que no revelaría a nadie el sitio en que dejaba escondidas sus flechas; pero como el oráculo de Delfos había anunciado a los griegos «que no podrían tomar la ciudad de Troya hasta que estuviesen en posesión de dichas flechas», enviaron a Ulises al encuentro del hijo de Pean, para que consiguiera hacerle declarar dónde se hallaba el precioso depósito. Negóse a ello Filoctetes, pero al animarse la conversación golpeó el suelo con el pie sobre el sitio en que estaban escondidas: Ulises interpretó aquel gesto, cavó el suelo y encontró las flechas.

Filoctetes se embarcó para el Asia junto con Agamenón, Ulises y los otros jefes a pesar de la antipatía que sentía por ellos. Durante la travesía, habiéndose escapado de sus manos una de las flechas que manejaba, le hirió en el pie, despidiendo la herida tal hedor que los griegos, instigados por Ulises, desembarcaron a Filoctetes en un rincón de la isla de Lemnos y allí le abandonaron, permaneciendo nueve años en esta costa desierta, solo, sin socorro alguno, sin consuelo y entregado a horribles sufrimientos, expuesto noche y día a la voracidad de las bestias salvajes.

Entre tanto y como el sitio de Troya iba prolongándose indefinidamente, acordáronse de que el oráculo de Delfos les había anunciado que les era imposible acabar la guerra hasta que tuvieran en su poder las flechas de Hércules. Hacía falta, pues, ir al encuentro de Filoctetes, apagar sus resentimientos y conducirlo al campamento. Ulises se encargó del difícil cometido, y supo disponerle tan bien por medio de sus palabras insinuantes, sus halagos y sus ruegos, que al fin consiguió aplacarlo. Trasladóse Filoctetes al campo de los griegos y fué curado de su herida por Macaón, hijo de Esculapio.

Entonces acreditó su valentía realizando brillantes hazañas. Hizo entre los troyanos una feroz carnicería, luchó con Paris y le mató; pero al terminar el sitio de Troya se negó a volver a Grecia, su patria, sea porque su padre no existía ya, sea para no volver a ver los lugares en que su amigo Hércules había muerto. Partió, pues, con un grupo de tesalios y se estableció en Calabria, donde fundó la ciudad de Petilia.

Según los antiguos mitólogos, Filoctetes no fué herido en el pie por una flecha sino por la mordedura de una víbora que Juno había mandado contra él para castigarle por haber asistido a Hércules en sus últimos momentos y haberle tributado los honores de la sepultura.

§ 13. Idomeneo

IDOMENEO, rey de Creta, acudió al sitio de Troya acompañado de su pariente próximo, Meriones, distinguiéndose ambos por su bravura. Después de incendiada la ciudad, Idomeneo se hizo a la vela con rumbo a Creta, pero surgió en el mar fuerte tempestad acompañada de un viento tan contrario a su navegación, que el piloto anunció que el naufragio era inminente e inevitable. Idomeneo, levantando sus manos al cielo invocaba a Neptuno con estas palabras: «Poderoso Dios que gobiernas en el reino del mar, ¡dígnate oír los ruegos de un desgraciado! Si me concedes que vea la isla de Creta, a pesar de la furia de los vientos, *te inmolaré la primera cabeza que ante mi vista se presente*».

Salvado de la tempestad, llegaba ya Idomeneo al puerto deseado dando gracias a Neptuno por haber acogido benignamente sus ruegos; pero muy pronto el presentimiento de su desgracia le hizo sentir amargo pesar por su voto indiscreto; pensó que llegaba a su tierra y a su casa y que volvería a ver lo que más amaba en el mundo. Salta a tierra y apenas se atreve a levantar los ojos. Ve que su propio hijo sale a su encuentro: Idomeneo retrocede lleno de horror, busca en vano alguna otra persona que le pueda servir de víctima. Todos le rodean, intentan calmar su excitación y le proponen un medio de cumplir su voto sin cometer un crimen. Idomeneo pálido, triste, abatido, no profiere palabra alguna. De repente y como si una Furia le persiguiera, deja estupefactos a los que le rodean, lánzase contra su hijo y le clava su espada en el pecho. El pueblo indignado se levanta contra este padre fanático y le colma de tantas maldiciones y amenazas, que Idomeneo no halla tranquilidad sino refugiándose en sus barcos. Embárcase, pues, y se entrega a merced de las ondas.

Los vientos le condujeron a Italia, desembarcando en las costas de Calabria donde fundó la ciudad de Salento a la que dió leyes sabias, dignas de Minos, su abuelo.

§ 14. Néstor

NÉSTOR, hijo de Neleo, reinó en la ciudad de Pilos y en toda la Mesenia.

Siendo ya Néstor octogenario, condujo los soldados de Mesenia al sitio de Troya, y mientras duró la guerra fué admirado por su profunda sabiduría, sus moderados consejos y su elocuencia tan dulce como persuasiva. «¡Ojalá tuviera yo diez Néstores en mi ejército — decía Agamenón, — muy pronto veríamos caer los muros de Ilion y las riquezas de esta ciudad opulenta serían el premio de nuestro valor!»

Este ilustre anciano sobrevivió a la expedición de Troya y volvió a Pilos, donde vivió en paz, rodeado de numerosa familia que le profesaba veneración y estima y atendía sus consejos como si fuesen oráculos.

Antíloco, hijo de Néstor, le acompañó en su expedición al Asia y se distinguió en diversos encuentros por su valentía. Su afecto filial le causó la muerte. Viendo un día a su padre luchando en lo más intrincado de la pelea y a punto de ser herido por una lanza que le dirigía Memnon, se interpuso entre los dos combatientes recibiendo el golpe mortal.

§ 15. Ulises

ULISES, rey de Itaca y de Duliquio, era hijo único de Laertes y Anticlea.

Hacía solamente dos años que se había desposado con la bella Penélope, hija de Icario, cuando estalló la guerra entre griegos y troyanos. El amor que sentía por su joven esposa le hizo arbitrar toda clase de subterfugios para librarse de formar parte en la armada que partía para sitiar a Troya. Y aun fingió padecer ataques de locura: ató a un arado dos bestias de diferente especie, entreteniéndose en arar la arena del mar, sembrando sal en vez de trigo. Pero Palamedes, que sospechaba el engaño, colocó al pequeño Telémaco, hijo de Ulises, en la dirección que éste debía abrir el surco; el padre levantó la reja del arado para no causar daño alguno al pequeño, demostrando de esta manera que su demencia era fingida.

Obligado a partir, se señaló durante esta larga guerra por su prudencia consumada, su valor y sus estratagemas.

Vino a Lemnos en busca de Filoctetes, que estaba en pose-

sión de las flechas de Hércules, sin las cuales Troya no podía
ser tomada. Entró por la noche en la ciudadela de Ilión y arrebató del templo de Minerva el paladio que los troyanos guardaban allí con tanta devoción y cuidado; Diomedes le acompañó
en esta hazaña. Con la cooperación de este guerrero se apoderó de los caballos de Rheso, rey de Tracia, y le mató. A la

Fig. 121. — Ulises en la caverna de Polifemo

muerte de Aquiles le fueron adjudicadas las armas de este
héroe con preferencia a Ayax, hijo de Telamón.

Cuando Troya fué tomada, Ulises se embarcó con rumbo a
Itaca, pero la fortuna no cesó de mostrársele adversa durante
diez años. Anduvo errante por todos los mares asediado por
continuos peligros.

Un huracán le arrojó sobre las costas de Ciconia, donde
muchos de los suyos murieron. De aquí fué llevado al África, al
país de los lotófagos; estos ofrecieron a algunos de sus compañeros frutas tan deliciosas que fué preciso hacerles violencia

para obligarles a volver a las naves. Los vientos le empujaron
después, hasta las costas de Sicilia donde moraba el espantoso
cíclope Polifemo, hijo de Neptuno. Este sorprendió a Ulises a
la orilla del mar y lo encerró juntamente con sus compañeros en un antro mal iluminado donde guardaba sus rebaños y
donde el cíclope se hartaba cada tarde con bebidas embriaga-
doras y saciándose
de sangre humana.
El rey de Itaca, sin
inmutarse, entabla
conversación con el
cíclope, le cuenta
sus aventuras, le en-
tretiene y le escan-
cia pródigamente el
líquido embriagador.
Polifemo saturado
de vino, bosteza y se
duerme. Ulises coge
entonces una enorme

Fig. 122. — Fuga de Ulises

estaca y la clava en el único ojo de Polifemo. El gigante al
sentirse herido, lanza gritos espantosos, se levanta y recorre
lleno de furor la caverna que retumba con sus alaridos. Para
esquivar sus largos brazos extendidos, Ulises y sus compañeros
se esconden y se agachan entre las ovejas que eran, como su
amo, de estatura desmesurada. Viendo después que el cíclope
andando a tientas apoyaba sus manos sobre el lomo de las
ovejas, se colocan bajo ellas agarrándose fuertemente. Al
despuntar el día, cuando el monstruo colocado a la entrada
de la cueva hace salir una a una todas las ovejas, los cautivos
logran evadirse.

Después de sortear estos peligros, Ulises arribó a las islas
eolias situadas entre Sicilia e Italia. Eolo, que era el rey de
aquel país, se mostró encantado de la sutileza y elocuencia

de Ulises, le colmó de pruebas de afecto y le dió unos grandes odres en que estaban encerrados los vientos contrarios a su navegación; pero los soldados de Ulises llevados de una funesta curiosidad, abrieron los pellejos y escapáronse los vientos levantando una tempestad que arrojó la flota a las playas de Campania, en medio de unos pueblos antropófagos llamados *lestrigones.*

Ulises delegó a tres de sus compañeros para que se presentasen al rey, lo que no pudieron hacer por hallarse ausente en aquel momento. La reina, que era una especie de ogresa tan alta como una montaña, les admitió a su presencia y mandó llamar a su esposo, devorando, entre tanto, uno de aquellos desgraciados. Los otros dos se refugiaron a todo correr en los bajeles. El rey, llamado Antifate, congrega a grandes gritos a los lestrigones, que acuden presurosos a su voz, toman enormes piedras y las lanzan a modo de lluvia sobre la flota de Ulises, recogen los marinos heridos y los ensartan como si fuesen peces en un cable enorme, llevándolos consigo para devorarlos.

Ulises, que no había abandonado su barco, alejóse lo más rápidamente que pudo de aquellas tierras bárbaras, lamentando la ignominiosa muerte de sus bravos compañeros.

Llegó con un solo barco a la isla de Ea, donde moraba la maga Circe que le cautivó con sus encantos y le retuvo un año a su lado.

Las propias faltas y tropiezos hicieron de Ulises el hombre prudente en extremo; resistió a las melodiosas incitaciones de las Sirenas, sorteó felizmente los escollos de Escila y Caribdis y tomó tierra en Sicilia, en la famosa ribera donde Lampecia, hija de Apolo, guardaba los rebaños de su padre dios aquellos innumerables rebaños que todos debían considerar sagrados e intangibles. Ulises se refugió en esta playa para descansar de sus fatigas y recomendó vivamente a sus compañeros que respetasen el ganado sagrado. Las órdenes de Ulises fueron cumplidas mientras no se agotaron las provisiones, pero en cuanto se acabaron los víveres y el hambre se hizo sentir, capturaron cuatro bueyes y cuatro terneras y las degollaron. Apenas tuvo Apolo conocimiento del desafuero rogó a Júpiter que tomara venganza y el príncipe de los dioses aturdió a los profanadores con una espantosa prueba de su cólera: los pellejos de los bueyes y las terneras se animaron y se pusieron en marcha, las carnes que estaban en el asador empezaron a mugir y las carnes crudas contestaron a sus mugidos. Llenos de espanto ante tal prodigio los marineros se refugiaron en sus barcos y partieron, levantándose en el acto una tempestad tan terrible que hundió los bajeles y con ellos a los que en los mismos navegaban. Solamente Ulises quedó exceptuado, ya que no había tenido parte alguna en el sacrilegio; los dioses le depararon un trozo de timón, mediante el cual pudo salvarse.

Los vientos le arrojaron a la isla de Ogigia (1) donde reinaba la ninfa Calipso, hija del Océano; ésta le recibió con vivas demostraciones de alegría y le ofreció hacerle inmortal si prometía olvidarse para siempre de Itaca y acabar allí tranquilamente el resto de su vida.

Pasaron meses y años y Ulises continuaba en la morada mágica de esta reina opulenta cuya admiración y afecto por su huésped crecían de día en día. Los dioses intervinieron al fin y Mercurio le reintegró a sus deberes de padre, de esposo y de rey.

Después de abandonar Ulises la morada de Calipso, se hizo a la vela con rumbo a su patria, halagándole sobremanera llegar a ella sano y salvo, cuando Neptuno, que no le perdonaba la herida que había causado a su hijo Polifemo, desató un furioso huracán que encrespó las olas y sumergió el navío de Ulises hasta el fondo de las aguas, pudiendo conseguir después de muchos esfuerzos y a duras penas, llegar a nado a la isla de los Feacios, cuyo rey Alcinoo le acogió afablemente y

(1) *Ogigia,* isleta que se cree que estaba situada junto a la isla de Malta.

le equipó un bajel para que pudiera continuar su viaje. (Véanse los dos parrafos siguientes.)

§ 16. Nausica

Contemporáneamente a la guerra de Troya, Alcinoo reinaba en el país de los Feacios, ricos habitantes de Córcira, hoy Corfú. Su palacio era magnífico; sus deliciosos jardines produ-

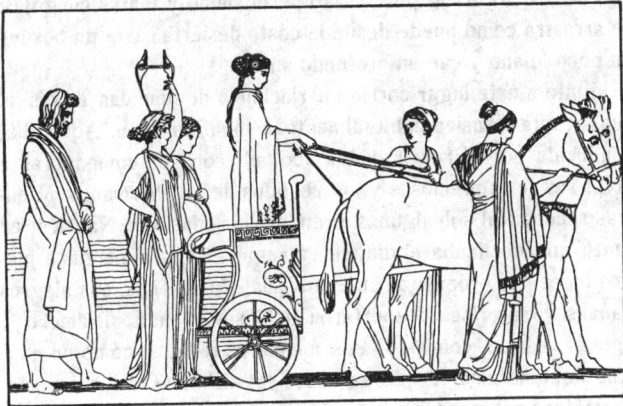

Fig. 123. — Nausica

cían en todo tiempo las flores más bellas y las más sabrosas frutas. Su familia parecía reproducir el cuadro de la inocencia y las costumbres antiguas: sus hijos no tenían más servidores que ellos mismos; su esposa daba ejemplo de trabajo y economía. Su hija, la amable y pudorosa NAUSICA, compartía con su madre los cuidados del hogar y atendía a los más insignificantes pormenores; hilaba, tejía la lana, limpiaba su ropa y la de sus hermanos. Minerva, la diosa de las artes, velaba sobre ella y la dirigía en todos sus actos y sus pasos. Esta diosa protegía también al prudente Ulises, errante por los mares y juguete de la suerte.

Al abandonar Ulises la isla de Ogigia creía ya acabadas sus desgracias cuando un nuevo vendaval derribando su nave le amenazó con una muerte inevitable; pero en el momento en que parecía que el abismo iba a tragárselo, se ofreció ante sus ojos una tabla de salvación; Ulises se agarra a ella, lucha tres días y tres noches contra el furor de las olas y consigue, al fin, llegar a las playas de Corcira, para él completamente desconocidas y donde sus ojos mortecinos no descubren ni casas ni habitantes. Agotado por la fatiga, el sueño y tantas congojas, se arrastra como puede desde la costa desierta hasta un bosque un poco lejano y cae en profundo sueño.

Junto a este lugar corría un riachuelo de límpidas aguas, al cual acudía Nausica habitualmente a lavar su ropa. Aquel día, conducida por Minerva, había ido allí con sus compañeras a lavar sus telas preciosas y los vestidos de sus hermanos. Mientras secaban al sol algunas prendas húmedas aún, Nausica, en tanto que declinaba el día, se entregaba con sus amigas a juegos inocentes propios de su edad. Sus expansiones, sus alegres danzas y sus risas despertaron a Ulises, pálido, deshecho y apenas vestido, con todos sus miembros tullidos, como un náufrago que ha visto de cerca todos los horrores de la muerte. Levántase sobrecogido de temor, pues ignora si la tierra donde se ha refugiado es una guarida de antropófagos. La voz de las doncellas le tranquiliza y Ulises cobra ánimos: mira a través de la espesura para afirmarse en su esperanza. ¿Pero cómo le será posible aparecer ante las jóvenes en el estado en que se halla? Cubre su cuerpo con hojas y follaje y al fin se decide a salir de su escondite. Ulises se acerca; las jóvenes feacias, espantadas a la vista de un extranjero, lanzan un grito y huyen a todo correr, excepto Nausica, a cuyos pies se prosterna el desventurado implorando ayuda y asistencia, pidiéndole, ante todo, un vestido que le permita presentarse decentemente.

Nausica movida a compasión, llama a sus amigas, las insta a que acudan a prestar socorro al extranjero, y les dice: Júpiter es el que nos envía a los pobres y mendigos; dadle de comer y llevadle a la orilla del mar en un sitio retirado y al abrigo de los vientos para que pueda bañarse. Dejad a su lado este vaso de esencia y los vestidos que necesite.

Minerva se dignó intervenir en el aseo de Ulises. Cuando éste se presentó de nuevo ante Nausica, no era ya el mismo hombre de antes. El náufrago agotado y lívido, habíase tornado un héroe, cuya virilidad y noble porte delataba al jefe y caudillo habitual, causando en la bella princesa tal impresión que no pudo menos de decir a la más íntima de sus confidentes: «¡quieran los dioses que el esposo que mi padre me destina se parezca a este extranjero!»

Ulises llega al palacio y al divisar a Alcinoo y su mujer póstrase y en esta actitud humilde espera su decisión. Alcinoo lleno de benevolencia le levanta y le hace sentar. Sus criados preparan la mesa y la llenan de manjares exquisitos. La tarde se pasa en diversiones, música y afectuosas conversaciones. Alcinoo corona tan buena acogida prometiendo a su huésped poner a su disposición desde la mañana siguiente el mejor de sus navíos para que pueda marchar a Itaca. Ulises corresponde a tales obsequios haciéndoles una minuciosa exposición de sus aventuras y desgracias. El esposo de Penélope inspira a todos los que le escuchan el más vivo interés y el afecto más sincero. El bajel estaba aprestado ya, y Ulises embarcó colmado de regalos. Nausica le dispensó con toda ingenuidad una emocionante despedida y sus ojos siguieron por mucho tiempo el rastro que dejaba el navío sobre las aguas.

§ 17. Penélope

PENÉLOPE, mujer de Ulises, era la más virtuosa y la más tierna de las esposas. Por ende se puede presumir cuáles serían sus añoranzas mientras duró la prolongada ausencia de Ulises y también cuál sería su dolor y sus temores cuando, después de tantos años, veía que su esposo no regresaba con los otros príncipes de Grecia.

La hermosura de Penélope, su talento y sus virtudes, habían atraído a Itaca numerosos pretendientes que se esforzaban en persuadirla de que su esposo seguramente había muerto y que debía casarse de nuevo. Penélope eludía hábilmente sus encuentros y rehusaba sus peticiones. Pero cada día aumentaban los importunos y, llenos de audacia, habían ya invadido el palacio, instalándose en él, prodigando los festines y disponiendo de todo como verdaderos señores. Penélope vióse obligada a ceder en apariencia: los convocó y declaró que estaba resuelta a elegir esposo entre todos ellos tan pronto como hubiera acabado de bordar la tela que confeccionaba para envolver el cuerpo de su suegro Laertes, cuando este anciano, consumido por las enfermedades, dejara de existir. Penélope durante el día se entregaba a su tarea con la más viva asiduidad, pero cada noche deshacía lo que durante el día había bordado. Gracias a este artificio pudo entretener a los pretendientes durante tres años consecutivos. Traicionada, al fin, por una de sus esclavas, vióse obligada a acabar la tela (1).

Fig. 124. — Penélope

Habían transcurrido hasta el momento veinte años desde que Ulises partió de su lado. Penélope había agotado ya todas

---

(1)   De una empresa que no tiene fin o que no conduce a nada, se dice proverbialmente que *es la tela de Penélope.*

sus ardides y todos los medios de dilación. Los pretendientes
demostraban una impaciencia sin igual y su cólera se traducía en
lamentos y reproches instándola con estas palabras: «—Hora es
ya, bella Penélope, de que os decidáis: si el rey, vuestro esposo,
existiese aún, seguramente estaría de vuelta: las aguas del
mar deben haberlo tragado junto con sus soldados. ¿Por qué,

Fig. 125. — Penélope destejiendo su tela

pues, guardar fidelidad a unos manes insensibles? El Estado
necesita un caudillo. — Ay de mí — contestaba Penélope, —
¿por qué me proponéis tales cosas y por qué me acosáis de esta
manera? Os conjuro a que esperéis aún un poco más. La
muerte de un héroe como Ulises causa sensación; la noticia
de su fallecimiento hubiera llegado a mis oídos. Tal vez, arrojado por las olas a alguna isla desierta, vuelve sus ojos hacia
Itaca esperando solamente que un viento favorable le permita volver. No obstante, y ya que el Estado necesita un
jefe, he aquí el arco de Ulises. Sólo un héroe es capaz de
manejar este arco; aquel de entre vosotros que pueda doblarlo
será mi esposo.»

Penélope sabía a qué genero de hombres afeminados proponía tal desafío; ellos aceptaron. El pueblo acudió en tropel a su palacio. Cada uno de los pretendientes se esforzó por salir vencedor de la prueba decisiva. Penélope, tranquila entre los espectadores, sonreía bajo el velo y se felicitaba de aquel procedimiento que debía librarle de tantos importunos. En efecto: ninguno de ellos consiguió lo propuesto; el arco rebelde resistió a sus débiles manos.

Un hombre mal vestido y de un porte vulgar, cruza entre la multitud y se presenta en la lid asegurando a grandes gritos que lo doblaría. La gente apenas le hace caso. El insiste, invoca la equidad de los jueces, las leyes del combate y la palabra dada por la reina. No se le puede negar lo que él pide. Toma el arco en sus manos y al primer esfuerzo lo dobla, mientras exclama, mirando al pueblo estupefacto: «—Reconoced por este acto de vigor a vuestro rey Ulises, esposo de la casta Penélope—y después, recogiendo algunos dardos y dirigiéndose a sus súbditos, añade:—Amigos, seguidme; exterminemos esta raza de insolentes y parásitos». La revolución fué instantánea; todos los pretendientes, excepto el cantor Femio, fueron asesinados. El anciano Laertes halló nuevamente un hijo, Telémaco un padre y Penélope su esposo muy amado.

§ 18. Telémaco

Telémaco, hijo de Ulises y Penélope, se hallaba en la cuna cuando su padre partió para el sitio de Troya.

El tierno Telémaco creció al lado de su madre a la sombra de sus virtudes y su prudencia, llegando a ser el más aventajado de los niños de su edad. Al cumplir los quince años, el deseo de ver a su padre, cuyo paradero desconocía, le llevó a abandonar su patria y recorrer muchos mares. Néstor, rey de Pilos, le dispensó una acogida afectuosa y le persuadió a que marchara a Esparta al encuentro de Menelao y Helena. Estos le recibieron con toda consideración y procuraron por todos los medios distraerle durante algunos días de sus justas ansias.

Los dioses protegieron tanto afecto filial, y Minerva, en la persona de Mentor, se dignó servirle de consejera, guía y apoyo (1) Finalmente volvió a Itaca, donde Ulises había desembarcado la víspera, y le ayudó a luchar y exterminar a los pretendientes (2).

§ 19. Hécuba

HÉCUBA, viuda de Príamo, durante el sitio de Troya había presenciado la muerte de casi todos sus hijos. Al caer cautiva de los vencedores correspondió en suerte a Ulises a quien detestaba; éste por su parte no guardaba miramiento alguno por la edad, ni el rango ni las desventuras de la ilustre troyana.

Habiendo embarcado los griegos con rumbo a su país se detuvieron en las costas del Querso-neso, en Tracia, para tributar una vez más al divino Aquiles exequias fúnebres. Junto al cenotafio aparecióseles la sombra sangrienta del héroe y les anunció «que para salir felizmente del Querquesso no tenían más remedio que inmolar a los manes a

Fig. 126. — Hécuba

Polixena, hija de Hécuba, que en otro tiempo le había sido pro-

---

(1) Ulises había confiado a su amigo Mentor el cuidado de su familia y la administración de sus asuntos.
(2) Las múltiples aventuras con que Fenelón tejió su novela del *Telémaco* no se hallan referidas en ningún escritor de la antigüedad.

metida en matrimonio». Los griegos no titubearon en dar cumplimiento a la voluntad de su jefe y amigo. Polixena fué llevada al altar del sacrificio y Hécuba presenció el doloroso holocausto. Conducida después ésta a la mansión de Polimnéstor, rey de Tracia, al cual durante la guerra había confiado a su hijo Polidoro juntamente con importantes riquezas, la infortunada supo que aquel bárbaro había asesinado al príncipe y dilapidado sus tesoros. Arrebatada y furiosa penetra en el palacio, se precipita sobre el asesino, le arranca los ojos, y le hubiera quitado la vida si los satélites del rey, que acudieron al oír el ruido, le hubiesen dado tiempo para ello. Los soldados la arrojaron fuera del palacio y la persiguieran a pedradas. Hécuba, fuera de sí, corrió tras las piedras, quedando metamorfoseada en *perra;* al querer abrir su boca para lamentarse de su destino, pudo sólo proferir aullidos.

§ 20. **Andrómaca**

ANDRÓMACA, esposa de Héctor, le profesaba tan vivo afecto que, según Homero refiere, «cuidaba ella misma de sus caballos y les daba de comer y beber». La despedida que medió entre los esposos cuando Héctor partió para tomar parte en el combate que le costó la vida, constituye una de las más bellas y emocionantes páginas de la Ilíada. Fácil es, por otra parte, figurarse cuál sería la desesperación de Andrómaca al saber que su marido había muerto a manos de Aquiles y los ultrajes inferidos a su cadáver. Después de la destrucción de Troya, Andrómaca pasó por el dolor de ver a su hijo Astianax, que se había salvado de las llamas, precipitarse de lo más alto de una torre. Todos los autores antiguos se muestran unánimes sobre este hecho.

En la repartición que de los prisioneros hicieron los griegos, Andrómaca tocó en suerte a Pirro, hijo de Aquiles, que la condujo al Epiro de donde era rey; pero no tardó mucho tiempo en alejarla de la corte para desvanecer las sospechas y los celos de su mujer Hermione. Entonces Andrómaca se desposó con Heleno, hijo de Príamo y como ella también cautivo, y los dos reinaron en una provincia que Pirro les cedió generosamente.

Fig. 127. — Despedida de Héctor

Tanto en medio de sus grandezas como mientras duró su cautividad, Andrómaca, consagrada siempre a su primer esposo, no cesaba de cuidarse de él, y para honrar su memoria dedicóle un magnífico cenotafio.

§ 21. Clitemnestra. — Orestes

CLITEMNESTRA, hija de Tíndaro y de Leda, casóse con Agamenón, rey de Argos y Micenas.

Apenas Agamenón había dejado sus estados para tomar el

mando del ejército que los griegos llevaron ante los muros de Troya, cuando su pariente Egisto insinuóse hábilmente cerca de Clitemnestra con seducciones y halagos, consiguiendo ser correspondido y llevando su audacia hasta vivir públicamente con ella. Sabedor Agamenón de tal perfidia juró a su vuelta castigar a los culpables, pero la muerte se anticipó a sus pro-

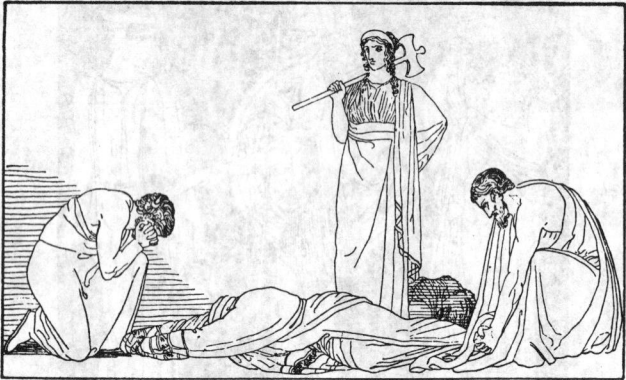

Fig. 128. — Asesinato de Agamenón por Clitemnestra

yectos y el mismo día de su llegada a Grecia fué asesinado por Egisto y Clitemnestra. Después de este homicidio, la reina se desposó con Egisto, su cómplice, y ciñó a su cabeza la corona del reino.

Clitemnestra había tenido de Agamenón cuatro hijos: Ifigenia, Crisotemis, Electra y Orestes. Estos tres últimos vivían en Argos cuando su padre cayó víctima del puñal homicida. La misma suerte hubiese cabido a Orestes, a pesar de su tierna edad, si su hermana Electra no le hubiese enviado secretamente a la corte de Estrofio, rey de los focenses y cuñado de Agamenón. Estrofio acogió a su sobrino con demostraciones de afecto paternal e hizo que recibiera la misma educación que su imprudente primogénito Pílades.

Diez años hacía ya que Egisto y Clitemnestra gozaban con tranquilidad del fruto de sus crímenes, cuando Orestes, que preparaba su venganza terrible, fué a la corte de Micenas favorecido por Electra y bajo un disfraz que le hacía completamente irreconocible. Consiguió ser introducido como enviado

Fig. 129. — Electra llevando ofrendas a la tumba de Agamenón, cuadro de *Flaxman*

de Estrofio a presencia del usurpador y su cómplice y les anunció que Orestes había muerto.

A esta noticia añadió todos los pormenores de su trágico fin, y les explicó cómo este príncipe ávido de conquistarse fama, pero en extremo temerario, al concurrir a los juegos píticos para disputar el premio en las carreras de carros había hecho trizas la rueda contra la piedra que servía de mojón y hallado la muerte bajo los pies de sus caballos: al mismo tiempo les presentó la urna funeraria que contenía las supuestas cenizas de su hijo.

Egisto y Clitemnestra deseaban esta muerte con demasiadas ansias para no prestar una fe ciega al relato que de la misma

habían oído, y sin poder contenerse más dan suelta a su regocijo y entre transportes de feroz alegría corren al templo de
Apolo para bendecir a los dioses inmortales por tal liberación y
ofrecerles sacrificios en acción de gracias. Orestes, juntamente
con unos antiguos y fieles servidores que Electra había instruído
en el complot, se escurre entre la gente, siguiendo sus pasos.
Uno de los criados se arroja sobre Egisto y le asesta un golpe
mortal: Orestes clava el acero homicida en el seno de su madre.

La multitud se agolpa a su alrededor: Orestes les dirige la
palabra; los demás al escucharle le reconocen por el hijo de
Agamenón y en medio de públicos regocijos sube de nuevo a
ocupar el trono de sus abuelos.

Pero también desde este momento los remordimientos y una
triste melancolía turbaron continuamente su alma. Las Furias
vengativas se encarnizaron acosándole en todo momento, sin
dejarle día y noche punto de reposo. En vano intentó librarse
de tal pesadilla ofreciendo sacrificios expiatorios, en vano acudió a Atenas para someterse al severo juicio del Aréopago que,
en vano también, le absolvió; la calma no pudo renacer en su
corazón. Como último recurso fué al templo de Apolo en Delfos
y, después de haber preguntado a la Pitonisa, obtuvo como respuesta que «no podría librarse de las Furias sino yendo al
Quersoneso en la Táuride para arrebatar del templo de Diana
la estatua de esta diosa».

Embarcóse Orestes y con él Pílades, su amigo y consolador,
Pílades que no le había abandonado ni aún en los mayores acce-
sos de demencia. Las leyes de la hospitalidad eran desconocidas
en la Táuride y aun tenían en este país bárbaro la costumbre de
inmolar sobre el altar de Diana a los extranjeros que allí llegaban por casualidad o que alguna tempestad obligaba a abordar.
Apenas los griegos hubieron bajado de su nave, son hechos
prisioneros, agarrotados y conducidos ante el rey Toas que
pronuncia contra ellos la sentencia de muerte y les anuncia su
próximo suplicio.

Fig. 130. – Remordimientos de Orestes, cuadro de *Hennequin*

En aquel entonces Ifigenia, hija de Agamenón y hermana de Orestes, prestaba en el templo sus servicios de sacerdotisa. Diana la había transportado del puerto de Aulis a esta apartada región.

Hácense mientras tanto los preparativos para el sacrificio. Ifigenia se acerca a los dos desgraciados y al trabar conversación con Pílades sabe que son naturales de Grecia, se interesa por su suerte y ofrécese a salvar la vida al que de los dos se comprometa a llevar una carta de su parte a Micenas. Al oír Orestes el nombre de Micenas, su ciudad natal, sale de su mudo horror, se acerca, inquiere de la sacerdotisa, la ruega que conteste a sus preguntas y ella refiere su pasado, por lo que Orestes reconoce en aquella sacerdotisa a su hermana primogénita que él creía muerta desde hacía veinte años.

Desde este momento ya entre ellos no se trata sino de cómo podrán realizar su fuga, llevándose consigo la estatua de Diana. Por otra parte, el parricidio de Orestes da a Ifigenia un pretexto fácil para diferir el sacrificio. A este efecto ella replica a Toas «que estos extranjeros son víctimas impuras, pues que uno de ellos es un asesino y no se les puede, por tanto, conducir al altar sin haberlos purificado».

El rey accede fácilmente a un aplazamiento del que se aprovecha Ifigenia para robar la estatua que estaba confiada a su custodia y embarcar con Orestes y Pílades. Al tener Toas noticia de su huída y del robo cometido en el templo, llama a su piloto, hace equipar un navío y ordena que vayan a la captura de los raptores y que los lleven a su presencia. Minerva le detiene y le prohibe que los persiga. «Orestes — le dice la diosa — ha venido a esta comarca por orden de Apolo para librarse de las Furias que le atormentan y arrebatar la estatua de Diana: Neptuno le protege; tus esfuerzos para alcanzarle serían inútiles.»

Libre ya de las iras de las Furias, Orestes desembarca en Micenas, toma posesión del trono y quiere desposarse con su prima Hermione, hija de Helena y Menelao. Anteriormente Hermione habíale sido prometida en matrimonio, pero durante su viaje a la Táuride, Menelao la había dado por esposa a Pirro, cuya reputación igualaba a la de los más grandes héroes. Orestes hace valer sus derechos a la mano de Hermione, pero en vano. Pirro, después de desposarse con ella, llevósela al Epiro mofándose de las quejas de su rival. Hermione, que no podía soportar el yugo de este himeneo, resolvió librarse de él a toda costa. Se pone en inteligencia con Orestes y traman los dos un complot contra la vida de Pirro. Consúmase el homicidio y Orestes, en premio de su crimen, recibe la mano de Hermione y la corona de Esparta (1).

§ 22. Casandra

CASANDRA, hija de Príamo, había prometido a Apolo casarse con él si le concedía el don de desentrañar el porvenir y de profetizarlo; pero apenas le fué otorgado tal privilegio, ella retiró su palabra, por lo cual irritado el dios declaró, como justo castigo, que nadie daría fe a sus predicciones.

En efecto: cuando ella anunció las grandes desgracias que habían de sobrevenir a Príamo, a Paris y al pueblo troyano, la tuvieron por loca y la encerraron en una torre donde no cesaba de lamentar la próxima destrucción de su ciudad natal. Casandra redobló sus lágrimas y gemidos cuando supo que su hermano Paris había partido para Grecia; pero todos se burlaron de ella. Cuando quiso impedir que sus conciudadanos introdujesen dentro de las murallas el caballo de madera, nadie se preocupó de sus amenazas.

Cuando Troya fué tomada, Agamenón, enamorado de la belleza de esta princesa, la hizo cautiva y llevóla a su barco.

(1) *Hermione* era hija única de Menelao, rey de Esparta. Racine en su tragedia *Andrómaca* ha introducido, modificándolos, parte de los hechos que acabamos de relatar.

Durante el viaje Casandra le anunció por dos veces la suerte
cruel que a uno y otro les esperaba a su llegada a la Argólide:
Agamenón no hizo caso de esta profecía, que fué la última que
pronunció Casandra, y el mismo día que la cautiva y el monarca
hacían su entrada en el palacio de Argos cayeron ambos víctimas del puñal homicida.

§ 23. Eneas

ENEAS, príncipe troyano, hijo de Anquisès y Venus, es
celebrado en la historia por su piedad y su valor. Después de
haber defendido Troya hasta que la ciudad fué entregada al
fuego, escapóse durante la noche al través de las llamas,
llevando consigo sus dioses penates, a su padre cargado sobre
sus espaldas y de la mano a su hijo Ascanio, y seguido de
Creusa, su esposa, que desapareció en la oscuridad porque
Cibeles la retuvo y la incorporó al coro de sus ninfas.

Angustiado por esta pérdida, Eneas se dirigió a la orilla del
mar y allí embarcó juntamente con un grupo de troyanos
fugitivos como él. Hízose a la vela con rumbo al Quersoneso
de Tracia, donde reinaba Polimnéstor, que era uno de sus alia-
dos; de aquí pasó después a Delos, visitó las Estrófades y
Creta, donde creía encontrar el imperio que el destino le había
prometido. De aquí abordó a Epiro y después a Drépano,
ciudad de Sicilia que estaba sometida a Acestes. En ella murió
Anquises y allí recibió los honores de la sepultura.

Al partir Eneas de Sicilia fué arrojado por una tempestad
sobre las costas del Africa, donde sus compañeros, cansados ya
de tanto vivir errantes, hubiesen querido fijar su residencia;
pero la voluntad inmutable de los dioses le llamaba a Italia.
Resistió a los ruegos de los habitantes y abandonó con el
corazón apenado una tierra tan hospitalaria y se hizo a la
vela. Los vientos le llevaron por segunda vez a Sicilia donde
hizo celebrar juegos fúnebres junto a la tumba de Anquises;

Fig. 131. — Eneas en el palacio de Dido, cuadro de *Guérin*

de aquí partió con rumbo a Italia, donde reinaba Latino, rey de los latinos.

Turno, rey de los rútulos, había demostrado en aquel entonces pretensiones a la mano de Lavinia, hija única de Latino y de Amata, pero parecía que los dioses se oponían a este himeneo y patentizaban su desaprobación con señales visibles.

Un día que la joven princesa quemaba junto a su padre perfumes sobre el altar, prendiéronse fuego sus vestidos y su cabellera, sin causarle mal alguno, y esparciendo a su alrededor un pálido resplandor, envolvieron su habitación en llamas y humareda.

Este prodigio llenó de asombro a todo el pueblo; fueron consultados los adivinos y éstos presagiaron a Lavinia un glorioso destino y a su pueblo una guerra próxima e inevitable. Deseando Latino conocer toda la verdad que en el hecho se encerraba, acudió a consultar el oráculo de Fauno, su padre, que le respondió: «Guárdate, hijo mío, de entregar a Lavinia por esposa de algún príncipe del Lacio, porque no tardará mucho en llegar a estas tierras un caudillo extranjero, cuya sangre mezclada a la nuestra elevará hasta el cielo la gloria del nombre latino». Efectivamente, por este tiempo llegó Eneas al Lacio y concertó amistosas alianzas con Latino quien, creyendo que en la persona de este fugitivo se cumplían las predicciones del oráculo, le ofreció la mano de su hija y le designó como su sucesor al trono. Pero Turno no era hombre que fácilmente se conformara a perder sus derechos a la mano de Lavinia y, por esto, levantó en armas a los rútulos y entró en campaña contra los latinos: Eneas y su ejército se pusieron a la defensiva y el Lacio fué teatro de una prolongada guerra.

Después de derramar mucha sangre, los dos rivales convinieron solventar sus diferencias con un combate personal, del cual salió Eneas victorioso, y en consecuencia se desposó con

Lavinia, compartiendo con ella el trono a la muerte de Latino.
Este reino fué la cuna del imperio romano (1).

§ 24. Dido

DIDO, hija de Belo, rey de Tiro, y hermana de Pigmalión, se
unió en matrimonio con Sicarbas o Siqueo, gran sacerdote de
Hércules. Siqueo era el más rico de los fenicios. Sus tesoros
excitaron la codicia de Pigmalión quien para apoderarse de
ellos hizo asesinar a Siqueo mientras ofrecía sacrificios a los
dioses.

Por el momento consiguió Pigmalión ocultar su homicidio,
acallando con mentidas exculpaciones las sospechas de su
hermana; pero una noche la sombra de Siqueo, con aspecto
pálido y desfigurado, se apareció en sueños a Dido y le
enseñó el altar al pie del cual halló la muerte, descubrióse
el pecho haciéndole ver en él la herida mortal y le aconsejó
que huyera. Dido, al despertarse, disimula su dolor, prepara
su marcha, se apodera de quince naves que en el puerto estaban, en las cuales recluta a todos los que odian al tirano o le
temen, y parte llevándose las riquezas de Siqueo y las del
avaro Pigmalión.

La princesa fugitiva llegó a la isla de Chipre y allí hizo
raptar cincuenta doncellas que dió por esposas a sus compañeros de destino. De aquí hizo rumbo a las tierras africanas y
desembarcó junto a Utica, y pidió a sus habitantes que le
vendiesen el trozo de terreno *que pudiese ser medido con
la piel de un toro.* Cuando hubo obtenido a bajo precio tal
concesión, en apariencia muy mezquina, hizo cortar el cuero
en tiras muy estrechas, y de esta manera pudo trazar una
gran circunferencia que fué la cuna de la famosa Cartago,

(1) *Silvio-Eneas,* hijo de Eneas y Lavinia, les sucedió en el reino a pesar
de la oposición de *Julo,* hijo de Ascanio y nieto de Eneas y Creusa.

rival de Roma. Este hecho ocurrió hacia el año 880, antes de nuestra era (1).

Habiendo Dido fundado y engrandecido su ciudad, fué solicitada en matrimonio por Yarbas, rey de Getulia y vecino del nuevo reino; pero no pudo resolverse a violar la fidelidad que había jurado a Siqueo, su primer marido. Molestado el rey de los gétulos por la negación de la princesa, resolvió obligarla por la fuerza a acceder a su petición y para ello puso en pie de guerra numerosos escuadrones, marchó contra Cartago y sitió la plaza. No pudiendo Dido oponer resistencia alguna, fingió acceder a los deseos de Yarbas y pidió solamente una tregua de tres meses para aplacar los manes de Siqueo. Transcurrido el plazo fijado y viéndose de nuevo solicitada y amenazada por Yarbas, subióse a un montón de leña que estaba preparado para la hoguera en el interior del palacio, sacó de entre sus vestidos un puñal que llevaba oculto y se mató.

Fig. 132. — Muerte de Dido

Lo que Virgilio cuenta sobre los amores de Dido y Eneas es pura ficción, ya que Eneas vivió trescientos años antes de la fundación de Cartago.

_____

(1) Esto es lo que la fábula cuenta; pero la historia afirma que cuando Dido desembarcó en Africa, Cartago había sido ya fundada; la princesa tiria hizo solamente edificar una ciudadela a la que dió el nombre de *Birsa,* palabra que significa en griego, cuero, piel.

SECCIÓN QUINTA

Diversas metamorfosis según Ovidio

§ 1. Filemón y Baucis

BAUCIS, mujer pobre y anciana, vivía con su marido FILE-MÓN, tan viejo como ella, en una choza con techo de paja. Cuando Júpiter y Mercurio tomando forma humana recorrían la Frigia, siendo rechazados en todas partes, sólo encontraron cariñosa acogida bajo el techo hospitalario de Filemón y Baucis. Los buenos ancianos sirvieron a los dos viajeros una comida campestre con tanta cordialidad como prontitud. Al final del ágape, los dioses diéronse a conocer y después de condu-cir a los piadosos esposos a una elevación que cerca de allí había, hiciéronles volver la cabeza y mirar el país que acaba ban de dejar. Filemón y Baucis pudieron ver todos los alrede-dores sumergidos, excepto su choza que se había convertido en un templo magnífico.

Mientras Filemón y Baucis contemplaban absortos el espec-táculo, Júpiter les prometió acceder a las peticiones que tuvie-ran a bien hacerle: los dos esposos le pidieron solamente ser el resto de su vida ministros de este templo y morir los dos en un mismo instante.

Sus deseos tuvieron inmediata realización: les fué confiada la custodia del templo y al llegar a una extrema vejez fueron

Fig. 133. — Filemón y Baucis, cuadro de *Carlos Loth*

simultáneamente metamorfoseados, Baucis en *tilo* y Filemón en frondosa *encina*.

§ 2. Píramo y Tisbe

TISBE, la más amable de las doncellas de Babilonia, era amada de PÍRAMO, agraciado mancebo que vivía en la casa inmediata a la de Tisbe. El himeneo hubiese sido el digno coronamiento de su amor, si sus padres, enemistados por antiguas desavenencias, no hubiesen puesto obstáculos a esta unión, dificultades que no hicieron sino aumentar más y más el ardor de su pasión.

Después de reiteradas tentativas para convencer a sus padres, después de muchas sumisiones y de infructuosas tentativas, concibieron el insensato propósito de fugarse de Babilonia aprovechándose de la oscuridad de la noche, y a fin de no extraviarse diéronse cita junto al mausoleo de Nino, bajo la morera que lo cubre con su tupido ramaje y que refrigera sus raíces con las claras linfas de una fuente que por allí mismo pasa.

Tisbe fué la que consiguió primero escaparse de la casa paterna y franquear los muros de la ciudad. Protegida por un velo que la cubre, llega al sepulcro de Nino y se sienta al pie del árbol prefijado. Al mismo tiempo se acerca para apagar su sed una *leona* con las fauces rojas aún con la sangre de los bueyes que acababa de devorar. Tisbe advierte a la luz de la luna la presencia de la bestia feroz, huye precipitadamente a refugiarse en una cueva próxima, y en su carrera deja caer, desgraciadamente, su velo. La leona, después de apagar su sed, se aleja, camino de la selva y en su camino halla el velo que Tisbe había perdido y con sus dientes, ensangrentados aún, lo destroza.

Píramo que saliera más tarde de la ciudad, distingue sobre la arena las huellas del animal y teme por la vida de Tisbe, pero

cuando halla el velo ensangrentado no duda ya de la desgracia
que temía y se persuade de que ella ha muerto. Llega fuera de
sí al árbol donde debían reunirse, baña con lágrimas el velo
de su amante y se da la muerte con su misma espada.

Entre tanto Tisbe, vuelta de su espanto, sale del escondrijo
en que se guareciera, se acerca al árbol y reconoce el cuerpo
inanimado de Píramo junto al velo fatal que ha sido la causa de
su error. «Yo te acompañaré en la muerte — exclama — y no te
abandonaré jamás: nuestros padres no se negarán a unir nuestros despojos en el mismo sepulcro.» Dichas estas palabras,
apoya su seno contra la punta de la espada humeante aún y se
deja caer, hallando así una muerte inmediata. La morera bajo
la que Píramo y Tisbe acababan de morir, tiñóse con su sangre y desde aquel instante el fruto que en ella había tornóse
negro purpúreo.

§ 3. Europa

EUROPA, hija del rey de Fenicia Agenor y hermana de
Cadmo, era de una belleza deslumbrante. Vióla Júpiter y decidió raptarla. Pero, para conseguir mejor su objeto, se transformó en *toro* y fué a apacentarse en una pradera que se
extendía junto al mar, donde Europa se divertía jugando con
sus compañeras. Muy pronto su porte dulce y atractivo, su gracia y su tierno mugido, atrajeron las miradas de las doncellas
fenicias, y acercándose Europa al manso animal, coloca guirnaldas en su frente, ofrécele hierbas floridas, acaricia dulcemente
con su blanca mano su cuello y al fin se atreve a sentarse sobre
sus espaldas. Sus compañeras iban a seguir su ejemplo, pero el
pérfido toro no les dió tiempo para ello: escápase a todo correr
en dirección al mar y se lanza al agua. Europa prorrumpe en
gritos de espanto, tiende sus brazos hacia la ribera, tórnase
pálida y se estremece al ver cómo las olas se abren a su paso
y los monstruos marinos saltan a su lado.

Ocupada hasta entonces en coger flores y tejer alegremente coronas para las ninfas, ahora y en la inmensidad de la noche no divisaba sino estrellas y aguas infinitas. Tan pronto como hubo tocado tierra firme en las costas de Creta, traspasada de dolor, exclamó: «¡Oh, padre mío!, oh hermanos y amigas mías con quienes yo he pasado tantos días felices! ¿Dónde me encuentro? ¿Adónde voy? ¿Es todo esto una pesadilla que me atormenta...? ¡Haber dejado mi patria y mis dioses penates; haber osado traspasar la vasta llanura del mar.. ! ¡Ah, si pudiese librarme de este monstruo execrable!

Fig. 134. – Rapto de Europa

¡El furor de que me siento poseída me daría fuerzas para reducirlo a pedazos, para romper los cuernos de este buey que hace poco tanta admiración me causaba...! ¡Desgraciada! ¿qué esperas para arrancarte la vida? Con este cinto que aun te queda puedes poner fin a tu suerte fatal, colgándote de esta encina; a no ser que prefieras, como esclava vil, tejer con tus reales manos la suerte que una extranjera se gozará en imponerte.»

Tales eran sus lamentos. Venus la escuchaba con un malicioso sonrís y a su lado también su hijo esgrimiendo su arco lacio. Cuando la diosa se hubo saciado gozándose en este bárbaro placer, le dijo: «Modera ese furor, si el toro viene a ponerse en tus manos para que puedas romper sus cuernos. ¿Tal vez ignoras que eres esposa de Júpiter? Apaga tu llanto y aprende a hacerte digna de la elevada suerte a que estás llamada. De hoy en adelante una parte del universo llevará tu nombre» (1).

Esta fábula ha tenido diversas interpretaciones: he aquí una de las más lógicas. Unos negociantes de Creta que comerciaban a lo largo de la costa de Fenicia, habiendo visto a la joven Europa, cuya belleza les cautivó, la robaron para ofrecerla a su rey Júpiter-Asterio; y como su bajel llevaba a proa un toro blanco, divulgóse la leyenda de que Júpiter se había metamorfoseado en buey para apoderarse de esta princesa. La fábula añade también que Europa, después de casarse con el rey de Creta, supo de tal manera ganarse el afecto de su pueblo, que después de su muerte le fueron tributados honores divinos. Por otra parte habrían bastado sus hijos Minos, Radamanto y Sarpedón para eternizar su recuerdo.

§ 4. Midas

Midas, rey de Frigia y a la vez hombre rico y estúpido, era amigo del dios Pan y de Baco. Un día que Pan rodeado de las ninfas modulaba con su flauta de siete tubos aires musicales, halagado por los elogios que le prodigaban, y atreviéndose a juzgar más armoniosos los sonidos de su rústico instrumento que los dulcísimos de la lira de Apolo, tuvo la audacia de lanzar un reto al dios de la armonía que éste aceptó sin titubear. Los dos rivales eligieron como árbitro de su desafío al anciano rey de Lydia, Tmolos. Midas y las ninfas agrupáronse a su alrededor formando numeroso y atento auditorio. Pan, el primero, arrancó a su flauta algunos aires grotescos que, no obstante, sonaron a maravilla a los oídos de Midas. Después cantó Apolo acompañándose con los divinos acordes de su lira. Tmolos,

---

(1) *Europa,* en efecto, empieza a la otra parte del Asia, en la isla de Creta.

arrobado, decidió que la flauta de Pan debía considerarse vencida por la lira de Apolo, y las ninfas aplaudieron unánimemente su fallo. Sólo Midas reclamó el triunfo para el dios Pan y tejió un largo discurso en defensa de su amigo. Estaba perorando aún cuando se dió cuenta de que bajo sus cabellos le brotaban un par de orejas largas y velludas. Asustado Pan ante tal prodigio se dió a la fuga sin proferir palabra: Apolo se retiró satisfecho de haber sido vengado. Midas lleno de confusión intenta esconder sus orejas bajo una diadema. Al contemplar su barbero tal fenómeno, no puede contener sus deseos de dar a conocer una aventura tan graciosa, pero temiendo la venganza del rey Midas y no pudiendo guardar por más tiempo un secreto que le era en extremo enojoso, vase a una llanura lejana, cava la tierra y agachándose sobre el hoyo que ha hecho, refiere en voz baja la historia de las orejas milagrosas y cierra inmediatamente la abertura creyendo de esta manera haber sepultado su secreto en el interior de la tierra. Pocos meses después nació en este mismo lugar un espeso cañaveral que al ser agitado por el viento no cesa de repetir, «Midas, el rey Midas tiene las orejas de burro».

Cansado Midas de verse objeto de continuas invectivas, abandonó la Frigia y se retiró al lado de Baco, el cual para consolarle prometió concederle la primera gracia que le pidiese, y era tal la sórdida avaricia del príncipe, que pidió y obtuvo poder cambiar en oro todo lo que él tocase. Pero antes que llegara la noche ya se arrepentía amargamente de su pretensión, pues los mismos alimentos, al ser tocados por sus labios, se tornaban oro, y hubiera perecido de hambre en medio de sus riquezas si Baco, movido a compasión al ver su pena, no le hubiese aconsejado que se lavara en el río Pactolo, en Lidia. Obedeció el príncipe y quedó exento de tan incómodo privilegio. El río Pactolo desde aquel momento arrastró partículas de oro.

§ 5. Acis y Galatea

GALATEA, la más dulce de las Nereidas, sentía vivo afecto por ACIS, pastor de Sicilia, y se veía igualmente correspondida. También otro ser había concebido por esta ninfa una ardiente pasión: Polifemo, el más horroroso de los cíclopes. Tenía la altura de una montaña: su boca, a cuyo alrededor crecía espesa barba, se extendía hasta las orejas; en medio de la frente, surcada de arrugas, se abría un ojo único que dominaba sus narices colgantes. Tan pronto apacentaba sus rebaños en la orilla del mar, como se internaba en los bosques persiguiendo los gamos y los osos; muy frecuentemente se situaba en los caminos más apartados esperando que por allí pasase algún viajero, lo atraía hacia su antro y mientras dormía lo ahogaba devorando sus miembros palpitantes aún.

Con este aspecto y este carácter, Polifemo sintió nacer un vivo amor por Galatea y se enorgulleció de ser correspondido; para agradarle puso en juego todo lo que en sus manos estaba. Unas veces con su dulzaina de siete tubos modula aires plañideros, otras con un rastrillo de hierro peina su negra cabellera y con una hoz siega su espesa barba, otras se prosterna devotamente ante la gruta en que vive Galatea. Un día que vagaba por la orilla del mar triste y soñador, divisó a Acis a quien la ninfa parecía prometer una amistad eterna. Exasperado al verle, lanza un grito; Galatea se esconde bajo las aguas, Acis huye y se oculta entre las cañas, pero Polifemo descubre a su rival, coge un enorme peñasco, lánzalo contra la frente del pastor y le mata. Presa Galatea de cruel desesperación y no pudiendo restituir a su amado la vida, le convierte en el río de su nombre que atraviesa las comarcas sicilianas.

§ 6. Périfas

PÉRIFAS, uno de los primeros reyes del Atica, se hizo amar
de tal manera de sus súbditos por su justicia y sus virtudes, que
éstos ya en vida le tributaron los honores de la apoteosis y le
dedicaron un templo sobre cuyo frontispicio se podía leer en
letras de oro: *A Júpiter, Bienhechor y Conservador*. El príncipe de los dioses no pudo ver sin sentirse celoso cómo un simple mortal era objeto de tales homenajes, y se propuso exterminar a Périfas y a toda su familia. Pero desistió a instancias de
Apolo y transformó al príncipe ateniense en *águila,* ave majestuosa, portadora del rayo, que se halla consagrada a Júpiter.

§ 7. Clicia

CLICIA, ninfa del Océano, fué amada de Apolo, que después
la abandonó para consagrar su afecto a Leucotoe, hija de
Orcamo, rey de Babilonia. Inconsolable Clicia por la conducta
del dios, se retiró al desierto donde se sustentaba con los alimentos más groseros. Acostada noche y día sobre la arena, los
cabellos en desorden y el rostro bañado en lágrimas, Clicia dirigía continuamente sus miradas al sol. Apolo, apiadado de ella,
la convirtió en *heliotropo* o *girasol,* pues esta planta, según
comúnmente se cree, mira siempre al astro fuente de luz (1).
Asi, a pesar de su metamorfosis, Clicia patentiza siempre el
afecto que guarda a su amado.

§ 8. Atamante e Ino

ATAMANTE, rey de Tebas, tomó por esposa a Nefelea, de la
que tuvo un hijo y una hija, Frixo y Helea, que la leyenda ha

---

(1) Algunos dicen que esta planta ha recibido el nombre de *heliotropo* o
girasol porque florece en la época de los grandes calores, cuando el sol se
halla en el trópico de Cáncer.

hecho célebres. Los dos niños vivían tranquilamente en la corte, cuando Atamante, que era de carácter ligero y humor inconstante, repudió a su mujer que creía atacada de locura, y se desposó con la ilustre princesa INO, hija de Cadmo. Los esponsales fueron celebrados con extraordinaria pompa. Atamante podía llamarse el más feliz de los esposos, y los dos hijos nacidos de esta unión, Learco y Melicertes, añadían y completaban su felicidad. Pero esta felicidad debía ser tan pasajera como un sueño, porque Ino, celosa de los hijos habidos del primer matrimonio y en los que recaía el derecho al trono de Tebas, no cesaba de mostrárseles hostil y de hacerles objeto de malos tratos; ella además había llegado a familiarizarse con la idea de un doble atentado y tramaba ya el terrible complot, cuando Frixo y Helea, oportunamente advertidos, remontaron los aires sobre un *carnero* alado que tenía el vellón de oro y que pertenecía al rico Atamante, y huyeron hacia la Cólquide.

Ino triunfaba; Ino se constituía en objeto único de todos los homenajes, y su hijo podría subir tranquilamente al trono. Pero Juno, que detestaba a la familia de Cadmo desde que Júpiter había raptado a Europa, hermana de este príncipe, no pudo ver con indiferencia la prosperidad y bienandanza de Ino y, en un arrebato de su despecho, maquinó el más infame de los proyectos. Llama a Tisifone y le dice: «Quiero que la casa de Atamante sea reducida a cenizas y que tu induzcas a este príncipe a cometer un crimen que haga estremecer de horror al universo. — Seréis obedecida, gran reina — respondió Tisifone; — volved al empíreo». Dichas estas palabras Tisifone se reviste de su túnica ensangrentada, arma su mano derecha con mortíferas serpientes, esgrime en su izquierda una antorcha incendiaria y sale de los infiernos.

Llegada ante el palacio de Atamante, el umbral se estremece a su paso, su hálito infecta las habitaciones, y el mismo sol, lleno de espanto, oculta sus rayos. Atamante y su esposa quieren huir, pero la Furia les cierra el paso y sacudiendo las serpientes que llevaba arrolladas a su mano, lanza una de ellas contra Ino, otra contra Atamante y desaparece. De repente Atamante se siente poseído de furiosa demencia mezclada de rabia; no puede estar en reposo un momento, lanza espuma por la boca y recorre los corredores de su palacio gritando con voz de rugido: «¡Animo, compañeros! Tended vuestras redes en este bosque, pues que en él veo una leona con sus cachorros». Al mismo tiempo corre persiguiendo a la reina a la que toma por una bestia feroz, arranca de sus brazos al tierno Learco y habiéndolo volteado algunas veces, lo estrella contra una pared. Ino, presa de igual delirio, lanza aullidos y huye de palacio donde se inicia ya un vasto incendio. Pálida, descompuestos sus cabellos y con su hijo Melicertes a cuestas, corre al través de los campos, llega a orillas del mar, gana un elevado peñasco y se precipita en el abismo de las aguas que se abren para engullirla.

Los ruegos de Venus mueven a Neptuno a compasión de su aciaga suerte, y despojándoles a uno y otro de lo que tenían de mortalidad, les trocó en dos divinidades marinas, Ino bajo el nombre de *Leucotoe* y Melicertes bajo el de *Palemón*.

§ 9. Eco y Narciso

Eco, hija del aire, amaba a Narciso con tanta pasión, que le seguía por doquier, al bosque, a la caza, junto a las fuentes, en los más alejados desiertos, con la esperanza de arrancarle alguna palabra favorable, una mirada cariñosa, una prueba de afecto. Trabajo inútil: un obstinado desdén era el único premio a tales desvelos. Abatida por la tristeza y llena de vergüenza por haberse rebajado a tantas tentativas humillantes, Eco se retiró a lo más intrincado de los bosques, escogió por morada los antros y cavernas y cayó en tal estado de agotamiento y flaqueza, que no le quedaron más que los huesos y aun éstos fueron metamorfoseados en peñascos, no quedando de ella, al fin, sino su voz.

Narciso, doncel de rara belleza, era hijo del río Cefiso y de la ninfa Liriope. Al venir al mundo su madre consultó al adivino Tiresias cuál sería el porvenir de este niño y obtuvo por respuesta «que Narciso llegaría a edad avanzada si no se daba jamás cuenta de su belleza».

Un día que andaba por el monte, advertido de que su imagen se reflejaba en una fuente de aguas límpidas, enamoróse de su figura y no quiso ya alejarse del espejo que le ofrecían las aguas. Cuanto más se contemplaba, mayor era su loca pasión: Narciso entonces suspiraba, tendía los brazos hacia el objeto amado, esforzábase por cogerlo y abrazarlo y derramaba abundantes lágrimas de despecho y de dolor. Inmóvil día y noche junto a la fuente, se consumió de inanición y melancolía.

Al descender las ninfas de las montañas vieron a Narciso en el momento mismo en que acababa de expirar, y sin poder contener sus gemidos de dolor, se dispersan por toda la comarca y congregan a grandes gritos a sus compañeras para que acudan a celebrar los funerales en memoria de su amigo. Coronadas de ciprés, se adelantan lentamente hacia la fuente fatal, pero ya no encuentran allí el cuerpo de aquel a quien tanto lloran. En su lugar había brotado una nueva flor que llaman *narciso* y que fué consagrada a Plutón, a Proserpina y a las Euménides.

§ 10. Egeria

Egeria era una ninfa del Lacio a la que los romanos tributaban culto religioso. Queriendo Numa Pompilio dictar leyes para su pueblo, bárbaro aún, se retiraba con mucha frecuencia al bosque donde moraba la ninfa Egeria, le pedía consejo y obtenía de la misma sabias inspiraciones. El afecto que a entrambos unía dura tanto como su vida. Al morir Numa, Egeria quedó tan desolada que no cesaba de llorar, de tal manera que sus gemidos y sus gritos y sollozos interrumpieron más de una vez los sacrificios de Diana. Esta diosa movida a compasión por su infortunio la metamorfoseó en una fuente que recibió el nombre de Egeria, cuyas aguas no cesan nunca de gemir.

Algunos autores han querido ver en Egeria el símbolo de la soledad que colma de beneficios al espíritu meditativo, al filósofo, al sabio. Otros han pretendido que Numa fingió tener confidencias con una ninfa inspirada, sólo para dar a sus leyes una sanción divina y conseguir así que el pueblo romano se sometiese a ellas más dócilmente.

§ 11. Latona y los Licios

LATONA, hija del titán Ceus, era tan hermosa, que cautivó el corazón del príncipe de los dioses, y causó tanto despecho a Juno, que esta reina celosa le juró odio eterno y la arrojó del Olimpo obteniendo de la Tierra la promesa de que no le depararía lugar alguno donde reposar. Poco satisfecha aún con esta venganza, envió contra ella una serpiente monstruosa llamada Pitón, que la perseguía por doquier y que iba ya a devorarla cuando Neptuno, con un golpe de su tridente, hizo surgir de entre las aguas a Delos, isla hasta entonces sumergida y flotante, y le dió fijeza y estabilidad. Latona, a la que Júpiter acababa de convertir en hermosa *codorniz,* refugióse en ella y recobró su primitiva forma; allí y a la sombra de una palmera o, según otros, de un olivo, dió a luz a Apolo y Diana. Pero la calma que ella gozaba en Delos no duró mucho tiempo, pues Juno descubrió este escondite y Latona se vió obligada a marcharse de la isla. Anduvo largo tiempo errante por países diversos y recorrió casi todo el universo.

Un día que caminaba al través de Licia, llegó junto a un pantano donde trabajaban algunos campesinos. Agotada de fatiga y sed, les pide un poco de agua para mitigar su ardor. «En vuestra mano está salvar mi vida — les dice, — ¡venid en mi socorro!» Pero los licios, incitados por Juno, se niegan a prestarle este pequeño servicio y aun enturbian el agua echando en ella piedras y ramas. Latona llena de indignación invoca a Júpiter que para castigar a estos hombres inhumanos los convirtió en *ranas,* animales que tienen en el fango sus delicias y su morada.

§ 12. Níobe

NÍOBE, hija de Tántalo, rey de Lidia, tomó por esposo a Anfión, rey de Tebas, del cual tuvo catorce hijos y todos ellos respondieron a los cuidados que esta madre afanosa había des-

Fig. 135. — Níobe

plegado en su educación. Sus hijos eran gallardos, ágiles y vigorosos; sus hijas poseían todas las virtudes propias de su sexo y su alcurnia. Níobe podía llamarse la más dichosa de las madres.

Entregada por completo a los deberes domésticos, descuidaba casi en absoluto el culto de los dioses de la patria. Sobre todo Latona, que tenía solamente dos hijos, no le causaba sino indiferencia y a veces la hacía objeto de burlas culpables, y mientras que el pueblo acudía en masa al templo de Apolo, Níobe acompañada de su brillante familia se paseaba por toda la ciudad montada en un carro como si quisiera desafiar a la divinidad tebana y arrebatarle el incienso que sólo a ella debían los mortales. Ofendida Latona por tanto orgullo, invocó a sus hijos y les rogó que la vengaran; el cruel anhelo no tardó en cumplirse.

Un día Apolo vió a los hijos de Níobe, que en los campos contiguos a Tebas se ejercitaban en la lucha y la carrera, y
disparó contra ellos sus flechas mortíferas. Al saber la espantosa noticia, las hermanas de los príncipes corren desoladas
hacia las murallas y al instante mismo caen heridas por las invi-
sibles armas de Diana. Níobe, medio muerta, se arrastra hasta
el teatro de tantos horrores: siéntase junto a los cadáveres
de sus dos hijos y allí permanece inmóvil sin dar señal alguna de
vida, quedando metamorfoseada en *peñasco*. Un torbellino
de viento lo transporta a Lidia, hasta lo más alto del monte
Sipilo y desde entonces manan de esta roca dos fuentes de
agua viva.

Esta fábula está inspirada en uno de los más trágicos
acontecimientos. En el reinado de Anfión, esposo de Níobe, la
ciudad de Tebas fué invadida por la peste. Los siete hijos y las
siete hijas del rey fueron atacados por la epidemia y sucum-
bieron a pesar de la rapidez con que les fueron prestados los
socorros. En pocas horas Níobe vió expirar a toda su familia
y ella, no obstante, no pudo morir. Su constitución física resistió a los miasmas pestilentes y a los estragos de su corazón.
Así permaneció muda e impasible días y más días en estado
de completa inmovilidad, que sólo puede tener una imagen
cabal en la roca azotada por el oleaje del mar. Tocada con velos
funerarios, pálida y abatida, la infortunada reina salió de Tebas,
sin acompañamiento alguno, y volvió a Lidia, su país natal, para
desahogar allí su dolor.

Al volver a contemplar los lugares de su infancia, al volver
a ver la anciana nodriza y las amigas de su juventud, lágrimas
de ternura inundaron sus mejillas y los sollozos y gemidos ali-
viaron su pecho oprimido. Su vida, empero, no se prolongó sino
por unos pocos meses y sobre una estatua levantada en memoria suya, se grabó esta inscripción: *¡Madres fecundas, yo
también he conocido vuestras alegrías: quieran los dioses
que podáis siempre ignorar mis penas!*

§ 13. Bato

Cuando Mercurio robó a Apolo sus rebaños (véase pág. 65) y los ocultó en los bosques del rey Neleo, el pastor BATO fué el único testigo del latrocinio. Temiendo Mercurio que le denunciara, le ofreció la más hermosa ternera si quería guardar silencio sobre dicho robo. Bato aceptó gustoso y prometió callarse. Pero el dios, en extremo prudente, desconfió de la discreción del pastor, y fingiendo que se marchaba, volvió poco después bajo otra figura y con otra voz y le ofreció un buey y un vestido completo si quería revelarle el lugar donde estaban escondidos los rebaños. Tentado por el cebo de este nuevo lucro, Bato declaró todo lo que sabía. No pudiendo entonces Mercurio contener su indignación, dióse a conocer al pastor infiel y lo convirtió en *piedra de toque*. Esta piedra indiscreta, como Bato, no sabe ocultar nada; pone de manifiesto la naturaleza de los metales que se frotan con su superficie, revela a los plateros la calidad del oro, su pureza, su finura y su ley.

§ 14. Progne, Tereo y Filomela

PROGNE, hija del rey de Atenas, Pandión, se desposó con TEREO, rey de Tracia, del cual tuvo un hijo llamado Itys.

Cinco años llevaba Progne viviendo en la Tracia cuando una mañana dijo a su esposo: «Si me amas permite que mi hermana FILOMELA, de la que estoy desde hace tanto tiempo separada, venga a verme: imploro de tu bondad esta gracia». Tereo consintió en ello. Embárcase al momento y poco tiempo después desembarcaba en el puerto de Atenas. Apenas llega al palacio de su suegro, le refiere el objeto de su viaje y los deseos muy naturales de Progne, y mientras hablaba, entró Filomela adornada con sus más ricos atavíos, pero más hermosa aún por sus propias gracias. Tereo experimenta al contemplarla viva emo-

ción y desde aquel momento sus palabras brotan más vivas y
elocuentes. Filomela, que ama a su hermana y que ignora lo que
pasa en el corazón de su cuñado, insiste con no menos ardor.
Pandión no se puede negar y accede a ello pero no sin temor:
una vaga inquietud le turba.

Tan pronto como el navío se halla en alta mar, Tereo con-
fiesa a Filomela los sentimientos que anidan en su corazón para
con ella. Sorprendida ésta se indigna y se niega a dar oídos a
las amorosas protestas de su cuñado, esforzándose en inspirarle
sentimientos más generosos. Tereo le amenaza. Filomela no
puede ya contenerse y exclama: «¡Monstruo; no creas que tus
amenazas me causan temor alguno! Apenas haya yo saltado a
tierra haré público tu odioso proceder; levantaré contra ti tu
pueblo y el mío y entre tanto pido a Júpiter que fulmine contra
tu cabeza criminal sus rayos abrasadores».

Excitado Tereo por tales palabras, agarra a Filomela por los
cabellos, átale las manos tras la espalda y mientras Filomela
implora a los dioses para moverlos a compasión, Tereo le
arranca la lengua con unas tenazas. La princesa cae desvanecida y bañada en sangre; poco a poco logra volver en sí y al
abrir los ojos se halla encerrada en un castillo solitario en medio
de los bosques.

Después de cometer este crimen, Tereo osa aún presentarse en la mansión de Progne que, sin sospechar nada de lo
pasado, al divisarle desde lejos se lanza a su encuentro y le
pregunta por su hermana. Tereo no responde al momento, sino
por gestos y suspiros fingidos y al fin deshaciéndose en llanto
le dice que Filomela « ha muerto ». Las lágrimas que tan
abundantemente brotan de sus ojos, convencen a Progne de
la cruel verdad: vístese de luto, levanta un cenotafio en
honor de su hermana y le tributa los honores fúnebres que le
son debidos.

Llevaba Filomela un año encarcelada, sin otro consuelo a
sus penas que dedicarse a los primores del bordado, ya que por

su mudez no había podido conmover a los guardianes ni por lo estrecho de la vigilancia burlarla, cuando concibió la idea de bordar con seda roja sobre cañamazo la triste historia de su infortunio, con ánimo de que la expresiva labor llegase a manos de Progne, cometido que en momento oportuno confió a una esclava. El encargo fué cumplido, y Progne, al examinar la primorosa labor, se dió cuenta del horrible crimen de Tereo y, sin detenerse un momento, sólo pensó ya en que el delito no quedase impune. Las mujeres de Tracia celebraban en aquellos momentos las fiestas de Baco llamadas *orgías* y por ello el monte Rodope resonaba con el estruendo de los címbalos y los tambores, cuando Progne salió por la noche del palacio, vestida de bacante, llevando un tirso en sus manos y coronada de pámpanos. Mezclada con las demás ménades se finge excitada por un entusiasmo sobrenatural y las conduce al viejo castillo en que su hermana se halla cautiva. Las puertas caen hechas pedazos y la guardia muere asesinada. Filomela, ya en libertad, vístese con la indumentaria que solían las bacantes y llega al palacio del rey al mismo tiempo que su hermana.

Entre tanto que Progne trama un proyecto de venganza, divisa a su hijo Itys que corre a su encuentro para abrazarla. Este motivo acrece su frenesí lejos de aminorarlo: sujeta al niño, lo corta en pedazos sin volver la vista, y manda que lo guisen para la cena. Tereo, que de nada se ha dado cuenta, siéntase tranquilamente a la mesa y al final de la comida pide que le lleven a su hijo. «Lo que pides aquí lo tienes», le responde Progne fríamente. Vuelve Tereo el rostro y ve entrar a Filomela con el pelo en desorden, que le arroja la cabeza del niño.

Al reconocerle lanza un grito de desesperación y empuña la espada saliendo en persecución de las crueles hermanas, pero ellas huían con tanta rapidez que parecía como si tendieran el vuelo; efectivamente les habían nacido alas. Filomela, metamorfoseada en *ruiseñor,* buscó la soledad del bosque y allí alivio su tristeza modulando trinos henchidos de emocionante languidez. Progne, convertida en *golondrina,* conservó sobre su plumaje las manchas de la sangre de Itys. Pandión, su padre, no pudo resistir tanto dolor y murió joven.

§ 15. **Memnón**

MEMNÓN, rey de Etiopía e hijo de Titón y la Aurora, fué en su juventud un héroe. Sobrino de Príamo, fué con veinte mil guerreros en auxilio de su tío, cuando los griegos sitiaban la capital de su reino, y su bravura mereció repetidas veces los aplausos de ambos ejércitos. Muchos jefes enemigos habían sucumbido al ponerse al alcance de su lanza, y entre otros Antíloco, hijo del anciano Néstor: también Memnón cayó a su vez herido por Aquiles que a instancias de Néstor había armado su brazo terrible y vengador. Al saber la Aurora la nueva fatal, quedó inconsolable y acudió al rey del Olimpo para conjurarle a que concediera a Memnón un especial honor que le distinguiera de los demás mortales, y Júpiter le prometió que el hijo, objeto de su desesperación, continuaría viviendo pero bajo una forma diferente. Efectivamente, cuando las llamas hubieron consumido el cuerpo de Memnón, vióse salir de la hoguera unas aves blancas que se dividieron en dos grupos y se reunieron inmediatamente después sobre su sepulcro para combatir unas contra otras y con la sangre derramada hacer una libación en su honor; estas aves fueron llamadas memnónidas. La distinción concedida a su hijo no pudo, no obstante, mitigar las penas de la Aurora, que desde entonces no ha cesado de derramar abundantes lágrimas que forman el rocío y que la tierra absorbe ávidamente.

Si hemos de dar crédito a la fábula, los etíopes levantaron junto a Tebas una estatua colosal a la memoria de Memnón, que al ser herida por los primeros rayos solares producía un sonido claro y armonioso y a la noche al sentirse envuelta por la oscuridad dejaba sentir sones plañideros como si se gozase a la aparición de la Aurora y se entristeciese a su ocaso. Las ruinas de este monumento subsisten aún y son objeto de la admiración de los viajeros.

§ 16. Ceix y Alcione

Ceix, rey de Traquina, en Tesalia, había visto morir en pocos años un hermano que era su mejor amigo, su querida nieta de la que era padre adoptivo y un hijo muy joven cuya precocidad hacía concebir a la patria las más gloriosas esperanzas. Tantas desgracias habían sumido a este príncipe en profunda melancolía y su recuerdo le seguía por doquier y le asediaba continuamente tanto en la soledad como en las fiestas, en el bullicio de los negocios públicos como en sus ocupaciones particulares. De aquí que formó el propósito de acudir al oráculo de Apolo en Claros, para consultarle acerca de su adversa suerte.

Su mujer Alcione (1), que le profesaba el más tierno afecto, miraba con temor este viaje y se esforzaba en hacerle desistir de tal determinación. «Ceix — le decía, — desde que conocí tu resolución, me siento turbada por los presentimientos más siniestros. Todas las noches se agitan en mis sueños fantasmas y sepulcros, y oigo rugir la voz de la tempestad. Renuncia a ese viaje o permite que te acompañe. Alejada de ti, mi espíritu será presa de continuas alarmas; a tu lado sufriré solamente por los males que realmente sobrevengan.» Ceix que no sentía por Alcione igual afecto que ella sentía por él, quedó al momento desconcertado, pero reflexionando después, en la urgente necesidad de realizar este viaje le dijo: «Aun cuando la más pequeña ausencia pueda parecernos larga como un siglo,

_____

(1) Según Ovidio, *Alcione* era hija de Eolo, rey de los vientos. Pero según otros autores desciende de un Eolo, hijo de Helen.

yo te juro por la luz del cielo que si el destino no se opone irreductiblemente a mi retorno, estaré a tu lado antes de dos meses». Esta promesa calmó algo el dolor de Alcione y con la esperanza de tan corta separación, no insistió más. Equipado el bajel se hizo a la vela.

Había recorrido la nave la mitad del camino y se hallaba alejada de la tierra por ambos lados, cuando, al entrar la noche, el viento empezó a soplar violentamente, y el mar a enfurecerse y cubrirse de espuma. El piloto, inquieto, exhorta a los marineros y cuida más atentamente de las maniobras, pero el vendaval crece por momentos y no sabe ya qué hacer ni qué órdenes dar. Las velas caen destrozadas, las antenas son arrancadas y los mástiles saltan hechos astillas. La pericia y el valor faltan ya. Los tripulantes se dan cuenta del peligro que les amenaza y unos se entregan al llanto, otros quedan yertos de espanto, uno teme menos la muerte que el verse privado de los honores fúnebres, otro implora a Neptuno con acentos de desesperación. A Ceix nada le conmueve sino el recuerdo de Alcione, ella ocupa completamente su pensamiento, no habla sino de ella y sólo su imagen está presente en su imaginación. ¡Si al menos tuviese el triste consuelo de ver por última vez su casa y su patria...! Pero son tan densas las tinieblas que el huracán y la noche acumulan, que no sabe dónde se halla. Entonces un espantoso vendaval rompe el timón y una ola entra en el navío como si fuese un río impetuoso y lo sumerge por completo. Ceix se abraza a un madero, se sostiene apenas unos momentos y desaparece en el abismo.

Entre tanto, Alcione dormía, ¡y qué sueños tan terribles la atormentaban! Agitábase, torturábase en su lecho, lanzaba entrecortados suspiros: Ceix se le aparecía en sueños; Ceix se le acercaba y apoyándose sobre su cama le decía: «Querida Alcione, ¿reconoces en mí a tu amado Ceix? ¿Tanto me ha cambiado la muerte para que no me conozcas ya? Mírame bien y se acabarán tus dudas, pero en lugar de tu esposo no verás sino su sombra. Mis votos, querida Alcione, no han sido atendidos: he perdido la vida: ya no tendrás el consuelo de volver a verme. He sido arrollado por la tempestad, mi navío ha sido sumergido al mismo tiempo que pronunciaba tu nombre y no es una persona dudosa la que viene a participarte esta noticia; no son los rumores populares, siempre inciertos, los que te informan del desastre: soy yo en persona, es tu querido Ceix que te relata la historia de su desgracia. Levántate al momento, tributa tus lágrimas al más afectuoso de los esposos, toma tus vestidos de luto, y no permitas que mi sombra baje a los infiernos sin haber recibido el legítimo tributo de tu pesar.»

Consternada por tan espantoso sueño y tan desgarradoras palabras, Alcione lanza un grito y se levanta sobresaltada, busca por todas partes por ver si Ceix está allí; sus servidoras habíanse despertado también al oír tal ruido, habían acudido con antorchas y le preguntaban cuál era la causa de su turbación. «¡Alcione, no vive ya! — exclama ella con voz alterada, — ¡Alcione, no vive ya! ¡Ha perecido juntamente con su amado Ceix! El mismo naufragio ha arrancado la vida a uno y otro, yo le he visto, le he conocido, pálido, desfigurado y sin poder apenas tenerse en pie; he aquí el lugar en que estaba; es aquí donde acabo de verle. Su viaje nos separó, ahora al menos la muerte nos ha reunido.»

La agitación no le permitió proseguir. Al romper el día Alcione corrió a la orilla del mar, al mismo sitio de donde Ceix partiera, y mientras recordaba el último ¡adiós! vió flotar sobre las aguas un cadáver que reconoció ser el de su esposo. A la entrada del puerto se levantaba un dique puesto allí para romper y contener el ímpetu del oleaje: Alcione súbese a él o más bien que subir vuela, pues que ya puede hender el aire con las alas que le acaban de nacer, y volando sobre la superficie de las aguas producía un extraño sonido quejumbroso, semejante al grito de un ave. Cuando llegó junto al cuerpo de Ceix posóse dulcemente sobre él, cubrióle con sus alas y lo picoteó. Los que presenciaron esta escena aseguraron que Ceix parecía mostrarse emocionado a tales caricias y como si su cabeza diera muestras de sensibilidad. Compadecidos los dioses de la suerte de estos desgraciados esposos, los habían convertido en unas aves marinas llamadas *alciones*.

Desde que sufrieron esta metamorfosis conservan uno por el otro igual afecto y durante los nueve días que Alcione empolla sus huevos en el nido, en la superficie del agua, el mar está tranquilo y los navegantes no han de temer peligro alguno: Eolo, en bien de estos pequeñuelos, no permite que los vientos se desborden impetuosos.

§ 17. Estelio

Cuando Ceres vagaba por el mundo buscando por todas partes la hija que Plutón acababa de arrebatarle, sintióse rendida de fatiga y agotada de inanición; entonces pudo, felizmente, hallar una buena mujer que le ofreció una escudilla de sopa. El apetito es el mejor condimento, aun para los platos más vulgares: a Ceres parecióle delicioso. Un niño llamado ESTELIO, único testigo de la avidez con que la diosa devoraba la pobre comida, se echó a reír: Ceres en un arranque de cólera le arrojó a la cara el resto de la sopa y lo transformó en *lagarto*.

SECCIÓN SEXTA

Fábulas y hechos diversos

§ 1. Psiquis

PSIQUIS, la menor de las tres hijas de un rey del Asia, era hermosa como el sol, pero de un carácter tan ligero e inconstante que nada podía formalizarla. Ningún agasajo la halagaba, ninguna fineza lograba conmover su corazón: el soplo del Céfiro y el vuelo de la mariposa serían las únicas cosas que podrían dar una ligera idea de lo voluble de su carácter.

Un príncipe poderoso, joven y amable, el mismo Amor (1), se enamoró de ella y urdió una astucia para hacerse amar de Psiquis. Habiendo descubierto que la curiosidad era el flaco o más bien la verdadera pasión de la veleidosa Psiquis, arbitró todos los medios para despertar esta pasión y rodeó sus actos de profundo misterio. En medio de un magnífico jardín, hizo construir un palacio, y en él reunió, con arte, todo aquello que puede ser encanto de los ojos, todo aquello que puede halagar al gusto y al olfato; de allí surgió una voz dulce que dijo a Psiquis: «Tú eres la señora de este palacio, ordena lo que quisieres y serás inmediatamente obedecida». Psiquis indica sus deseos y, uno después de otro, se le ofrecen muebles de todas clases, telas

_____

(1) El Amor o Cupido. Véase la nota de la página 48.

riquísimas, perfumes exquisitos, frutas deliciosas y numerosos criados se aprestan a servirla. La existencia le parece adorable, pero para ser feliz fáltale saber a quién debe tanta liberalidad y homenaje. Pregunta a sus hermanas, a sus amigas y esclavas y nada puede averiguar que aclare sus dudas.

Durante el día su bienhechor permanecía oculto, y a la noche se deslizaba por entre la verde espesura, encarábase con Psiquis, le hablaba afectuosamente y le pedía que le prometiese no querer a nadie más que a él por esposo. Antes que despuntase el día desaparecía y dejaba a Psiquis presa de los tormentos de la curiosidad insaciada. «¿Quién eres — exclamaba — que tanto parece que me amas? ¡Solicitas que yo te quiera y esquivas mis miradas, tú, que eres el más generoso de los mortales!» El príncipe persistía en mantenerse invisible.

Por su parte, las hermanas de Psiquis, envidiosas de su

Fig. 136. — Psiquis

dicha y de la preferencia con que el Amor la distinguía, aumentaban maliciosamente su curiosidad inquieta, se gozaban en el tormento y la preocupación de su hermana y le inspiraban desconfianza para con su bienhechor. «Hermana mía — le decían — ¿no temes tú ser más tarde o más temprano víctima de tu excesiva credulidad? ¿Sabes, tal vez, si ese desconocido que se esconde y teme la luz, no es un monstruo, un vampiro que después de haberse familiarizado permaneciendo a tu lado, acabará por ahogarte? Conviene que te prevengas. Toma esta lámpara y este puñal. Es preciso que sepas con quien tratas, y si tus temores son fundados, despacha a tu enemigo.» Psiquis sencilla

y crédula no ve la perfidia que hay en tales palabras y ya no piensa sino en los medios que debe emplear para disipar sus dudas.

Cuando llega la noche y el príncipe descansa de sus fatigas, Psiquis se acerca al diván en que dormita... y ¡cuál es su sorpresa al contemplar dormido a aquel a quien desde hace tanto tiempo anda buscando! «Duerme — se dice en voz baja, — aprovechemos esta oportunidad. Ahora no se podrá escapar a mis miradas: sabré yo si es un vampiro o un mortal; si debo amarle o darle muerte con este puñal.» Acércase más y más hasta hallarse junto a él: «¡Dioses inmortales! ¡qué veo! ¿Es éste el monstruo que tanto temía yo y que mis hermanas me habían pintado con tan vivos colores? Es el mismo Amor, en la flor de su adolescencia. ¡Oh felicidad infinita! ¡El es quien me pretende por esposa!» Mientras pronuncia estas palabras la curiosa doncella se inclina para contemplarle sin pensar que este irreflexivo movimiento había de hacer que se derramara la lámpara con que se alumbraba. Una gota del líquido cae sobre el hermoso durmiente que despierta sobresaltado y exclama: «Ingrata Psiquis: ahora me conoces ya. Tu felicidad dependía de tu ignorancia: yo no puedo ser tuyo».

De repente desaparece el palacio con sus gallardas columnatas. Psiquis se encuentra en medio de un desierto árido, inmenso, sola y mal vestida. Por doquier el vacío, el silencio, la desolación. Sólo el ruido de un lejano torrente interrumpe sus gemidos: Psiquis corre hacia la corriente, que bulle de espuma, para poner allí fin a su existencia, y arrójase al agua, pero la muerte la rehusa y las aguas la depositan suavemente a la orilla opuesta.

Entonces se decide a ir a Pafos, donde está el oráculo de Venus para consultarle; pero Venus, que estaba disgustada de que Psiquis hubiese conseguido conquistar al Amor, la recibe duramente y en vez de responder a su demanda la condena a diversos trabajos tan repugnantes como difíciles. Psiquis obedece con la docilidad de un niño, en la confianza de que así expiaría su falta y aplacaría a su bienhechor.

El primer trabajo consistió en tener que llenar un cántaro de agua cenagosa en una fuente guardada por cuatro dragones. Fué el segundo ganar la cima de una elevada montaña y cortar a los carneros que allí se apacentaban un copo de su dorada lana. Su valor la hace triunfar en estas dos ocasiones.

Como tercera prueba, Venus le ordena: «ve a la mansión de Proserpina y pídele que me remita en esta caja un poco de su belleza, pero cuida de no abrirla; tú no tienes ya necesidad de nuevos atractivos». Psiquis cumple esta encomienda y la lleva a feliz término, pero no puede dominar su curiosidad. Quiere ver qué es lo que constituye la belleza, y abre la caja... Una negra humareda sale de ella, concéntrase alrededor de Psiquis y se deposita sobre su rostro: un espejo le enseña la asquerosa máscara de que se ha cubierto. Al verse en tal estado cae desvanecida: los presentes temen por su vida y la transportan al altar de Venus. Allí vuelve en sí y dirige una ardiente plegaria a la inflexible divinidad.

Entonces y cuando su rostro se halla aún tiznado de negro humo, aparece el príncipe. Júzguese cuál sería su confusión. El la anima y le alarga bondadosamente la mano.

Psiquis está tan anonadada que no puede articular palabra; cae a los pies del generoso vencedor y humildemente implora ser perdonada. Satisfecho el esposo celeste de tales muestras de respeto y sumisión, se apresura a hacer desaparecer las manchas fuliginosas que afean el rostro de la princesa y los dos juntos pasan del templo de Venus al templo de Himeneo. La alegría presidió la ceremonia de sus nupcias y jamás hubo unión más perfecta ni más feliz (1).

---

(1) Esta fábula, que hemos reducido, está sacada del escritor latino Apuleyo. La Fontaine la reproduce, embelleciéndola, en su novela *Psiquis*.

§ 2. Hero y Leandro

LEANDRO, apuesto doncel de Abydos, ciudad de Asia, amaba apasionadamente a la hermosa HERO, joven sacerdotisa que vívia en Sestos, Europa. (Estas dos poblaciones levantadas en el estrecho del Helesponto, en la costa del mar y frente la una a la otra, sólo están separadas por una media legua.) Todas las tardes Leandro atravesaba a nado el estrecho para correr al lado de Hero, que, por su parte y para guiar la ruta que debía seguir el valeroso joven, encendía una lámpara en lo más alto de la torre en que moraba. Estos viajes duraron todo el estío sin tener que lamentar ningún accidente, pero al llegar el otoño la mar se embraveció y el trayecto se hizo peligroso. Leandro, retenido por el aspecto amenazador de las olas, fué retrasando el viaje durante siete días, pero al octavo no pudo resistir al deseo de ver a su amada Hero y platicar con ella, y partió. Agitábase el vendaval y el cielo se había oscurecido. Leandro luchó contra las impetuosas olas, pero sus fuerzas se agotaron y no pudiendo sostenerse más a flote, desapareció en el abismo.

Pocos días después las olas arrastraban su cadáver hasta el pie de la misma torre desde la cual Hero, atormentada por negros presentimientos, no había cesado de escrutar la líquida superficie. Al ver aquel cuerpo inanimado no pudo contener su inmensa desesperación y se dió la muerte. Esta aventura ha sido tema fecundo de inspiración para artistas y poetas.

§ 3. Hipernestra

Danao y su hermano gemelo Egipto, ocupaban el trono de Egipto, cuando suscitóse entre ellos una querella, que obligó al primero a expatriarse con sus cincuenta hijas y buscar en Asia o en Europa una residencia. Primeramente fué a Rodas donde consagró una estatua a Minerva; después desembarcó en las costas del Peloponeso, donde Gelanor, rey de Argos, le acogió con grandes honores. El reino de Argos se hallaba trastornado por guerras intestinas de las cuales Danao supo sacar partido a su favor y al concertarse la paz, el pueblo, que se complace sobremanera en el cambio de cosas, le adjudicó la corona.

Viendo Egipto el estado floreciente del reino que su hermano gobernaba, pidióle sus hijas para darlas en matrimonio a sus cincuenta hijos y le fueron concedidas. Pero apenas hubo Danao otorgado su consentimiento para esta alianza, acordóse de un oráculo que le había prevenido que desconfiase de sus yernos. Y Danao, que era cruel, no retrocedió ante el más monstruoso de los crímenes. Llamó a sus hijas a su presencia, armó a cada una de ellas con un puñal y les hizo jurar que a la primera noche de bodas degollarían a sus maridos. Las doncellas prestaron el fatal juramento y todas cumplieron con él excepto HIPERNESTRA que desobedeció a su padre para salvar a su esposo. «Levántate — le dijo, — no sea que un brazo del que nada temes en este momento te sumerja en el eterno sueño; burla el furor de tu suegro y procura huir de las manos de mis bárbaras hermanas, quienes quizá en estos instantes asesinan a sus respectivos esposos. No quiero yo causarte daño alguno ni impedir que puedas salvarte. Más prefiero que, por haberte perdonado, Danao me cargue de cadenas, me encierre en su barco y me destierre a las más lejanas regiones de la Numidia. Corre tú, vuela hasta donde te conduzcan tus ligeros pies y el soplo de los vientos. ¡Parte! Venus y la noche te protegen.»

Linceo, pues tal era su nombre, escapóse de palacio valiéndose de la oscuridad de la noche y llegó incólume a las fronteras de la Argólide y allí pudo considerarse ya al abrigo de las mortales persecuciones de Danao. Hipernestra, a quien su padre obligó a comparecer a juicio, iba a sufrir una condena injusta, cuando el pueblo pronuncióse en su favor y la restituyó a su esposo.

§ 4. Atalanta e Hipomenes

ATALANTA, hija de Esqueneo, rey de Esciros, sentía tanta pasión por la caza que no abandonaba jamás los bosques ni las montañas. En sus habituales y repetidos ejercicios consiguió adquirir tanta ligereza y velocidad en la carrera que era imposible poderla alcanzar. Un día que se veía perseguida por dos centauros tuvo bastante fuerza y agilidad para matarlos a flechazos.

Pedida en matrimonio por una multitud de pretendientes, Atalanta les anunció, de acuerdo con su padre, que sólo concedería su mano al que lograse vencerla en la carrera, pero que daría muerte sin piedad a los vencidos. Muchos habían perecido ya cuando HIPOMENES, protegido por Venus, se presentó para tomar parte en esta lucha difícil. Habíale dado la diosa tres manzanas de oro procedentes del jardín de las Hespérides y le había instruído sobre el uso que de las mismas debía hacer. Suena la señal de la partida: Hipomenes se lanza el primero en la liza y deja adrede caer las tres manzanas a cierta distancia una de otra. Atalanta las recoge, pierde tiempo y se deja tomar ventaja viniendo a ser la esposa de su vencedor.

§ 5. Semelé

SEMELÉ, hija de Hermione y de Cadmo, residía en la ciudad de Tebas, en Beocia.

Júpiter la amaba y por eso Juno tramó contra ella una astucia digna del mismo infierno. Para poder acercarse a ella disfrazóse de anciana, cubrió su cabeza de canas y su piel de arrugas y púsose a andar con inseguro paso: cualquiera la hubiera tomado por Beroé, la nodriza de Semelé, tanto se le parecía por su aspecto, su andar y su trémula voz. Después que hubo hablado con la princesa de cosas indiferentes hizo recaer hábilmente su conversación sobre Júpiter. «¡Pluguiese al cielo — le dijo, — que fuese Júpiter en persona quien te hiciera objeto de su cariño! Pero temo por ti, pobre niña. ¡Cuántas doncellas han sido engañadas por simples mortales que habían usurpado el nombre de algún dios! Si es verdad que Júpiter te profesa tanto afecto, exígele que te dé de ello una prueba infalible: que al venir a tu lado, lo haga con todo el aparato de su gloria y con la pompa y majestad soberanas.» Persuadida la hija de Cadmo por tales razones en las que no sospechaba maldad alguna, imploró de Júpiter una gracia sin especificarle anticipadamente cuál fuera ésta. «Pídeme — díjole el dios — lo que tu quieras: yo te juro por la Estigia que nada te será negado.» Semelé, loca de alegría, prosigue inmediatamente y le dice: «Cuando vengáis a verme, apareced con toda la majestad que os rodea en el Olimpo».

Quiso Júpiter cerrarle la boca para impedir que profiriese tales palabras: pero fué tarde ya. Transido de dolor subió al cielo y allí reunió las nubes, el trueno, los relámpagos y aquellos rayos fulmíneos cuyos efectos son inevitables. Rodeado de este deslumbrador aparato, fué a dar cumplimiento al imprudente deseo de Semelé; pegóse fuego al palacio y ella quedó reducida a cenizas.

§ 6. El salto de Léucade

LÉUCADE es una isla del mar Jónico, cerca de Corfú, famosa por su promontorio desde el cual se precipitaban al mar los infortunados amantes que querían curarse de su pasión y borrar el recuerdo de sus penas. Venus, que añoraba a Adonis y lloraba su muerte sin cesar, recurrió a la ciencia de Apolo, dios de la medicina, que le aconsejó que realizase el salto de Léucade. Obedeció la diosa y quedó en extremo sorprendida al ver que salía de las aguas tranquila y consolada.

Este remedio era reputado como infalible. La gente acudía a

Léucade desde las más alejadas regiones. Preparábanse todos por medio de sacrificios y ofrendas y se comprometían por medio de un acto religioso, persuadiéndose de que con la ayuda de Apolo sobrevivirían al peligroso salto y que desterrando para siempre las cuitas del amor recobrarían la calma y la felicidad.

¿Quién fué el primer mortal que se atrevió a seguir el ejemplo de Venus? No se sabe; pero consta que no hubo mujer alguna que sobreviviese a tan tremenda prueba y que sólo algunos hombres pudieron resistirla, entre otros el poeta Nicóstrato.

Viendo los sacerdotes de la isla que caía en desuso este remedio, peor, en efecto que el mal, arbitraron un medio de hacerlo menos peligroso. Con una red de hilos hábilmente tendidos al pie del peñasco, impidieron que los amantes pudieran causarse mal alguno en la caída y además con barcas dispuestas a su alrededor, los recogían al momento y les prodigaban los cuidados oportunos. Más tarde, finalmente, y como los que acudían a Léucade creyeran insuficientes tales precauciones, se compensaron del salto fatal arrojando al mar desde lo más alto del promontorio un cofre lleno de plata: los sacerdotes cuidaban que nada se perdiera y la ceremonia se daba por cumplida, a satisfacción de todos.

§ 7. Faón y Safo

FAÓN era un mozo batelero de la ciudad de Mitilene, en la isla de Lesbos.

Un día que Venus se llegó a la barca de Faón bajo las apariencias de una mendiga, el batelero, sin sentir repugnancia por sus andrajos, la admitió bondadosamente y la transportó a la costa del Asia y aun le dió algún socorro en dinero para ayudarla a continuar su camino. Conmovida la diosa por esta buena acción, dióle un vaso de perfumes y bastó que los aplicara a su

rostro para que quedara convertido en el más hermoso de los
hombres. Todas las mujeres de Mitilene porfiaron en cauti-
varle, y la misma SAFO, hasta entonces insensible, sintió por él
un afecto insuperable y se jactó de poder conquistar su corazón.
La desgraciada se engañaba. Faón, frío y lúgubre por carácter,
apenas si prestaba atención alguna a sus agasajos. Pero viendo

Fig. 137. — Muerte de Safo

que se repetían y que al fin se hacían habituales e importunos,
tomó una resolución dictada por su carácter arisco, y se desterró
por propia voluntad, interponiendo así entre él y la bella hija de
Lesbos, el espacio azul del mar. Safo no se desanima, parte y
llega a Sicilia, donde Faón acababa de desembarcar: allí prueba
nuevamente a llevar la ternura al corazón del obstinado doncel
por el doble encanto de sus versos y su voz. Pero le esperaban
nuevas mortificaciones, pues Faón se le muestra tan indiferente
como nunca lo había sido. Entonces Safo dando solamente oídos
a su desesperación, va a Léucade, se arroja desde lo alto del
peñasco fatal y desaparece bajo las aguas.

Los habitantes de Lesbos le levantaron templos y le tributa-

ron honores divinos, haciendo que su efigie apareciera grabada
en sus monedas. Grecia entera, admiradora de sus tiernas ele-
gías y de sus odas pasionales, le dió el nombre de *décima Musa*.

§ 8.   Epiménides

EPIMÉNIDES, filósofo cretense, era contemporáneo de Solón.
Siendo aún muy joven, un día que apacentaba las ovejas de su
padre, se extravió con su rebaño. Obligado a buscar un alber-
gue porque la noche se acercaba, refugióse en el fondo de una
caverna, acostóse y se durmió con sueño tan profundo que duró
cincuenta y siete años. Despertado al fin por un gran ruido,
buscó su rebaño y no lo divisó por ninguna parte. Lleno de
inquietud volvióse a su pueblo: todo había allí cambiado. Busca
durante mucho tiempo su casa y cuando, después de muchos
apuros, logra hallarla, nadie quiere conocerle excepto su
hermano menor que era ya anciano y al cual Epiménides relata
su aventura.

La noticia de este milagro se difundió por toda la Grecia:
Epiménides fué considerado como un hombre amado del cielo y
las gentes acudieron a consultarle como a un oráculo. Murió
cuando contaba cerca de doscientos años, y durante su larga
vida, fué su único alimento la ambrosía que las ninfas de Creta
le suministraban.

El significado de esta fábula parece ser que Epiménides
había pasado su juventud retirado en lugares solitarios, entregado al estudio de la naturaleza y esforzándose por formar su
inteligencia, su imaginación y aun su exterior conforme al
papel que quería representar.

§ 9.   Giges

GIGES, cortesano de un rey de Lidia llamado Candaulo, se
distinguió por la magnificencia de los presentes que cada año

enviaba al templo de Delfos. Habiendo bajado un día al fondo
de un abismo, encontró un esqueleto humano de extraordinarias
dimensiones que llevaba puesto en uno de sus dedos un anillo de
oro, del que Giges se apropió, y que tenía la virtud de hacer
invisible al que lo llevaba. Gracias a este talismán pudo
Giges entrar sin ser visto en el aposento del rey y lo mató,
desposóse con su viuda y subió al trono de Lidia. Las riquezas de Giges como las de Creso eran proverbiales entre los
griegos.

§ 10. Las Sirenas

Las SIRENAS, especie de hadas musicales, eran hijas de
Calíope y del río Aqueloo, y habitaban en Sicilia, en una
isla vecina del cabo Pelore. Por más que fuesen ninfas del
agua, tenían alas y el rostro de doncella. No se sabe de
fijo su número: unos las reducen a tres, otros a cinco, otros
a ocho.

Su presencia era anunciada por un murmullo armonioso: su
canto era mágico. Sus voces suaves llegaban al corazón de
los marineros que, para oírlas mejor, adelantaban el cuerpo
acercándose insensiblemente a la superficie de las aguas en las
que se sumergían, al fin, para no volver jamás. Pero estaba
decretado que cuando un hombre pudiese pasar junto a las
Sirenas sin verse obligado a precipitarse hacia ellas, estas hijas
de las aguas perecerían irremisiblemente. Ulises provocó la
llegada del día fatal. Todos los hombres que formaban la tripu-
lación de su barco se taparon las orejas con cera: él, aunque
conservaba los oídos libres, se hizo atar al palo mayor de su
barco. De esta manera atravesó el navío el melodioso paraje
sin que le sobreviniese accidente alguno. Privados como estaban los marineros de oír y de movimiento el jefe, no sentían
aquéllos ansia alguna por lanzarse en brazos de las cantantes
marinas cuyas voces no percibían, y aunque Ulises suplicaba

a grandes voces que le desataran, suplicaba y vociferaba
en vano. Parténope, que era una de las Sirenas y que había
perecido en el mar después del triunfo de Ulises, fué arro-
jada por las olas a las playas de la costa italiana y enterrada
con los debidos honores. A su sepulcro sucedió más tarde un
templo, al templo un pueblo que gracias a circunstancias favo-

Fig. 138. — El canto de las Sirenas

rables se transformó en importante ciudad y capital de toda la
comarca. Esta ciudad es la famosa Nápoles llamada antigua-
mente Parténope.

Las LAMIAS tienen alguna semejanza con las Sirenas. Eran
como ellas seductoras, su cuerpo terminaba en cola de pez y
en vez de manos tenían afiladas *garras*. Cuando los viajeros,
atraídos por la dulce melodía de sus cantos, se acercaban a
ellas para admirarlas, éstas se incorporaban súbitamente, caían
sobre ellos y los devoraban.

§ 11. Céfalo y Procris

CÉFALO, rey de Tesalia, era diestro e infatigable cazador; desde el amanecer recorría los bosques, valles y montañas, y hasta la noche no regresaba a su palacio. Su mujer PROCRIS, celosa por carácter, veía con inquietud tan largas ausencias y no podía creer que bastase la caza sola a satisfacer sus anhelos, y para cerciorarse de ello decidió seguirle secretamente, permaneciendo escondida en los sotos (1).

Un día Céfalo, agotado por la fatiga y el calor fué por casualidad a reposar bajo un árbol próximo al lugar donde Procris se hallaba y con apasionado acento, invocó así al hálito refrigerante del Céfiro: «¡Ven, dulce brisa, ven! Sin ti nada soy; sin ti sucumbo y perezco. ¡Ven brisa tan deseada, ven a mí!»

Al oír su esposa tales palabras, cree que van dirigidas a una mujer rival; se estremece y agita la espesura en que se esconde. A tal ruido vuelve Céfalo la cabeza, creyendo, a su vez, que una bestia feroz se escurre entre los matorrales y dirige allí sus dardos, óyese un gemido humano y Céfalo reconoce a Procris, que víctima de una herida mortal se recrimina de su culpable desconfianza y expira en los brazos de su esposo.

§ 12. Milón y Polidamas

MILÓN, natural de Crotona, en Brucio, sobresalió entre todos los atletas de su tiempo. Cuéntase de él que en los juegos del circo cargó sobre sus espaldas un toro de cuatro años y lo llevó hasta el final de la carrera, sin tomar descanso alguno: lo aplastó de un puñetazo y el mismo día se lo comió. Cuando,

(1) *Procris* era hija de Ericteo, rey de Atenas y hermana de Oritia, de que ya hemos hablado en la página 105.

teniendo el codo apoyado en su cadera, presentaba su mano derecha abierta y los dedos cerrados unos contra otros a excepción del pulgar que lo conservaba levantado, no había fuerza humana capaz de separarle el dedo pequeño de los otros tres. Por seis veces obtuvo el premio de la lucha en los juegos píticos y otras tantas en los olímpicos.

Su imprudencia le acarreó la muerte. Un día cuando era ya muy viejo se paseaba solo por un bosque muy apartado en el que divisó un árbol que el vendaval acababa de abrir por la mitad. Acordándose entonces de su vigor, intentó separar las dos mitades, pero su brazo era ya débil y el árbol que se había abierto a la primera sacudida se cerró de nuevo y las manos de Milón quedaron tan fuertemente apresadas que no las pudo ya sacar. A la noche siguiente fué devorado por los lobos.

POLIDAMAS, rival de Milón, era aún muy joven cuando estranguló un león monstruoso en el Olimpo. Otra vez cogió un toro por una de sus patas traseras y lo sujetó de tal manera que a pesar de todo su furor y sus esfuerzos no pudo el animal escaparse de las manos de Polidamas sino dejando entre sus dedos el casco de la pata aprisionada. Aplastaba un hombre de un solo golpe y con una mano detenía un carro tirado por seis caballos. Una excesiva confianza en sus propias fuerzas apresuró su muerte. Un día que juntamente con algunos amigos había entrado en una gruta y bebía tranquilamente, la bóveda se bamboleó, parecióles que el peñasco se entreabría y los compañeros huyeron. Sólo él quedóse allí y quiso con sus nervudas manos sostener la roca que se desprendía, pero la montaña entera acabó por desplomarse y quedó sepultado.

§ 13.   Circe

CIRCE, princesa de la Cólquide e hija del Sol, era una maga cruel, hipócrita y celosa. Todas las mañanas iba a la montaña en busca de plantas venenosas y a la noche se ocupaba en medio del mayor misterio en destilar los maléficos jugos. Un rey de los sármatas tuvo la locura de pretenderla en matrimonio y más aún el heroico valor de desposarse con ella. Circe, que quería reinar sola, se libró muy pronto de él por medio de un brebaje venenoso; pero los sármatas no eran hombres que se avinieran a ser gobernados por una reina homicida de su propio esposo y le arrancaron el cetro, arrojándola después de su país. Circe se dirigió a Italia, llevando consigo sus secretos y fijó su residencia en una magnífica morada, sobre un promontorio del mar de Etruria. ¡Ay de los imprudentes marineros que anclaban su buque al pie del promontorio circense! La hechicera los atraía hasta su palacio, los cautivaba con sus encantos, robábales su energía y sus tesoros y al fin los metamorfoseaba en viles manadas de bestias.

Arrojado Ulises por la tempestad sobre las costas de este promontorio, pasó por el dolor de ver a todos sus compañeros transformados en *puercos* por las artes mágicas de esta princesa; solo él pudo resistir valiéndose de una planta llamada ajo dorado, que Mercurio le había dado; entró, lleno de coraje, en el palacio de Circe y la obligó, espada en mano, a que devolviera a sus compañeros su prístina forma.

Tanta audacia y un carácter tan noble robaron el corazón de la hechicera, que se enamoró de Ulises y le colmó de pruebas de simpatía y afecto. Encantado a su vez Ulises y seducido por tan continuos halagos, quedóse a su lado un año entero, olvidándose de su patria, su esposa y sus hijos.

§ 14. **Pigmalión**

Pigmalión, escultor que vivía en la isla de Creta, modeló una estatua tan bella, que se enamoró de ella y rogó al cielo que le diera vida y sensibilidad. «¡Dioses soberanos — exclamaba, — si es verdad que vuestro poder no tiene límites, haced que de una criatura tan adorable, pueda yo hacer mi esposa!» Al acabar esta invocación se acerca a la estatua y le parece que tiene ya movimiento; pálpala con sus manos y siente como si el mármol se reblandeciese. Asombrado ante tal prodigio no se atreve a entregarse a los transportes de alegría que le dominan. Pálpala una y otra vez y la siente menos fría; la sangre circula ya por sus venas. Apriétale la mano y posa en ella sus labios. No es ya una estatua: ella puede verle y oírle, baja ya de su pedestal y se dirige a él. La felicidad de Pigmalión no es ya un sueño: es la más dulce y la más querida de las realidades.

§ 15. Arión

ARIÓN, poeta y músico de la isla de Lesbos, vivió durante algunos años en la corte de Periandro, rey de Corinto, después pasó a Sicilia y finalmente a Italia donde empleó el talento con notorio provecho para sus intereses. Al embarcarse en el puerto de Tarento para volver a su patria, cometió la imprudencia de ostentar sus riquezas ante los ávidos ojos de algunos mercaderes que resolvieron arrojarlo al mar para repartirse su caudal. Pero Arión adivinó su espantoso intento y les rogó que antes de morir le fuera permitido, aunque por una sola vez, tocar su laúd. La petición fué atendida y Arión ejecutó una deliciosa melodía y después se arrojó al mar. Un delfín que se había acercado atraído por los dulcísimos sonidos del laúd, le amparó al caer y le transportó al cabo Ténaro, en tierras de Laconia, de donde marchó a la mansión de Periandro que hizo dar muerte a los marineros y levantó un monumento al delfín salvador de Arión.

§ 16. Alcestes y Admeto

ALCESTES, hija de Pelias, fué solicitada en matrimonio por numerosos príncipes. Para librarse su padre de importunas pretensiones, juró que solamente concedería su mano al pretendiente que pudiese uncir a un carro dos bestias feroces de diferente especie. ADMETO, rey de Tesalia, acudió a Apolo, al que en otro tiempo dispensara benéfica protección, y este dios se apresuró a ofrecerle un león y un jabalí domesticados que fueron uncidos al carro de Alcestes.

Algún tiempo después, Admeto cayó gravemente enfermo, pero el oráculo había anunciado que se libraría de la muerte si otra persona moría en su lugar, y su esposa Alcestes, tan valerosa como tierna, se sacrificó voluntariamente y murió por él. El mismo día que acababa de expirar llegó Hércules a Tesalia y Admeto cumplió con él todos los deberes de la hospitalidad a pesar de la pena que le consumía. En correspondencia a tal acogida, Hércules bajó a los infiernos, luchó con la Muerte y la venció, pudiendo así devolver Alcestes a su esposo.

§ 17. Fineo y las Arpías

FINEO, rey de Bitinia, desposóse en segundas nupcias con una de las hijas de Dárdano, llamada Idea. Esta mujer, que era celosa y perversa por naturaleza, miró con aversión a los hijos que Fineo había tenido de su primera mujer y resolvió deshacerse de ellos, para lo cual los acusó de haber conspirado contra la vida de su padre. Este, sin buscar ya más comprobantes ni testigos y fiando en la sola palabra de la madrastra, mandó que les sacaran los ojos y los arrojó de su palacio. No tardó en ser castigada tanta crueldad: los dioses, a su vez, llevaron la ceguera a los ojos de Fineo y ordenaron a las Arpías que le persiguieran implacablemente.

Las ARPÍAS, hijas de Neptuno, eran monstruos alados que tenían el rostro de vieja y el cuerpo de buitre. La cólera celeste no engendró jamás animales más horribles ni azote más temible: hacían sentir a su alrededor un olor infecto y corrompían instantáneamente los alimentos que tocaban.

Cuando todas asaltaban a Fineo se sentía éste preso por los horrores del hambre. Ellas mismas le quitaban o le envenenaban los manjares que tenía preparados en su mesa, y si alguna vez conseguía alejarlas, volvían a la carga como perros inmundos y devoradores. Al fin, sus cuñados Calais y Cetes, movidos a compasión por tanto infortunio, arrojaron de Bitinia estas aves execrables y las persiguieron hasta las islas Estrófades, que era el lugar donde habitualmente moraban. Fué aquí donde las encontró Eneas en su viaje y que tanto le hicieron sufrir.

Fig. 139. — Las Arpías

Las Arpías eran muy numerosas; de todas ellas sólo tres nos son conocidas: Ocípeta, Aello y Celeno.

Muchas son las opiniones que hay sobre su origen. Algunos creen que era una bandada de enormes *langostas* que después de devastar una parte del Asia Menor cayeron sobre Grecia y las islas vecinas, donde ocasionaron una gran hambre y cubrieron, ya muertas, riberas, llanuras y ríos. Otros han visto en ellas los *corsarios* que con mucha frecuencia hacían incursiones en los estados de Fineo; otros, por fin, las han creído divinidades maléficas que anunciaban los Vientos, las Tempestades y la Peste.

§ 18. Ixión

Ixión, hijo de Flegias, rey de los lapitas, tomó por esposa a Clía, hija de Deyoneo.

Ixión había prometido a Deyoneo magníficos regalos si le concedía a su hija Clía en matrimonio, pero después de celebrados los esponsales negóse a cumplir su promesa y el burlado suegro robó al yerno el más hermoso de los caballos que en su establo había. Al momento disimuló Ixión su cólera, pero después, fingiendo querer satisfacer su deuda, invitó a Deyoneo a un festín y le hizo caer en un hoyo lleno de fuego en el que encontró su sepultura. Mirado por todos con horror, Ixión no halló en ninguna parte quien le diera asilo; en vano suplicó a los sacerdotes de Tesalia que le purificasen de su crimen, o sea, que le fuese dado expiarlo mediante la celebración de alguna ceremonia religiosa. En medio del general abandono, acudió a Júpiter, que se dignó apiadarse de él, le transportó al cielo y allí le concedió sentarse a la mesa de los dioses. Aun después de merecer tan elevado favor, su perversidad no le abandonó un momento; deslumbrado por los encantos de Juno llegó en su osadía a confesarle su amor, y puesto de rodillas a sus pies le conjuró a que correspondiese a su pasión; afrenta intolerable que la reina de los dioses pagó con vivo desdén, y que quiso Júpiter castigar como se merecía. Para ello armóse el dios con el rayo, lo fulminó contra Ixión y lo precipitó en el Tártaro, donde Mercurio le ató a una rueda que sin cesar da vueltas causándole tormentos eternos.

§ 19. Sísifo y Salmoneo

Sísifo, hijo de Eolo, reinó en Corinto haciéndose allí famoso por sus robos y bribonadas de todo género. Uno de sus vecinos, Autolico, tan falso como él y también admirador de sus imposturas, quiso tenerlo por yerno y le dió su hija Anticlea por esposa (1).

Cuando se hallaba ya próximo a exhalar su último suspiro, Sísifo tramó una de sus más atrevidas y extrañas supercherías. Llamó a su mujer a la cabecera de su cama y le pidió como gracia especial «que no enterrara su cuerpo». Murió y su viuda obedeció

(1) Esta misma *Anticlea* desposóse con *Laertes,* rey de Itaca, de quienes nació *Ulises.*

puntualmente tan sagrada encomienda. Llegado que fué a la mansión de Plutón, Sísifo se quejó al dios del comportamiento de su mujer que negaba a su cuerpo la debida sepultura, y solicitó su permiso para volver a la tierra y aplicarle el castigo conveniente. Permitióselo el dios a condición de que no se detendría allí mucho tiempo y que regresaría pasados unos días. Pero el

Fig. 140. — Sísifo en el Infierno

astuto Sísifo, apenas se vió fuera de la sombría mansión, se jactó del éxito de su embuste y reveló a los suyos el propósito que tenía de no volver a los infiernos. Fué preciso recurrir a la fuerza y vióse obligado Mercurio a agarrarlo por el cuello y conducirlo nuevamente al reino de Plutón, quien le condenó a arrastrar hasta la cima de una montaña un peñasco enorme que volvía a caer por su propio peso, y así se renovaba indefinidamente el suplicio de este culpable.

SALMONEO, hermano de Sísifo, llevó su orgullo hasta la mayor extravagancia. Después de haber conquistado toda la Elide, exigió de sus súbditos que le rindiesen los mismos honores que a los dioses, y pretendió imitar el estrépito del rayo haciendo rodar su carro sobre un puente de bronce, desde donde, fingiéndose nuevo rey del Olimpo, lanzaba antorchas encendidas sobre algunos miserables que hacía asesinar inmediatamente por sus soldados.

§ 20. Los oráculos

Las respuestas dadas por los dioses a los mortales, al ser preguntados, se llamaban *oráculos*. Aplicábase también este nombre al lugar donde tales respuestas se obtenían y a la divinidad que era interrogada.

Consultábanse los oráculos con motivo de las grandes empresas o por insignificantes asuntos domésticos. Si se trataba de declarar la guerra, negociar la paz, librarse de una plaga, dictar leyes, fundar una colonia, etc., siempre se consultaba a los oráculos. Si alguien quería emprender un viaje, tomar esposa, construir un palacio, saber si curaría de una enfermedad, etc., recurría a cualquiera de las divinidades que tenían fama de predecir lo futuro. En Dodona y en Libia, *Júpiter;* en Delfos, Claros y Delos, *Apolo;* en Epidauro, *Esculapio;* en Beocia, *Trofonio,* gozaban en este aspecto de la más grande reputación.

Cada oráculo tenía un modo particular de exponer la voluntad del cielo. En Delfos había una sacerdotisa llamada *pitonisa* que cumplía esta función; en Dodona se hacía hablar a las *palomas* y a los *robles*. Júpiter-Ammón expresaba su voluntad claramente y sin rodeos. En ciertos lugares, se obtenía la respuesta del dios durante la noche y por medio de sueños. En Claros el que consultaba no formulaba pregunta alguna, limitábase a dar su nombre por escrito y la respuesta satisfacía la pregunta que se quería proponer.

Las decisiones de estos oráculos eran tenidas por infalibles, pero ordinariamente ofrecían doble sentido o nebulosa ambigüedad. Así cuando la Pitonisa aconsejó a Nerón «que desconfiara de los setenta y tres años», este emperador entendió que su vida se prolongaría hasta esta edad avanzada sin pensar en su lugarteniente, Galba, que tenía esta edad y que le arrebató el trono y le quitó la vida. Alejandro Magno antes de realizar su expedición al Asia fué a Delfos precisamente uno de los meses en que el oráculo no formulaba respuestas y en que la pitonisa no tenía derecho a subir sobre el trípode sagrado. Indignado el rey por este obstáculo imprevisto arrancó a viva fuerza a la sacerdotisa de su celda y la llevaba a rastras al santuario, cuando ella se apresuró a gritar: «¡Hijo mío, eres irresistible!» Alejandro no quiso ya escuchar otro oráculo y marchó lleno de confianza a la conquista del Asia.

§ 21. La Pitonisa

Los griegos designaban con este nombre a la sacerdotisa que daba a conocer los oráculos de Apolo en Delfos: llamaban

también *pitonisas* a todas las adivinadoras y a todas las mujeres que se dedicaban a predecir lo futuro.

La Pitonisa era elegida entre las doncellas de oscuro pero honrado nacimiento; no se le exigía instrucción alguna y bastaba que pudiese repetir lo que el dios le dictaba. Sólo profetizaba una vez al

Fig. 141.—Consulta a la Pitonisa de Delfos

año, hacia los comienzos de la primavera. Las consultas debían serle presentadas por escrito y selladas. Antes de dar la conveniente respuesta a cuantos iban a consultarla, ayunaba durante tres días, se bañaba en las aguas inspiradoras de Castalia y mascaba hojas de laurel. Después se sentaba sobre el trípode santo colocado sobre una cavidad de la que se desprendía fuerte olor y un vapor embriagador. A medida que la emanación divina la envolvía, sus cabellos se erizaban, su mirada se tornaba feroz, su boca vomitaba espuma y un violento temblor se apoderaba de todo su cuerpo. Dominada por esta dolorosa crisis, luchaba contra los sacerdotes que la retenían sobre el trípode a viva fuerza; lanzaba estridentes gritos y sembraba el espanto en la asamblea. No pudiendo, al fin, resistir por más tiempo al dios que la subyugaba, profería a intervalos palabras mal articuladas que los ministros recogían con sumo cuidado, para arreglarlas a su manera y darles un ritmo, una trabazón y un sentido que no tenían al salir de la boca de la sacerdotisa. Al acabar de anunciar los oráculos, la Pitonisa era retirada del trípode y conducida a su casa, donde pasaba muchos días restableciéndose de sus fatigas, y aun, con frecuencia, a su entusiasmo convulsivo seguíase una muerte súbita.

El oráculo habló primeramente en verso, pero a algunos viajeros maliciosos parecióles extraño que el dios de la poesía produjese versos tan desprovistos de toda belleza, por lo cual, desde entonces, la sacerdotisa habló en prosa.

§ 22. La Sibila de Cumas

Las SIBILAS eran vírgenes inspiradas que predecían lo futuro y pronunciaban oráculos. Los autores discrepan sobre su número, su nombre, su patria y su historia. Algunos fijan su número en tres, otros en cuatro y otros cuentan hasta diez.

La más conocida es, sin duda, la de *Cumas*. Apolo, que sentía por ella sincero afecto, prometióle acceder a uno de sus ruegos si cesaba de mostrarse indiferente. Deifobea, tal era su nombre (1) recogiendo un puñado de arena, pidióle poder vivir tantos años como granos tenía en la mano. Su deseo le fué satisfecho, pero después ella se burló de Apolo que tan crédulo había sido y huyó. El dios a su vez se burló de ella porque habíase olvidado de pedirle la juventud al mismo tiempo que la longevidad. Pasados treinta o cuarenta años sintió ella debi-

Fig. 142. — Sibila

litarse; a su fresca lozanía sucedió una espantosa demacración, la senilidad hizo sus pasos tardos, su voz se apagó y la existencia se le hizo una carga pesada.

Al llegar Eneas al Lacio fué a consultar a esta Sibila y ella fué la que le introdujo en los infiernos.

Siendo ya de edad muy avanzada, compuso y llevó misteriosamente a Roma, donde a aquella sazón gobernaba Tarquino el Soberbio, los libros poéticos llamados Sibilinos. Cubierta con un amplio velo, avanzó grave y con seguro pie hasta el palacio de Tarquino y pidió que le fuese concedido poder hablar con él. Admitida a su presencia, muéstrale nueve manuscritos y le dice: «Príncipe, quiero

cobrar trescientas monedas de oro por estas hojas en que se encierran los destinos de Roma». Tarquino sonríe al oír semejante proposición y no se digna contestar. Deifobea no se arredra por ello; arroja al fuego tres de sus manuscritos y añade: «Príncipe, no podréis pagar en lo que valen estos seis rollos: en ellos se hallan contenidos los destinos de

---

(1) Otros la llaman *Herofila*, otros *Demofila* y otros desdoblan a nuestra sibila en dos personas diferentes.

Roma». A esta nueva súplica, Tarquino se encoge de hombros y trátala de extravagante. Deifobea no cambia de táctica, quema otros tres cuadernos y dice de nuevo al monarca: «Rey de los romanos, nunca se pagará bastante lo que queda de estos oráculos: pido que me paguéis por ellos trescientas monedas de oro». Tarquino, después de dudar un momento, muda de parecer, reúne a los grandes de su corte para consultarlos, entrega a la vieja Sibila la suma pedida y recibe los preciosos libros que constituían una recopilación de las predicciones hechas sobre los destinos del imperio romano. Desde entonces nada que tuviera alguna importancia se emprendía

Fig. 143. — La Sibila de Cumas

en Roma sin consultarlos. En tiempo de guerra, sedición, peste o hambre, recurrían a los versos sibilinos, que quedaron constituídos en oráculo permanente, respetado e infalible. Para atender a la conservación de tales libros se había establecido un colegio de sacerdotes llamados quindecenviros y solamente ellos tenían derecho a interpretarlos.

§ 23. Los Magos

Se da el nombre de *magia* al arte de producir efectos sobrenaturales valiéndose de la intervención de las divinidades infernales o por medio de palabras cabalísticas y ceremonias misteriosas.

Los antiguos estaban persuadidos de que las *Magas* o *Hechiceras* ejercían su poderío en el cielo, sobre la tierra y en los infiernos; que podían someter los astros a su voluntad, hacer que la luna descendiera del firmamento, transportar los frutos y las cosechas de un campo a otro, evocar los manes y platicar con las sombras. Al imperio de su voz, el día y la noche interrumpen sus cambios; Júpiter no es obedecido ya y los truenos retumban sin que él lo sepa; el mar se calma o se embravece a despecho de Neptuno; las montañas se tornan llanuras, los ríos vuélvense hacia su origen y la naturaleza toda sufre hondos trastornos.

Para sus actuaciones mágicas, empleaban las plantas venenosas, los huevos de mochuelo, la sangre de sapo, el tuétano de muchachos y los huesos de muertos, y con todo ello componían brebajes y filtros que tenían la virtud de inspirar amor u odio, rejuvenecer o envejecer, resucitar o quitar la vida. Las hechiceras de Tesalia eran las más renombradas de Grecia. Habían recibido de Medea sus conocimientos mágicos.

Némesis, Proserpina y Hécate patrocinaban los sortilegios y encantamientos.

§ 24. Los Augures

Los romanos daban este nombre a nueve magistrados cuyo cometido era predecir el porvenir y que, en cierto modo, eran considerados como intérpretes de los dioses. Gozaban de una veneración sin límites, y antes de acometer cualquier empresa de importancia se les consultaba para saber cuál sería su resultado.

Los augures sacaban sus respuestas de cuatro fuentes principales: 1.º, de los fenómenos celestes, tales como el rayo, los relámpagos, los cometas y los eclipses; 2.º, del vuelo y del canto de los pájaros; 3.º, del modo como los pollos sagrados tomaban el alimento que se les daba (si no querían ni aun salir de

sus jaulas, ni correr, el presagio era funesto; si devoraban ávidamente los granos de trigo y recogían los que se escapaban a

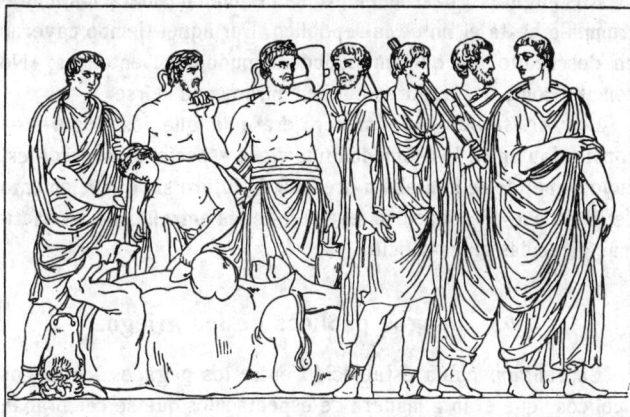

Fig. 144. — Arúspices examinando las entrañas de la víctima

su pico, el presagio era favorable), y 4.º, de hechos puramente
casuales, por ejemplo, de la caída de un salero, de un estor-

Fig. 145. — Ofrendas a los dioses

nudo, de un ruido extraño, de un incendio, de una vela que se
apagaba sin causa manifiesta, de un ratón que royese los mue-

bles, del encuentro fortuito con una serpiente, una liebre o un zorro.

Los augures gozaron en Roma de una consideración ininterrumpida hasta el fin de la república. Por aquel tiempo cayeron en descrédito, ya que un ciudadano pudo decir entonces: «No concibo cómo dos augures pueden mirarse sin reírse».

Los *Arúspices* — de menor jerarquía que los augures — constituían entre los romanos una clase especial de sacerdotes, cuyo cometido se limitaba a predecir lo futuro sin otro elemento de juicio que un minucioso examen de las entrañas de las víctimas ofrecidas en sacrificio.

§ 25. Juegos públicos de los griegos

La religión había establecido entre los paganos los juegos públicos, que eran a manera de espectáculos que se celebraban en el circo, en el estadio o en otros lugares destinados a este fin. No había en Grecia ni en Roma juegos que no estuviesen consagrados a alguna divinidad, y nunca se procedía a su celebración sin antes haber ofrendado sacrificios a los dioses.

Los cuatro principales juegos de Grecia eran los Olímpicos, los Píticos o Pitios, los Istmicos o Istmios, y los Nemeos.

a) *Juegos olímpicos*

Fueron establecidos en honor de Júpiter y se celebraban cada cinco años en Olimpia, ciudad de la provincia de la Elide, en el Peloponeso; empezaban el 22 de junio y duraban cinco días. Eran los más antiguos, solemnes y brillantes de toda la Grecia.

Su origen es muy dudoso, pero comúnmente se cree que fueron instituídos por Pelops, hijo de Tántalo. Atreo ordenó por segunda vez que fuesen celebrados, hacia el año 1250 antes de la era cristiana. Al volver Hércules de la expedición a la Cólquide, reunió en Olimpia a los argonautas para celebrar de nuevo allí estos nobles ejercicios en memoria del éxito de la expedición, y cada espectador y cada atleta comprometiéronse a volver a Olimpia para el mismo fin, después de transcurridos cuatro años. Las guerras intestinas de Grecia interrumpieron tales fiestas hasta el reinado de Ifito, rey de la Elide y contemporáneo de Licurgo, es decir, durante tres siglos.

La celebración de estos juegos se regía por un lapso de cuatro años, período que recibió el nombre de *olimpíada* y que — a partir del año 776 antes de Jesucristo, en que se fijó la primera — fué adoptado por los griegos como unidad para contar el tiempo.

Los ejercicios que se verificaban habitualmente eran los cinco siguientes: 1.º, la carrera, que al principio se efectuaba a pie, después a caballo y por fin en carro; 2.º, el salto, que consistía en salvar un foso o una elevación cualquiera; 3.º, el disco, que era una piedra muy pesada que debía ser lanzada lo más lejos posible; 4.º, la lucha o combate de dos atletas, cuerpo a cuerpo; 5.º, el pugilato, que era una especie de esgrima a puñetazos. Los dos atletas, antes de salir al combate, armaban sus vigorosas manos con un guante de cuero provisto de trozos de plomo, se lanzaban uno sobre otro y se aporreaban a puñetazos hasta que uno de los dos se declaraba vencido o expiraba en la lid. El combate constituído por los ejercicios consecutivos de la lucha y el pugilato, recibía el nombre de *pancracio,* y cuando se quería designar todos ellos con una sola palabra, se les llamaba el *pentatleo,* o sea los cinco combates reunidos.

Estas fiestas eran presididas por jueces elegidos entre los eleos, que cuidaban de mantener el orden e impedir que para ganar el premio se pudiese recurrir al fraude o a la superchería. Los vencedores obtenían por toda recompensa una corona de *olivo,* pero eran conducidos en triunfo a su patria, sobre un carro tirado por cuatro caballos blancos y, como mayor homenaje, entraban en la ciudad por una brecha expresamente abierta en sus muros. Horacio llega a afirmar que el laurel ganado en

Olimpia elevaba al atleta victorioso por encima de la condición humana: «No es ya un hombre — dice, — es un dios».

b) *Juegos píticos*

Fueron instituídos en Delfos por el mismo Apolo con motivo de la victoria por él obtenida sobre la serpiente Pitón. Se celebraban cada cinco años, y al principio fueron verdaderos certámenes de poesía y música: el premio era otorgado al concursante que había compuesto y cantado el himno más hermoso en honor del dios cuyas flechas habían causado la muerte al monstruoso reptil. Tiempo después se añadieron a éstos los otros combates de los juegos olímpicos. El laurel fué la recompensa concedida a los vencedores.

c) *Juegos ístmicos*

Fueron instituídos en honor de Neptuno por Teseo, hacia el año 1260 antes de Jesucristo, y se celebraban siempre con gran esplendor en el istmo de Corintio — circunstancia a la que deben su denominación — cada tres años, durante el verano. La afluencia de espectadores era tan grande que solamente los notables de las ciudades griegas podían contar con un puesto. En estos juegos, como en los olímpicos, se disputaba el premio de la carrera, el salto, el disco, la lucha y el pugilato, sin excluir los certámenes de la poesía y la música. Una rama de pino coronaba la frente de los atletas victoriosos.

Según algunos autores, estos juegos fueron establecidos por los corintios en honor de Melicerto, hijo de Atamante, cuyo cadáver había sido depositado por las olas en las riberas del istmo.

d) *Juegos nemeos*

La institución de estos juegos se remonta hasta la victoria obtenida por Hércules sobre el león de Nemea, o, según otros, fueron creados por los habitantes de Argos con motivo del trágico fin del joven Arquemoro, cuya historia abreviada es como sigue.

Licurgo, rey de Nemea, entregó su hijo Arquemoro a Hipsipile, después de haberla reducido a la esclavitud, para que lo amamantase. Un día en que la nodriza vagaba placenteramente por el campo con el niño en brazos, acercáronse a ella los siete jefes argivos, que cruzando el bosque nemeo marchaban a la expedición contra Tebas, en súplica de que les indicase una fuente próxima en que satisfacer la sed intensísima que les abrasaba y descansar un momento. La esclava, sin medir lo peligroso de lo que hacía o quizá ofuscada por la turbación, dejó al niño sobre una mata y acompañó a los expedicionarios hasta una fuente algo distante. Mientras tanto, la criatura moría ahogada por una serpiente.

Hipsipile fué condenada por Licurgo a prisión, y la muerte hubiera sido el castigo de su descuido, pero los jefes argivos intercedieron en su favor, obtuvieron su libertad y dedicaron al pequeño Arquemoro magníficos funerales.

Desde entonces, cada tres años, se celebró en este mismo lugar y con la misma suntuosidad, la conmemoración de esta desgracia. Sólo los argivos contribuyeron a los gastos de estos juegos, cuya presidencia ocupaban vestidos de riguroso luto, y los vencedores eran coronados con apio silvestre, que es una planta fúnebre.

§ 26. Mitología egipcia

Las divinidades egipcias que ocupan el primer lugar son Osiris e Isis, y las de orden inferior, Horus, Anubis, Apis y Harpócrates.

a) Osiris e Isis

Osiris, antiguo rey de Egipto, se dedicó a mejorar las costumbres salvajes de sus súbditos; les enseñó el cultivo de los campos y les dió sabias leyes. Cuando creyó que su obra estaba ya terminada confió la administración de los asuntos de gobierno a su esposa Isis, y acompañado de su hijo Horus fué extendiendo por los demás países los beneficios de la agricultura, las leyes y la religión. Visitó a Etiopía, Arabia y la

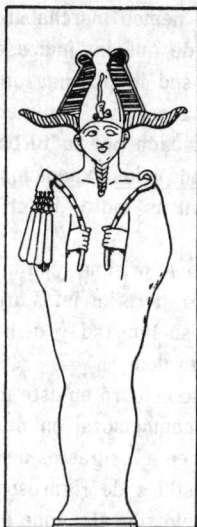

Fig. 146. — Osiris   Fig. 147. — Isis

India, por todas partes propagó los conocimientos útiles y por doquier se hizo querer y admirar. Al volver a su país advirtió que su hermano Tifón había soliviantado una parte del pueblo y constituía para Isis un formidable peligro. Osiris, que era pacífico por naturaleza, se esforzó por calmar la agitación de los ánimos, pero no pudo llevar a razón a su hermano ni asegurarse contra su malevolencia.

Tifón, hombre injusto y violento, celoso del poder que gozaba Osiris, le hizo caer en una emboscada y lo mató; encerró su cuerpo mutilado en un cofre y lo arrojó al Nilo. Isis quería, por lo menos, tener el consuelo de tributar a su esposo los honores de la sepultura; fué en busca de su cadáver por las riberas del Nilo y las costas del Mediterráneo, hallándolo, al fin, en Biblos, ciudad de Fenicia, donde las olas lo habían depositado.

Después de celebrados los funerales, Isis sólo pensó en infligir a Tifón un digno castigo; reunió sus ejércitos y marchó contra este tirano venciéndole en dos batallas campales. La bravura de Horus contribuyó notablemente a esta victoria.

Los últimos tiempos del reinado de Isis distinguiéronse por servicios de otro género. Perfeccionó las artes, inventó las velas de los navíos, facilitando de esta manera los viajes marítimos (1). A su muerte los egipcios en prueba de reconocimiento la elevaron a la categoría de los dioses bajo la figura de una *vaca* y le dieron el título de madre de todas las cosas y diosa universal.

Osiris es el *sol* e Isis la *luna*. Ordinariamente Osiris es representado como un personaje robusto, cubierto con una mitra o bonete puntiagudo, y que empuña con su mano izquierda una especie de cayado y con su derecha un mayal. Algunas veces le representan con cabeza de gavilán, porque esta ave, que es el emblema del sol, tiene la vista penetrante y el vuelo raudo.

Isis es representada bajo tan variadas formas, que sería largo enumerarlas: ya en la figura de una mujer hermosa cuya cabeza está armada con dos cuernos entre los cuales aparece un globo o una especie de disco, apoyada con su mano izquierda en un bastón y empuñando con su derecha la llave del Nilo: ya aparece con cabeza de vaca; ya aparece sentada y con un niño sobre sus rodillas.

_____

(1) Los griegos atribuían la invención de las velas al artista ateniense Dédalo (v. el § 23, pág. 176).

b) Horus

HORUS, hijo de Osiris y de Isis, acompañó a su padre en su viaje a Etiopía y a la India, llevándose entre los que componían su séquito nueve hábiles músicos, y con su cooperación acometió la obra de civilizar los pueblos. Al regresar a Egipto, dió muerte al gigante Tifón, que había asesinado a Osiris, pereciendo él a manos de los Titanes. Su madre Isis le resucitó y le hizo inmortal, enseñóle la medicina y el arte de vaticinar el porvenir.

Se le representa bajo la figura de un niño, y es fácil reconocerle por su vestidito estrecho, por el cetro de augur sobre el cual está sentado, y finalmente por su melena artísticamente trenzada.

c) Anubis

ANUBIS era hermano de Horus. En las exequias fúnebres que siguieron a la muerte de Osiris, su padre, fué Anubis quien

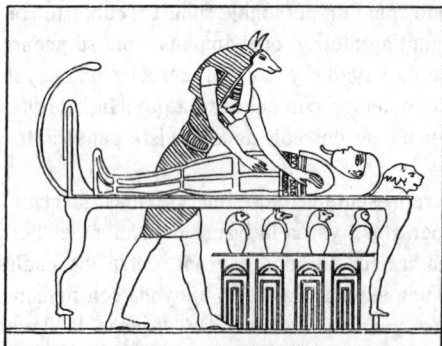

Fig. 148.— Anubis guardando la momia de Osiris (pintura de Tebas)

embalsamó los sagrados restos del monarca y los depositó en el sepulcro; esta circunstancia hizo que fuera considerado como uno de los dioses del Infierno.

Anubis es representado en la figura de un hombre con cabeza de perro o de chacal, vestido con coraza y cota de malla, sosteniendo en una mano un caduceo y en la otra un sistro egipcio.

d) El buey Apis

Osiris había inventado la agricultura. Al morir, el pueblo creyó que el alma de este rey había pasado al cuerpo de un *buey,* animal indispensable para los trabajos del laboreo. Por eso prestaron al buey especial adoración y de él hicieron un dios al que dieron el nombre de Apis.

Pero no todos los bueyes eran tenidos por su dios y por su Osiris; Apis debía ser negro, con una mancha blanca en la frente, la figura de media luna

Fig. 149. — El buey Apis

también blanca sobre el costado derecho, el diseño de una águila sobre la espalda, y otras señales que el pueblo creía naturales y que eran obra de los sacerdotes. Desde que el buey era hallado se le alimentaba y cuidaba en Nilópolis durante cuarenta días y allí era servido por algunas mujeres que eran las únicas que tenían el derecho de verle. Después por la corriente del Nilo e instalado en un brillante navío era trasladado a Menfis y a su desembarque era recibido por los sacerdotes y saludado por las aclamaciones de la multitud. Después de conducirlo al santuario de Osiris era colocado ante los dos establos y, según que se decidiera por uno o por otro, el presagio era favorable o adverso. Apis no salía más que a una terraza para respirar aire puro, o en señaladas ocasiones para dar un paseo por la ciudad: entonces iba precedido de un cortejo de niños que cantaban en su alabanza y de oficiales que le abrían paso entre la multitud.

Según preceptuaban los libros sagrados de los egipcios, Apis no debía vivir sino un número determinado de años. Cuando llegaba la fecha prescrita, los sacerdotes le conducían a orillas del Nilo y le sumergían en sus aguas con gran ceremonia y con muestras del más profundo respeto. Después le embalsamaban y celebraban en su honor suntuosos funerales dando muestras de extremado sentimiento como si de nuevo hubiesen perdido a Osiris. Este público pesar se prolongaba hasta que le era designado por los sacerdotes sucesor. Entonces renacía el júbilo y el pueblo se entregaba a toda clase de regocijos. «Osiris ha resucitado», decían, y las fiestas públicas se prolongaban durante siete días.

Esta y otras fábulas señalan diversas características de la mitología griega. Esta alternativa de condolencia y alegría pública, por ejemplo, ha dado origen a la fábula de *Adonis*. La diosa Isis representada bajo la figura de una vaca no es otra que *Io*. Horus es *Apolo;* Anubis, *Mercurio.* El Oriente civilizado por Osiris, su hijo y los nueve músicos, no es sino la expedición de Baco, que tuvo por objeto enseñar a los pueblos la manera de plantar la viña y hacer el vino.

La civilización del Egipto arranca de los tiempos más lejanos. A ella acudieron los griegos para adquirir los conocimientos elementales de su teología, de sus artes y de sus ciencias.

e) Harpócrates

HARPÓCRATES, que entre los egipcios se llamaba Horus, era un niño que los griegos habían elevado a la categoría de dios del silencio. Ordinariamente le representan bajo la figura de un joven en pie que tiene el dedo puesto sobre los labios, como imponiendo silencio, y que lleva por vestido una piel de lobo cuajada de ojos y orejas, con lo que se quiere significar que debemos verlo y oírlo todo, pero hablar poco.

Los romanos adoptaron esta divinidad y colocaron su estatua a la entrada de sus templos para indicar que para comunicarse con los dioses es necesario hacerlo con circunspección, ya que no es dado al hombre poderlos conocer sino muy imperfectamente.

f) El Ibis

Egipto tributaba a los animales culto especial; los templos de este país estaban llenos de sus simulacros. Mientras vivían eran cuidados y alimentados con solicitud y al morir eran embalsamados y depositados con todos los honores en las catacumbas que les estaban destinadas.

Fig. 150. — El Ibis

Este culto tenía por base la persuasión en que vivía el pueblo de que los dioses, al ser perseguidos por el gigante Tifón, habíanse ocultado en Egipto bajo la figura de diversos animales; a este culto contribuían además el dogma de la metempsicosis o transmigración de las almas en los cuerpos de los hombres y los animales, y la utilidad que rinden muchos de estos animales.

El IBIS, ave de la familia de la cigüeña, gozaba entre los egipcios de tan gran veneración, que quien diera muerte a un *ibis,* aunque fuese involuntariamente, era castigado con la pena de muerte. Este respeto tenía por origen los servicios que esta ave presta en Egipto, destruyendo las orugas, las serpientes y sobre todo las langostas viajeras que al comenzar la primavera van de Arabia en gran cantidad, infestando las tierras regadas por el Nilo. También adoraban el *icneumón* (especie de rata que va sin cesar a caza de los huevos de cocodrilo para comerlos), el *gato,* el *halcón* y otros muchos animales... ¡No os riáis, queridos lectores, de esta superstición! ¿No tributamos tal vez nosotros una especie de culto a las *golondrinas,* que son pájaros tan útiles y confiados? ¿No creemos también que es un crimen matarlas y que este crimen no queda jamás sin castigo?

g) El Fénix

El FÉNIX, ave fabulosa, fruto de la imaginación de los sacerdotes egipcios, se parece al pavo por su tamaño; tiene sobre su cabeza un penacho o un moño, las plumas del cuello doradas, la cola blanca con manchas carmíneas y los ojos rutilantes como estrellas.

Cuando ve que su muerte está próxima, se construye un nido con maderas impregnadas de resina y gomas aromáticas; se expone a los rayos del sol, se tiende y así muere. Del tuétano de sus huesos nace un gusano que engendra otro *fénix,* joven, radiante, cuyo primer cuidado es tributar a su padre los honores de la sepultura. Este pájaro se deja ver solamente una vez cada cinco siglos, ya en una región ya en otra, pero sobre todo en Heliópolis, ciudad de Egipto.

Fig. 151. — El Fénix, según una pintura egipcia

Fué visto por última vez el año 330, cuando Bizancio tomó el nombre de Constantinopla, y de este hecho dedujeron, para los destinos de la ciudad, favorables augurios.

El ave *fénix* simbolizaba entre los paganos la castidad y la templanza, y entre los cristianos la resurrección.

h) El lago de Aquerusia

Cerca de Menfis y al otro lado de un lago llamado *Aque· rusia,* se levantaba el cementerio principal de los egipcios. Los cadáveres de los que acababan de morir eran transportados a las orillas de este lago para ser juzgados según sus obras. Si el difunto había violado las leyes del país, era arrojado en una especie de muladar llamado *Tártaro;* si se había portado como hombre de bien, era transportado por un batelero a la otra parte del lago, a una deliciosa pradera, festoneada por hermosas flores, riachuelos y bosquecillos, donde recibía sepultura. Dábase a este lugar el nombre de *Elision,* es decir, morada del reposo y de la alegría.

Los mitos de los Campos Elíseos, del Tártaro, de los jueces del infierno, de Carón y su barca deben, sin duda, su origen a esta costumbre egipcia.

§ 27. Las siete maravillas del mundo

Los antiguos designaban con este nombre siete monumentos de unas dimensiones y magnificencia prodigiosas. Estos eran el templo de Diana en Efeso, las pirámides de Egipto, los jardines de Semíramis en Babilonia, el coloso de Rodas, la estatua de Júpiter Olímpico, la tumba del rey Mausoío y el faro de Alejandría.

I. EL TEMPLO DE DIANA EN EFESO. Este soberbio edificio medía más de cuatrocientos pies de largo por doscientos de ancho. En el patio interior se podían admirar ciento veintisiete columnas, de sesenta pies de altura cada una, levantadas por otros tantos príncipes en nobilísima pugna por superarse unos a otros en los gastos que se imponían para la suntuosidad de la obra. Todos los reyes del Asia contribuyeron a la construcción y ornato de este templo, que fué terminado al cabo de dos siglos. Estaba decorado con pinturas, estatuas y bajorrelieves que eran obras maestras de los mejores artistas. Las puertas se habían construído con madera de ciprés, los entramados de cedro y la estatua de *Diana* de oro.

Desde muy lejos acudía la gente a visitar este templo y los forasteros procuraban con todo empeño obtener modelos del mismo para llevarlos a su país.

Un fanático llamado Eróstrato, queriendo inmortalizarse con la fama de un gran crimen, incendió este monumento hacia el año 356 antes de nuestra era. Los efesios lo reedificaron con igual magnificencia; pero Nerón lo saqueó, y los escitas lo incendiaron hacia el año 260 de Jesucristo.

II LAS PIRÁMIDES DE EGIPTO. Estas Pirámides, la única de las maravillas del mundo que aun subsiste, fueron levantadas por los antiguos monarcas egipcios para que sirvieran de sepultura a los reyes, a la familia real y a los grandes dignatarios de la nación. Son inmensas construcciones graníticas de base cuadrada, cuyas cuatro aristas concurren en la cúspide. En su interior se abren innumerables subterráneos que conducen a las cámaras sepulcrales abovedadas. La mayor de las pirámides, que se halla en las inmediaciones de El Cairo, mide 142 m. de altura, la misma que la catedral de Estrasburgo, y se puede subir a su cúspide sin mucha dificultad.

III. LOS JARDINES DE SEMÍRAMIS. Semíramis, esposa de Nino, rey de Babilonia, engrandeció esta capital embelleciéndola con palacios, templos, acueductos y principalmente con jardines *colgantes* que excitaban la admiración universal. Estos jardines quedaban sostenidos en el aire mediante columnas de mármol, sobre las cuales descansaba un piso hecho con vigas de palmera y recubierto de un fondo considerable de tierra.

En este suelo artificial crecían legumbres, flores, las plantas más diversas y los árboles más gigantescos; el agua llegaba hasta allí abundantemente por medio de canales y máquinas hidráulicas. El historiador latino Quinto Curcio nos ha dejado una detallada descripción de este prodigio de arte.

IV. EL COLOSO DE RODAS. Era una estatua de bronce que tenía 32 m. de altura, y estaba dedicada a Apolo. Hallábase a la entrada del puerto y sus pies descansaban sobre dos grandes rocas, pudiendo los navíos pasar a velas desplegadas por entre sus piernas. Una escalera interior conducía a la cima de este monumento, desde donde se divisaban, según se dice, las costas de Siria y los bajeles que surcaban el mar de Egipto. Cuarenta años después de haberlo erigido y habiendo sido derribado por un violento terremoto, los pueblos vecinos que deseaban verlo de nuevo en pie enviaron a tal efecto considerables sumas, pero los rodios se repartieron el dinero con el pretexto de que las decisiones del oráculo eran claramente contrarias a que fuese de nuevo colocado en su lugar.

La estatua estuvo caída durante diez siglos, pero al apoderarse de la isla de Rodas los árabes capitaneados por Moawiah (651), el coloso fué descompuesto en piezas y vendido a un judío que cargó con ellas hasta novecientos camellos.

V. ESTATUA DE JÚPITER OLÍMPICO. Esta estatua, obra de Fidias, estaba hecha de oro y marfil, y representaba a Júpiter coronado de olivo, sentado sobre un trono de oro, sosteniendo en su mano derecha una Victoria y empuñando en su izquierda un cetro terminado por un águila. En los cuatro ángulos del trono se veían esculpidas otras tantas Victorias que estaban en actitud de darse la mano como para danzar. Las Gracias y las Horas, obra maestra del mismo cincel, se inclinaban dulcemente sobre la cabeza del soberano de los dioses.

Cuando Fidias hubo terminado su obra, rogó a Júpiter que le hiciera patente por una señal clara que aprobaba el trabajo tan felizmente realizado, e inmediatamente los truenos retumbaron en el espacio y el pavimento del templo fué herido por el rayo, sin que por ninguna parte se advirtiese huella alguna de ello (1).

VI. EL SEPULCRO DE MAU-SOLO. *Mausolo,* rey de Caria y uno de los príncipes más ricos y poderosos de su tiempo, fué a su muerte tan llorado por su esposa *Artemisa II* que ésta, para enaltecer la memoria de su amado, mandó construir en Halicarnaso un magnífico sepulcro, cuyo esplendor eclipsaba todo lo que en este género se había visto hasta entonces. Medía 400 pies de circunferencia, 140 de altura y contenía en su recinto 36 columnas. La pirámide que coronaba el monumento tenía por remate un carro de mármol tirado por cuatro caballos.

Fig. 152. — Victoria

Muchos célebres escultores, Timoteo, Escopas y Leócares, entre otros, habíanlo enriquecido con estatuas y bajorrelieves. Desde entonces el nombre de *Mausoleo* ha sido aplicado a todos los monumentos fúnebres levantados en honor de un príncipe u otro personaje notable.

VII. EL FARO DE ALEJANDRÍA. Dase el nombre de *faro* a una torre que se levanta a la entrada de un puerto o en sus

_____

(1) Este monumento estaba instalado en el templo de Júpiter, en Olimpia, y el templo mismo podía considerarse una maravilla.

proximidades y sobre la que durante la noche se encienden potentes luces para que sirvan de guía a los barcos que se acercan a la costa El faro de Alejandría, en Egipto, construído en el reinado de Tolomeo II, se componía de muchos pisos, cada uno de los cuales iba estrechándose y por esto todo el conjunto tenía forma piramidal.

Cada piso, sustentado por columnas de mármol blanco, quedaba hermoseado por una galería exterior. Estaba constituído por centenares de habitaciones y gran número de escaleras dispuestas y entrecruzadas con tal arte, que formaban una especie de laberinto. Tenía 135 m. de altura, si hemos de dar fe a los escritores orientales, y la luz de su fanal podía verse a una distancia de 200 leguas, lo que resulta increíble (1).

Un terremoto derribó gran parte hasta dejarlo reducido a una mitad, un segundo trastorno sísmico lo disminuyó hasta los doscientos treinta codos y un tercero lo dejó a cincuenta. Mantúvose largo tiempo a esta modesta elevación hasta que en 1303 una última y terrible sacudida completó su ruina, no dejando de él sino insignificantes vestigios.

Ciertos autores señalan otras maravillas en lugar de algunas de las citadas. Omiten la estatua de Júpiter Olímpico y los jardines de Seramíramis y los reemplazan por el *Laberinto de Creta* (2) y por el *Palacio de Ciro* en Ecbatana o por el *Lago Meris* en Egipto, practicado junto a la ciudad de Menfis para recibir las aguas del Nilo cuando afluían con demasiada abundancia, y repartirlas después, por medio de esclusas, sobre la llanura en las épocas en que el río fertilizador no se desbordaba.

(1) El faro de *Nieuwediep* al extremo septentrional de Holanda-Norte, está formado por la reunion de 34 lámparas y su luz se ve a una distancia de unos 44 Km. El de Belle-Isle (Morbihan), que es de lámparas giratorias, tiene un alcance de 50 Km.

(2) El *Laberinto de Egipto* era muy superior al de Creta por su magnificencia. Formaba un conjunto de doce palacios que contenían entre todos 1500 habitaciones, con luz natural, y otros tantos subterráneos abiertos en la roca viva: estas cámaras subterráneas eran templos y sepulcros.

§ 28. Diversos emblemas

a) *Emblemas de los animales.* La Abeja es el símbolo del trabajo; el Cordero, de la mansedumbre; el Asno, de la estupidez; el Buey, de la paciencia; el Camaleón, de la volubilidad; el Gato, de la libertad; el Caballo, de la victoria y la autoridad; el Perro, de la fidelidad; la Paloma y el Palomo, de la ternura; el Gallo, de la vigilancia; la Hormiga, de la previsión; la Liebre, de la timidez; el León, de la fuerza; el Pavo real, del orgullo; la Mariposa, de la inconstancia; la Urraca, de la charlatanería; el Zorro, de la astucia; la Serpiente, de la salud; la Tortuga, de la pereza; el Tigre, de la crueldad y el furor.

b) *Emblemas de los colores.* El *azul* significa la fidelidad; el *blanco,* la inocencia; el *castaño,* la melancolía; el *morado,* la constancia; el *verde,* la esperanza; el *anaranjado,* la pasión; el *botón de oro,* la riqueza; el *lila,* la amistad; el *rosa,* el amor; el *negro,* el luto; el *amaranto,* la indiferencia; el *amarillo pálido,* la infidelidad.

ÍNDICE ALFABÉTICO

Absirte, 140.
Abundancia (La), 128.
Acamas, 53.
Acis, 98, **240**.
Acrisio, 132, 133, 136.
Acteón, **63**, 94, 150.
Admeto, 56, 65, 138, **272**.
Adonis, **45**, 263, 292.
Adrastea, 111.
Adrasto, 171, 172, 174, 176.
Aello, 274.
Agamenón, 49, 167, 187, 188, 192, 193, 196, 208, 221, 222, 223, 224, 227, 228.
Agave, 73, 149, 150.
Agenor, 147, 236.
Aglae, 48.
Agripina, 112.
Alcestes, **272**.
Alcinoo, 212, 213, 215.
Alcione, 19, **252**.
Alcipa, 52.
Alcitoé, 70.
Alcmena, 43, 120, 127.
Alcmeón, 174, 176.
Alecto, 34.
Alejandro. V. Paris.
Alejandro Magno, 278.
Alfeo, 99.
Alirrocio, 52.
Aloos, 52, 53.
Altea, 163, 165.
Amaltea, 14.

Amata, 230.
Amazonas (Las), **123**, 157, 162.
Amiclas, 57.
Amico, 142.
Amor (El). V. Cupido.
Androgeo, 176, 177.
Andrómaca, 194, 195, 202, **220**.
Andrómeda, 98, 135.
Anfiarao, 171, **174**, 176.
Anfión, 21, 149, **150**, 247.
Anfítrite, 27, 28, 29, 43, 102.
Anquises, 45, 181, 201, 228.
Antenor, 201, **202**.
Anteo, 126.
Anticlea, 208, 275.
Antifate, 211.
Antígona, 170, 171, 172.
Antíloco, 208, 251.
Antíope, 150, 157.
Anubis, 287, **290**, 292.
Apis, 287, **291**.
Apolo, 21, 35, 49, 50, **55**, 65, 66, 82, 92, 115, 128, 129, 143, 151, 179, 182, 193, 197, 198, 212, 220, 238, 239, 241, 245, 247, 248, 259, 273, 279, 280, 286, 292, 297.
Aquiles, 188, **191**, 196, 197, 198, 209, 219.
Aracne, 43.

Aretusa, 36, 98, **99**.
Argonautas (Los), 137, 141, 142, 143, 182.
Argos, 23, 66.
Ariadna, 58, 69, 154, 155, 176.
Arión, **272**.
Aristeo, 63, 68, **92**, 100, 146.
Arpías (Las), 35, **273**.
Arquelao, 184.
Arquemoro, **287**.
Artaco, 173.
Artemisa, 298.
Asaraco, 181.
Ascanio, 228, 231.
Asteria, 43.
Astianax, 220.
Astrea, **85**.
Atalanta, 164, **262**.
Atamante, **241**.
Atena, 44.
Atis, 18.
Atlántidas (Las). V. Plé-yades.
Atlas, **118**, 124, 134.
Atreo, 132, **167**, 191, 284.
Atridas (Los), 167.
Atropos, **85**.
Augias, 122, 138.
Augusto, 180.
Aurora (La), 59, 60, **75**, 251, 252.
Autólico, 120, 275.

Automedón, 192.

Autonoe, 63, 94, 149.

Ayax (hijo de Oileo), **203**.

Ayax (hijo de Telamón), 188, 195, **196**, 209.

Baco, 21, 42, **68**, 88, 89, 94, 145, 197, 238, 239, 292.

Bato, **248**.

Baucis, **233**.

Belerofonte, **160**.

Belo, 197, 231.

Belona, **54**.

Berecinta, 16.

Beroé, 262.

Bóreas, 86, 105.

Briseida, 192, 193.

Briseo, 192.

Busiris, 125.

Caco, 51, 125, 126.

Cadmo, 72, 94, **147**, 236, 242, 262.

Calais, 105, 274.

Calcas, 152, 188, 190.

Calígula, 107.

Calíope, 78, 80, **82**, 267.

Calipso, 98, 212.

Camenes (Las), 81.

Cancerbero, 32, 37, 124, 126, 160.

Candaulo, 266.

Canente, 88.

Caos (El), 84, 113.

Capaneo, 143, 171, 173, **175**.

Cariclea, 152.

Carón, 32, 146, 295.

Casandra, 57, 184, 202, **203**, **227**.

Casiopea, 95, 135.

Cástor, 120, 138, **142**, 164.

Cecrops, 44, 51.

Cefalo, **269**.

Cefeo, 135.

Céfiro, 57, 90.

Ceix, **252**.

Celeno, 274.

Celeo, 38.

Centauros (Los), 131.

Cerción, 153, 154.

Ceres, 16, 35, 36, 37, **38**, 95, 145, 166, 235.

Cetes, 105, 274.

Ceus, 245.

Cibeles, 13, 14, **16**, 25, 27, 181, 228.

Cicerón, 9.

Cíclopes (Los), 56.

Cicno, 61.

Cielo (El), **13**, 85, 96.

Cimoe, 98.

Cimotoe, 98.

Cipris, 47.

Circe, 9, 59, 102, 103, 211, **270**.

Cirene, 92, 93, 146.

Citerea, 47.

Clía, 274.

Clicia, 98, **241**.

Climena, 70.

Clímene, 59, 61, 98.

Clío, 78, 80, **82**.

Clitemnestra, 188, **221**.

Clitio, 19.

Cloto, **85**.

Cócalo, 179.

Cœlus. V. Cielo.

Como, **109**.

Coronis, 57, 143.

Creonte, 140, 141, 169, 172.

Creusa, 184, 228, 231.

Crisaor, 101.

Crisotemis, 222.

Cupido o el Amor, **47**, 55, 56, 65, 256.

Cycno, 192.

Dafne, 56.

Dánae, 43, 132, 133.

Danaides (Las), 34, 35.

Danao, 260, 261.

Dárdano, 181.

Dédalo, **176**, 289.

Deidamia, 159, 196.

Deifobea, 279, 280, 281.

Deifobo, 57, 84, 191.

Delia, 64.

Demofila, 280.

Destino (El), **84**, 113.

Deucalión, 7, 20.

Deyanira, 128, 129, 130, 132.

Deyoneo, 274, 275.

Diana, 21, 55, **61**, 99, 163, 164, 165, 188, 224, 244, 245, 247.

Dido, 229, **231**.

Dietys, 133.

Dimante, 184.

Dindima, 16.

Diomedes, 123, 176, **204**, 209.

Dione, 45.

Dionisio o Dioniso, 73.

Dionœus, 45.

Dióscoros (Los), 143.

Discordia (La), 54, 186.

Doris, 97.

Dríades (Las), 58, **92**.

Eaco, 34.

Eagro, 144.

Ecástor, 143.

Eco, **243**.

Edépol, 143.

Edipo, **167**.

Eetes, 139.

Egeo, 141, 142, 153, 155, 158.

Egeria, **244**.

Egina, 43.

Egipto, 260, 261.

Egisto, 222, 223, 224.

Electra, 119, 222, 223, 224.

Encélado, 19.

Endimión, 62.

Eneas, 25, 45, 49, 105, 106, 181, 190, 201, 204, **228**, 232, 274, 280.

Eneo, 163, 164, 172.

Enomao, 166.

Eolo (dios de los vientos), **105**, 210, 252, 275.

Eolo (hijo de Helen), 252.

Epafo, 23, 59.

Epígones (Los), **176**.

Epiménides, **266**.

Epimeteo, 115, 116.

Equión (compañero de Cadmo), 164.

Equión (hijo de Mercurio), 164.
Erato, 78, 83, **84**.
Erecteo, 158
Ericina, 47.
Ericteo, 105, 269.
Erictonio, 51, 181.
Erifile, 174, 175.
Erigona, **74**.
Eróstrato, 296
Escila, 102, 103, 177.
Escirón, 153.
Escopas, 298.
Esculapio, 56, 59, 64, 138, **143**, 206.
Esfinge (La), 169, 170.
Esón, 136, 137, 140.
Espio, 98
Esqueneo, 262.
Estanelo, 199.
Estelio, **255**.
Estenio, 101.
Estenobea, 160, 161, 163.
Estrofio, 222.
Etéocles, 170, 171, 172, 176
Etra, 120, 158.
Euforbo, 190.
Eufrosina, 48.
Euménides. V. Furias.
Eumolpo, 105.
Euriale, 101.
Eurídice, 93, 94, 145, 146.
Euristeo, 118, 119, 120, 121, 122, 123, 124, 125, 127, 130, 132.
Eurito, 19, 120, 129, 159.
Europa, 43, 147, 149, **236**.
Euterpe, 78, 82, **83**.
Evadne, 175.
Evandro, 87.
Evius, 73.

Faetón, 9, **59**.
Fama (La), **112**.
Faón, **264**.
Fauno, **88**, 230.
Faunos (Los), 58, 88.
Febe, 64.
Febo, 55.
Fedra, 157, 176.
Femio, 218.

Fenelón, 219.
Fénix, 193, **294**.
Fidias, 297, 298.
Filemón, **233**.
Filoctetes, 130, 190, **205**, 208.
Filomela, **248**.
Fineo, 135, **273**.
Flegias, 274.
Flora, **90**.
Forbas, 168.
Forcis, **101**, 102.
Fortuna (La), **110**.
Frixo o Frijo, 137, 139, 241, 242.
Furias o Euménides (Las), 8, 160, 171, 224, 226, 244.

Galatea, 98, **240**.
Galba, 278.
Ganimedes, 181, 183.
Gelanor, 261.
Genio, **107**.
Gerión, 124, 125.
Gigantes (Los), 7, 18, 19, 45, 52, 66, 68, 79.
Giges, **266**.
Glauca, 98, 141.
Glauco, **102**, 143.
Gorgonas (Las), 55, 101.
Gracias (Las), 48.
Gracos (Los), 111.

Harmonía (mujer de Cadmo). V. Hermione.
Harpócrates, 287, **292**.
Hebe, 130.
Hécate, 37, 64, 114, 139, 282.
Héctor, 184, 190, 193, 194, 195, 196, 204, 220, 221.
Hécuba, 184, 194, 195, 201, 202, **219**.
Helea, 241, 242.
Helen, 252.
Helena, 97, 160, 187, 189, 190, 191, 195, 201, 202, 218, 227.
Heleno, 184, 201, 221.
Hemón, 172.

Hépotas, 106.
Heráclidas (Los), 130.
Hércules (héroe tebano), 21, 49, 51, 97, 116, 118, 119, **120**, 138, 145, 151, 160, 182, 184, 185, 197, 198, 206, 209, 273, 284.
Hércules (hijo de Idea), 19.
Hermes, 67, 68.
Hermione o Harmonía, 49, 149, 227, 262.
Hero, **260**.
Herofila, 280.
Hesione, 182, 184, 185, 197.
Hespérides (Las), 118, **119**.
Híades (Las), **120**.
Hías, 120.
Himeneo, **108**.
Hipernestra, **260**.
Hipodamia, 159, 166, 167.
Hipólita, 123, 157.
Hipólito, 56, 64, 144, 157, 158.
Hipomedón, 171.
Hipomenes, **262**.
Hipsipila, 138, 287.
Homero, 180, 181, 191, 202, 204, 220.
Horacio, 285.
Horas (Las), 45, 60.
Horus, 287, 288, 289, **290**, 292.
Hylas, 138.
Hyllus, 132.

Iacchus, 74.
Ibis, **293**.
Icaro, 9, 177, 178.
Icario, 74, 208.
Idea, 16, 273.
Idomeneo, **206**.
Ifigenia, 7, 188, 190, 222, 226.
Ifito, 285.
Ilicia, 21.
Ilionea, 184.
Ilo, 181, 182.
Inaco, 22.
Ino, 149, **241**.

Io, 22, 292.
Iolas, 132.
Iole, 129.
Iris, 24, 70.
Irmene, 170.
Isis, **287**, 292.
Itys, 248, 250.
Ixión, 158, **274**.

Jacinto, 57.
Jano, 15, **77**.
Japeto, 13, 19, 118.
Jasio, 164.
Jasón, **136**, 142, 164.
Jefté, 7.
Julo, 231.
Juno, 16, **21**, 48, 52, 120, 130, 139, 186, 206, 242, 262, 275.
Júpiter, 14, 15, 16, **18**, 21, 22, 23, 32, 36, 41, 43, 45, 47, 49, 52, 56, 59, 61, 62, 65, 66, 68, 69, 74, 77, 78, 79, 110, 115, 116, 120, 125, 130, 133, 134, 135, 142, 143, 144, 150, 163, 166, 175, 181, 212, 233, 236, 242, 251, 262, 263, 275, 277, 297.
Júpiter-Ammón, 69.
Júpiter Asterio, 238.
Justicia (La). V. Temis.
Justino, 197.

La Fontaine, 259.
Laertes, 208, 216, 218, 275.
Lamias (Las), **268**.
Lampecia, 211.
Laocoonte, 184, **198**.
Laodama, 176.
Laomedón o Laomedonte, 27, 56, 77, **182**, 197.
Laquesis, **85**.
Lares o Penates (Los), **106**.
Larvas (Los). V. Lemures.
Latino, 230, 231.
Latona, 35, 55, 61, **245**, 246.
Lavinia, 230, 231.

Layo, 167, 169, 170.
Leandro, 260.
Learco, 242, 243.
Leda, 43, 142, 221.
Lemures o Larvas (Los), **109**.
Leneus, 74.
Leócares, 298.
Leucotoe, 241, 243.
Líber, 73.
Libertad (La), **111**.
Libitina, 114.
Licaón, 20.
Licas, 129, 130.
Licomedes, 158, 191.
Licurgo, 64, 69, 71, 287.
Linceo, 138, 261.
Lino, 59, 120, **150**.
Liriope, 244.
Lucina, 21.
Luna (La), 62.

M acaón o Macaonte, 144, 206
Manes (Los), **108**.
Manto, 152.
Marsias, 58.
Marte, 21, **52**, 65, 66, 113, 148, 149, 172, 204.
Mausolo, 298.
Maya, 65, 119.
Medea, 139, 140, 141, 142, 282.
Medusa, 42, 43, 44, 101, 133, 134.
Meguera, 34.
Melampo, 24.
Melanipo, 173.
Meleagro, 138, **163**.
Melicertes, 242, 243.
Melpómene, 78, 81, **82**.
Memnón, 190, 208, **251**.
Menelao, 100, 107, 187, 188, 191, 196, 199, 202, 218, 227.
Menesteo, 158.
Mentor, 219.
Mercurio, 19, 21, 23, 34, 52, **65**, 68, 86, 115, 116, 134, 150, 186, 212, 233, 248, 271, 275, 276, 292.

Meriones, 206.
Micenas, 223.
Midas, **238**.
Milón, **269**.
Mineidas (Las), 70.
Minerva o Palas, 21, 35, **41**, 44, 58, 115, 134, 138, 139, 148, 152, 162, 173, 186, 203, 213, 214, 215, 219, 226.
Minos I, 21, 34, 67, 69, 176, 238.
Minos II, 143, 154, 157, **176**, 207.
Minotauro (El), 154, 176, 177.
Mirtilo, 166.
Mnemósine, 43, 78, 79.
Moawiah, 297.
Momo, **110**.
Mopso, 152, 164.
Morfeo, 114.
Muerte (La), 35, 113, **114**.
Musagetes, 82.
Musas o Piérides (Las), 59, 68, **78**, 81.
Myrrha, 45.

Napeas (Las), 92.
Narciso, 9, **243**.
Nauplio, **203**.
Nausica, **213**.
Náyades (Las), 92, **99**.
Nefelea, 241.
Neleo, 248.
Némesis o la Venganza, **111**, 282.
Neoptoleno, 196.
Neptuno, 16, 18, 19, **27**, 32, 43, 44, 65, 100, 101, 123, 158, 176, 182, 192, 203, 207, 212, 243, 245, 273.
Nereidas (Las), 97.
Nereo, **97**, 99.
Nerón, 276, 296.
Neso, 129.
Néstor, 193, **207**, 218, 251.
Nilo (El), 104.
Nino, 235, 296.
Níobe, **246**.
Niso, 177.

Noche (La), 84, **113**.
Nube (La), 158.
Numa, 25, 77.
Numa Pompilio, 53, 95, 244.

Ocasión (La), **112**.
Oceánidas (Las), 96.
Océano (El), 13, 27, 93, **96**, 97, 212, 241.
Ocípeta, 274.
Oenona, 186, 190, 191.
Onfale, 127, 128.
Ops, 17.
Orcamo, 241.
Orco, 38, **101**.
Oréades (Las), **92**
Orestes, 8, 188, **221**.
Orfeo, 59, 93, 138, **144**.
Orión, **163**.
Oritia, 105, 269.
Osiris, **287**, 290, 291, 292.
Ovidio, 252.

Palántidas (Los), 156.
Palamedes, 203, 208.
Palas. Véase Minerva.
Palas (gigante), 44.
Palemón, 97, 243.
Pales, **90**
Pan, 68, **86**, 238, 239.
Pandión, 248, 251.
Pandora. 49, 115, 116.
Pánope, 98.
Parcas (Las), 37, 84, **85**, 163.
Paris o Alejandro, 23, 97, **184**, 196, 201, 202, 206, 227.
Parténope, 171, 268.
Partenopeo, **175**.
Pasifae, 143, 176, 178.
Patroclo, 192, 193, 194.
Paz (La), **112**.
Pean, 205.
Pegaso, 78, 101, 162.
Peleo, 138, 186, 191, 192, 195.
Pelias, 136, 137, 140, 272.
Pelops, **165**, 284.
Penates (Los). V. Lares.

Penélope, 74, 208, **215**.
Peneo, 56.
Penteo, 72, 150.
Pentesilea, 192.
Periandro. 272.
Peribea, 168, 169.
Périfas, **241**.
Perifetes, 153
Perseo, 21, 101, 118, **132**.
Petes, 158.
Pico, 88.
Piérides (Las). V. Musas.
Piérides (hijas de Piero), 79.
Piero, 79.
Pigmalión, 231, **271**.
Pigmeos (Los), 127.
Pílades, 222, 224, 226.
Píramo, **235**.
Pireneo, 79.
Piritoo, 138, **158**.
Pirra, 20, 21.
Pirro, 196, 199, 201, 220, 221, 227.
Píteo, 153, 157, 158.
Pitis, 86.
Pitón, 55, 245.
Pléyades o Atlántidas (Las), 119, 120.
Plistenes, 167.
Pluto, **109**.
Plutón, 16, 18, **32**, 66, 85, 134, 144, 160, 244, 255, 276.
Podaliro, 144.
Podarces, 184.
Polibio, 168.
Polibotes, 19.
Polidamante. 190.
Polidamas, **269**.
Polidecto, 133, 136.
Polidoro, 184, 220.
Polifemo, 209, 210, 212, 240.
Polimnéstor, 220, 228.
Polimnia, 78, 83, **84**.
Polinice, 170, 171, 172, 174, 176.
Polión, 111.
Polites, 201.
Polixena, 184, 195, 202, 219, 220.

Pólux, 21, 138, **142**, 164.
Polyxo, 191.
Pomona, **91**.
Porfirio, 19.
Praxíteles, 47.
Prétides (Las). 23.
Preto, 23, 24, 160.
Príamo, 23, 77, **184**, 186, 191, 192, 194, 195, 198, 200, 201, 202, 203, 227, 251.
Príapo, **95**.
Procris, **269**.
Procusto, 153.
Progne, **248**.
Prometeo, 7, 8, 19, 66, **115**, 118.
Proserpina, **35**, 64, 67, 114, 145, 244, 259, 282.
Proteo, 93, 94, **100**.
Psiquis, 48, **256**.

Quimera (La), 35, 162.
Quinto Curcio, 297.
Quione, 105.
Quirón, 120, 136, 143, 191, 192.

Racine, 227.
Radamanto, 21, 34, 238.
Ramnusia, 111.
Rea, 16.
Rheso, 204, 209.
Rómulo, 53.

Safo, **264**.
Salmoneo, **275**.
Sarpedón, 190, 193, 238.
Sátiros (Los), 58, 68, **88**.
Saturno, **13**, 17, 18, 21, 25, 27, 32, 77, 94.
Semelé, 68, 74, 194, 150, **262**.
Semíramis, 296.
Senoé. 86.
Servio Tulio, 114.
Sicarbas o Siqueo, 231, 232.
Sileno, 68. 72, **89**.
Silvano, 88.
Silvanos (Los), 88.

Silvio-Eneas, 231.
Sinnis, 153.
Sinon, 198.
Siqueo. V. Sicarbas.
Sirenas (Las), 211, **267**.
Sírinx, 86.
Sísifo, 199, **275**.
Sócrates, 9.
Sol (El), 55, 75, 176, 270.
Sueño (El), **113**.
Sueños (Los), 114.

Tacio, 90.
Talía, 48, 78, 81, 82, **83**.
Taltibio, 188.
Tamiris, 151.
Tántalo, 34, 35, 165, 166, 246, 284.
Tarquino el Soberbio, 95, 280, 281.
Telamón, 182.
Telefo, 192, **197**.
Telémaco, 208, **218**.
Tellus, 17.
Temis o la Justicia, 13, 20, 84, **85**.
Tereo, **248**.
Término, **94**.
Terpsícore, 78, 82, **84**, 151.
Tersandro, 176.
Teseo, 28, 56, 64, 69, 123, 138, 141, 153, 159, 160, 164, 171, 286.

Tetis (esposa de Peleo), 49, 97, 98, 186, 191.
Tetis (esposa del Océano), **96**.
Teucro, 181, 197.
Thyoné, 74.
Thyoneus, 74.
Tideo, 171, **172**, 176, 204.
Tierra (La), **13**, 61, 80, 85, 96, 126, 163, 245.
Tiestes, **167**.
Tífeo, 19.
Tifis, 138.
Tifón, 120, 287, 289, 290, 293.
Timoteo, 298.
Tindárides (Los), 142.
Tíndaro, 142, 144, 160, 187, 221.
Tiresias, **152**, 244.
Tisbe, **235**.
Tisífone, 34, 242.
Titán, 13.
Titanes (Los), 14, 52, 115, 145, 290.
Titea, 13.
Titio, 34, 35.
Titón, 77, 251.
Tmolos, 238.
Toas, 224, 226.
Tolomeo, 299.
Trabajo (El), **113**.
Triptolemo, 38, 39, 40.

Tritón, 31.
Tritones (Los), 31, 97.
Troilo, 184, 192.
Tros, **181**.
Turno, 230.

Ulises, 9, 105, 152, 188, 192, 196, 198, 199, 202, 203, 204, 205, 206, **208**, 213, 214, 215, 218, 219, 267, 271, 275.
Urania, 78, **84**.

Venganza (La). V. Némesis.
Venus, **45**, 49, 52, 55, 65, 108, 113, 149, 157, 186, 187, 204, 228, 237, 243, 258, 263.
Vertumno, 91
Vespasiano, 112.
Vesta, 16, **25**.
Victoria (La), 298.
Virgilio, 180, 232.
Vulcano, 19, 21, 22, 41, 45, **48**, 52, 115, 125, 192.

Yarbas, 232.
Yobates, 161, 162.
Yocasta, 167, 169, 170.
Yolas, 124.

Zeto, 21.

ÍNDICE ANALÍTICO

	Págs.
Prefacio, por el abate Thédenat	1
Prólogo del autor	5
La Mitología: su origen y utilidad	7

PRELIMINAR

El Caos	11
Diversas clases de dioses	11

SECCIÓN PRIMERA
Dioses superiores

§ 1.	El Cielo y la Tierra	13
§ 2.	Saturno	13
§ 3.	Cibeles	16
§ 4.	Júpiter	18
§ 5.	Juno	21
§ 6.	Vesta	25
§ 7.	Neptuno	27
§ 8.	Plutón	32
§ 9.	Ceres	38
§ 10.	Minerva	41
§ 11.	Venus	45
§ 12.	Vulcano	48
§ 13.	Marte	52
§ 14.	Apolo	55
§ 15.	Diana	61
§ 16.	Mercurio	65
§ 17.	Baco	68
§ 18.	La Aurora	75
§ 19.	Jano	77
§ 20.	Las Musas	78
§ 21.	El Destino.—Las Parcas	84
§ 22.	Temis	85

SECCIÓN SEGUNDA
Dioses de segundo orden

a) *Dioses campestres*

Págs.

§ 1. Pan.--Fauno.—Los Sátiros 86
§ 2. Sileno. 89
§ 3. Flora.—Pales.—Pomona 90
§ 4. Las Dríades y las Oréades. 92
§ 5. Aristeo 92
§ 6. Término 94
§ 7. Príapo 95

b) *Dioses marinos*

§ 8. El Océano y Tetis 96
§ 9. Nereo.—Las Nereidas 97
§ 10. Aretusa 99
§ 11. Las Náyades 99
§ 12. Proteo 100
§ 13. Orco 101
§ 14. Glauco 102
§ 15. Los Ríos 104
§ 16. Eolo 105

c) *Dioses domésticos*

§ 17. Los Penates o Lares 106
§ 18. Genio 107
§ 19. Himeneo. 108
§ 20. Los Manes 108
§ 21. Pluto 109
§ 22. Como 109

d) *Divinidades alegóricas*

§ 23. La Fortuna 110
§ 24. La Venganza 111
§ 25. La Libertad 111
§ 26. La Ocasión. 112
§ 27. La Fama. 112
§ 28. La Paz 112
§ 29. El Trabajo 113
§ 30. La Noche.—El Sueño 113
§ 31. La Muerte 114

SECCIÓN TERCERA
Héroes y Semidioses

§ 1. Prometeo 115
§ 2. Atlas 118
§ 3. Hércules. 120
§ 4. Perseo 132
§ 5. Jasón 136
§ 6. Cástor y Pólux 142
§ 7. Esculapio 143

Págs.

§ 8. Orfeo 144
§ 9. Cadmo 147
§ 10. Anfión. — Lino 150
§ 11. Tiresias 152
§ 12. Teseo 153
§ 13. Piritoo 158
§ 14. Belerofonte 160
§ 15. Orión 163
§ 16. Meleagro 163
§ 17. Pelops. — Atreo y Tiestes 165
§ 18. Edipo 167
§ 19. Tideo 172
§ 20. Anfiarao 174
§ 21. Capaneo. — Partenopeo 175
§ 22. Los Epígones 176
§ 23. Minos II. — Dédalo 176

SECCIÓN CUARTA
Principales personajes de la Ilíada, la Odisea y la Eneida

§ 1. Primeros reyes de la ciudad de Troya 180
§ 2. Príamo 184
§ 3. Paris 184
§ 4. Aquiles 191
§ 5. Ayax, hijo de Telamón 196
§ 6. Telefo 197
§ 7. Laocoonte. — Sinon. — Destrucción de Troya . . 198
§ 8. Antenor 202
§ 9. Ayax, hijo de Oileo 203
§ 10. Nauplio 203
§ 11. Diomedes 204
§ 12. Filoctetes 205
§ 13. Idomeneo 206
§ 14. Néstor 207
§ 15. Ulises 208
§ 16. Nausica 213
§ 17. Penélope 215
§ 18. Telémaco 218
§ 19. Hécuba 219
§ 20. Andrómaca 220
§ 21. Clitemnestra. — Orestes 221
§ 22. Casandra 227
§ 23. Eneas 228
§ 24. Dido 231

SECCIÓN QUINTA
Diversas metamorfosis según Ovidio

§ 1. Filemón y Baucis 233
§ 2. Píramo y Tisbe 235

Págs.

§ 3. Europa   236
§ 4. Midas.   238
§ 5. Acis y Galatea   240
§ 6. Périfas   241
§ 7   Clicia   241
§ 8. Atamante e Ino   241
§ 9. Eco y Narciso.   243
§ 10. Egeria   244
§ 11. Latona y los Licios   245
§ 12. Níobe   246
§ 13. Bato   248
§ 14. Progne, Tereo y Filomela   248
§ 15. Memnón   251
§ 16. Ceix y Alcione   252
§ 17. Estelio   255

SECCIÓN SEXTA
Fábulas y hechos diversos

§ 1. Psiquis   256
§ 2. Hero y Leandro   260
§ 3. Hipernestra   260
§ 4. Atalanta e Hipomenes   262
§ 5. Semelé   262
§ 6. El salto de Léucade   263
§ 7. Faón y Safo   264
§ 8. Epiménides.   266
§ 9. Giges   266
§ 10. Las Sirenas   267
§ 11. Céfalo y Procris.   269
§ 12. Milón y Polidamas   269
§ 13. Circe   270
§ 14   Pigmalión   271
§ 15. Arión   272
§ 16. Alcestes y Admeto.   272
§ 17. Fineo y las Arpías   273
§ 18. Ixión   274
§ 19. Sísifo y Salmoneo   275
§ 20. Los oráculos   277
§ 21. La Pitonisa.   278
§ 22. La Sibila de Cumas   279
§ 23. Los Magos.   281
§ 24. Los Augures   282
§ 25. Juegos públicos de los griegos   284
       a) Juegos olímpicos   284
       b) Juegos píticos   286
       c) Juegos ístmicos   286
       d) Juegos nemeos   286
§ 26. Mitología egipcia   287
       a) Osiris e Isis   287

Págs.

    b) Horus 290
    c) Anubis 290
    d) El buey Apis 291
    e) Harpócrates 292
    f) El Ibis 293
    g) El Fénix 294
    h) El lago de Aquerusia 295
§ 27. Las siete maravillas del mundo 295
§ 28. Diversos emblemas 300